房地产项目全流程成本控制：

关键点与实例解读

史永明　计富元　编著

化学工业出版社

·北京·

内容简介

本书以房地产项目全流程为主线，结合案例，深入阐述房地产开发各阶段成本控制的关键点和技巧，并指导如何应用于实践之中。本书共分为十章，主要内容涵盖房地产项目从决策阶段、设计阶段、招投标阶段、施工阶段到竣工结算阶段、营销阶段和管理费用阶段全流程的成本控制要点和关键点，对建筑成本、管理费用、营销费用等全开发成本进行了详细的介绍，阐述内涵，精准分析，使读者能抓住各阶段的成本控制关键点并应用于实际工作中。本书内容翔实、系统全面、语言简练、重点突出，以实用、精练为原则，紧密结合实际，用真实案例来解读，便于读者理解和掌握。

本书可供房地产开发项目成本控制管理人员，建筑工程成本管理、预结算、施工管理等专业技术人员学习参考，也可作为房地产开发各建设单位、施工单位、设计单位、项目管理单位等建设领域参建者的参考用书。

图书在版编目（CIP）数据

房地产项目全流程成本控制：关键点与实例解读 / 史永明，计富元编著. —北京：化学工业出版社，2021.11

ISBN 978-7-122-39842-0

Ⅰ. ①房… Ⅱ. ①史… ②计… Ⅲ. ①房地产企业-成本管理 Ⅳ. ①F293.342

中国版本图书馆 CIP 数据核字（2021）第 175109 号

责任编辑：彭明兰　　　　文字编辑：袁　宁
责任校对：宋　玮　　　　装帧设计：张　辉

出版发行：化学工业出版社（北京市东城区青年湖南街 13 号　邮政编码 100011）
印　　装：大厂聚鑫印刷有限责任公司
710mm×1000mm　1/16　印张 13¾　字数 236 千字　2022 年 4 月北京第 1 版第 1 次印刷

购书咨询：010-64518888　　　　售后服务：010-64518899
网　　址：http://www.cip.com.cn
凡购买本书，如有缺损质量问题，本社销售中心负责调换。

定　　价：**68.00 元**

自序

本书历经两年的整理，集作者二十多年的房地产行业从业经验，汇聚多个标杆房企精华，始得书成。本书运用全生命周期理论，从房地产起始设想到实现利润的全过程，深入细致地阐述了房地产成本控制管理理论及实践。本书虽然纵向涵盖了七大阶段，但横向将行业多个标杆成本精华吸收压缩。控制的要点，要点中的重点，重点中的关键点，关键点中又再一次去粗取精，只把最实用、最有用的部分呈现给读者，让大家一目了然，尽量减少字数，比如职责仅指向各部门关于成本的职责，绝不多言。

结书之后，将初稿分享给行业资深人士、一线成本管理专家，他们分别从不同的角度，对本书提出了修正意见及中肯建议，做了进一步完善。

“纵向八百里，横向三十家，既有广度，又有深度，既有理论，又有实践，既适用高级管理者，又适用一线从业者。”——某行业研究院资深专家

“这确实是一部心血之作，能够这么详细地找出各大标杆房企的成本管理逻辑，细致甄别实用理论，结合实际案例，清晰讲述，值得推荐。”——王道江（某标杆房企华南区总经理）

“该书涵盖房企成本控制全范围、全内容、全员，从管理角度、从实例角度解析各阶段成本控制，全部关键点如此清晰，看后收获很大，也节省了时间。”——陈奇（某大房企成本总监）

“非常实用，将在内部成本管控人员人手一份。”——黄力臣（某房企大区区域总裁）

“切中要害，知行合一，提升思想，提高水平，指导实践。”——张申（某房企京津冀区域成本总监）

“摒弃深奥的理论，直捣黄龙，能把自身经验总结锦上添花，吸收各大行业标杆精华，对实际操作者来说就是实实在在的雪中送炭。”——左向军（某大房企项目成本部门经理）

前言

房地产成本管理是房地产公司生产经营和管理的重要组成部分，它的主要目的是控制成本。一般情况下，施工图预结算、招投标中的成本控制，都只是某一阶段的、比较局限的成本控制，很少会考虑全过程成本控制与管理。成本控制不只是房产公司成本控制部门的事情，而是贯穿于整个房地产开发的全过程，不是单纯的工程成本，而是全流程成本。正是在实际成本控制过程中，很多从业人员对此理解不够，不能很好地把握成本控制的关键点和技巧。为此，促发了我们想把对房地产成本控制多年积累的实际经验分享给大家，希望大家能通过此书掌握成本控制之关键，并应用于实际工作中，以提升在同行中竞争的优势，为企业创造效益。

本书以目标成本为中心，介绍房地产项目在不同阶段成本控制的体系，关注成本控制重难点，详述控制关键点，使读者跟随着项目开发建设节奏，深入浅出，掌握成本控制方法，灵活应用于实际工作中。本书内容全面，叙述翔实，并配有相应大量实际案例，便于读者理解和掌握。由于篇幅有限，书中详细案例读者可以通过加入 QQ 群 615685748 索取。

本书由史永明、计富元编著。在编写过程中得到了其他教授、学者和专家的指导，在此一并表示感谢。

房地产成本控制内容包罗万象、层次繁多，且各家观点不一，本书虽经各方收集资料，但由于成书时间仓促，难免有些疏漏和不当之处，希望读者批评指正，以便再版时修改。

编著者

2021 年 10 月

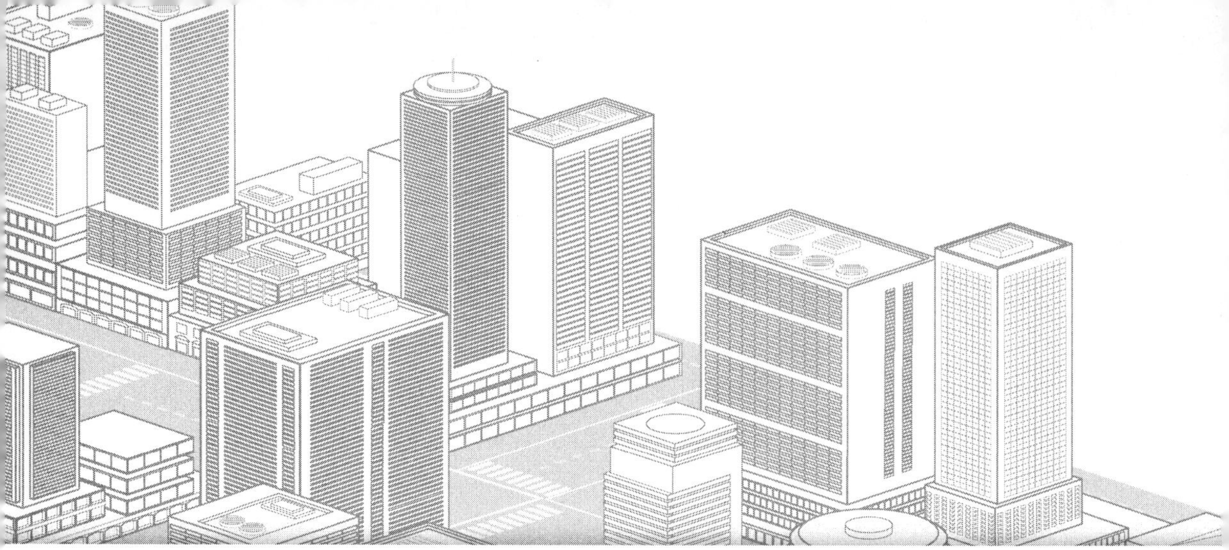

目 录

第九章 管理费用阶段的成本控制

第十章 房地产项目全流程成本控制关键点总结

参考文献

第一章 概 述

2016 年年底的中央经济工作会议首次提出，“房子是用来住的，不是用来炒的”，此后，与房地产相关的部门陆续出台了与之相配套的政策，涉及房地产企业融资、购房者信贷等方面。最近几年的房地产调控政策包括刚需和改善购买，尽量挤出投机性购房者，防止房地产市场大起大落。房地产调控的目标是让房地产市场健康平稳发展，调控的方向主要有以下几个方面。

一、控制需求

就是调控限购限贷，可以平抑需求，尽量多用自己的钱买，减少负债尤其是穷人的负债，减少风险；一二线城市仍处于大城市化进程，有效需求人口仍净流入，这是基本面支撑，是调控可以起作用的基础。

二、控制土地

只要房地产波动，土地价格下跌，政府就会减少卖地，从供给上来看，中国的房地产从机制上具备稳定属性。只要二手房投机性需求控制在较小占比，在市场调整时，小部分抛售并不影响大局，几年下来，依靠健康的需求支撑，价格保持相对平稳。

三、限价

控制涨幅，避免大涨，也就避免了大跌，小幅慢涨有几个好处：首先尽量挤压需求去一手房，有利于土地财政的保持；其次，减少二手房交易；再次，减少投机者与投资者的获利，尽可能长久持有，那就是健康的购买者；最后，形成健康预期，让人们认识到楼市会平稳慢涨，抛售的人就会减少，没有抛售，就没有崩盘，只有小幅的市场情绪变化导致的微调。

四、房子主要是国内持有

我国资本与国际是不能自由流动的，国人没有大量跑盘的动机。

五、国内长期调控

购房杠杆低，在整个房地产市场中，由于中国的城市化进程，房地产需求仍在，也可以采取稳定控制措施通过时间消化。

面对上述的调控，在开源加强销售，套现资金流的情况下，加强成本控制，实现节流无疑是重中之重。

当前房地产项目开发成本占比，一线城市与二、三线城市的比例分布情况如图 1-1 和图 1-2 所示。

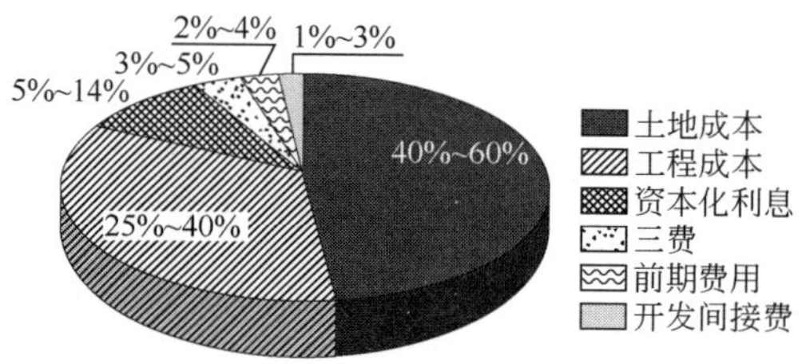

图 1-1 一线城市房地产项目开发成本占比（2019 年数据）

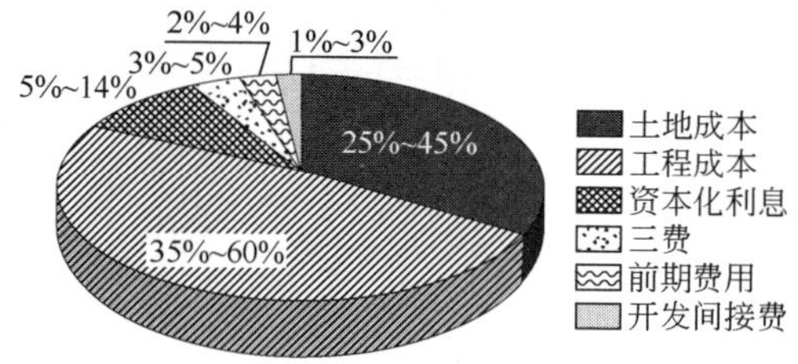

图 1-2 二、三线城市房地产项目开发成本占比（2019 年数据）

从图 1-1、图 1-2 中可以看出一线城市与二、三线城市在土地成本和工程成本上有较大差别，也可以看到降低工程成本的重要性。有资料显示 2017 年以来许多房企净利润率降至 10%以下，不论准确与否，以前躺着挣钱的时代应该不复存在了。如何增加利润，降低工程成本是重要的一个手段，未来一段时间，价格竞争将成为市场最重要的因素，低成本的公司将成为未来的胜者。成本控制不仅仅是成本部的事情，自上而下都应有强烈的成本意识。成本管理不是单一的价格对比，从不同角度，成本管理的侧重点均有不同，如图 1-3 和图 1-4 所示。

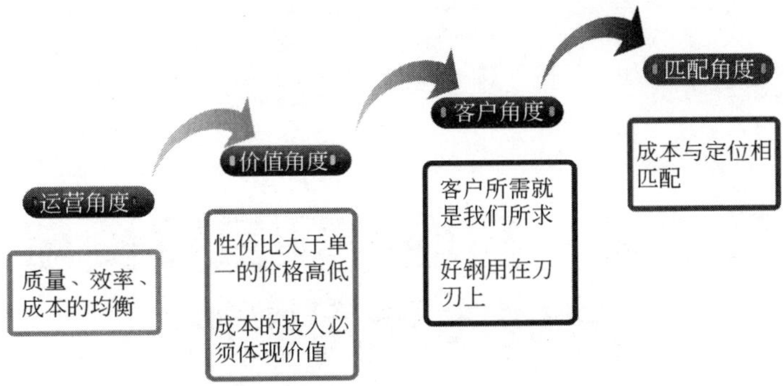

图 1-3　项目运营评价角度下的成本管理要点

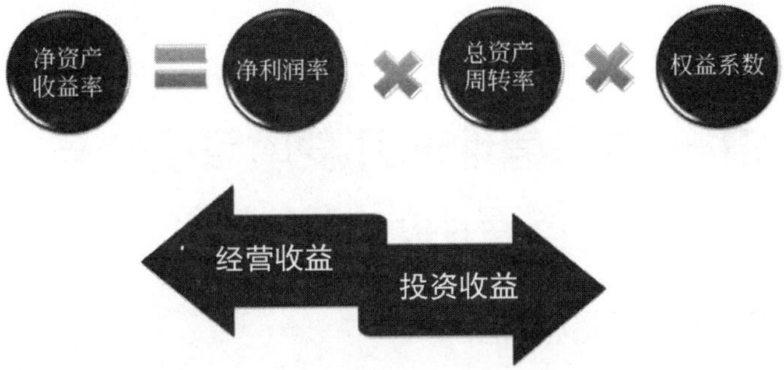

图 1-4　资产收益角度下的成本管理要点

第二章　房地产项目投资与总成本费用概述

第一节　房地产开发项目投资与成本费用的相关概念

一、房地产开发项目总投资

房地产开发项目总投资包括开发建设投资和经营资金两部分。

开发建设投资是指开发期内完成房地产产品开发建设所需投入的各项成本费用，包括土地费用、前期工程费、基础设施建设费、建筑安装工程费、公共配套设施建设费、管理费用、财务费用、销售费用、开发期税费、其他费用以及不可预见费等。

经营资金是指房地产开发企业用于日常经营周转的资金。

二、开发产品成本

开发产品成本是指房地产开发企业在开发过程中所发生的各项费用。

① 从财务角度，可划分为土地开发成本、房屋开发成本、配套设施开发成本等。

② 从核算角度，可划分为开发直接费（包括土地费用、前期工程费、基础设施建设费、建筑安装工程费、公共配套设施建设费）和开发间接费（包括管理费

用、财务费用、销售费用、开发期税费、其他费用以及不可预见费等）。

③ 也可划分为开发成本和开发费用。开发成本包括土地费用、前期工程费、基础设施建设费、建筑安装工程费、公共配套设施建设费、其他费用、开发期税费、不可预见费。开发费用包括管理费用、财务费用、销售费用。

三、房地产开发项目投资方类型

1. 从房地产投资形式的角度

从房地产项目投资方类型分有两种投资方式，即直接投资和间接投资。

（1）直接投资

投资者直接参与房地产开发或购买房地产的过程并参与有关的管理工作，包括从购地开始的开发投资和物业建成后的置业投资两种形式。

（2）间接投资

将资金投入与房地产相关的证券市场的行为。房地产的间接投资者不需直接参与有关投资管理工作。

2. 从房地产开发项目投资经营方式的角度

从房地产开发项目投资经营方式的角度分为三种经营方式，即出售、出租和自主经营。

（1）出售型房地产项目投资

以预售或开发完成后出售的方式得到收入、回收开发资金、获取开发收益，以达到盈利的目的。

（2）出租型房地产项目投资

以预租或开发完成后出租的方式得到收入、回收开发资金、获取开发收益，以达到盈利的目的。

（3）自主经营型房地产项目投资

以预售、预租或开发完成后出售、出租、自营的各种组合方式得到收入，回收开发资金，获取开发收益，以达到盈利的目的。

3. 从房地产投资的用途角度

从房地产投资的用途角度可分为地产投资、住宅房地产投资、商业房地产投资、工业房地产投资等。

（1）地产投资

即单纯地投资于土地，利用土地的买卖差价和土地开发后出售或出租经营来获取投资收益。

（2）住宅房地产投资

投资于住宅房地产，既可直接出售，也可进行租赁经营。

（3）商业房地产投资

主要以出租经营为主，收益较高，但同时承担的风险也较大。投资的对象包括写字楼、商场、旅馆、酒店和各种娱乐设施等。

（4）工业房地产投资

我国目前工业房地产投资主要集中于开发区建设中，其他都是随一般工业投资进行的。

第二节　标杆房企目标成本形成概要

一、核心原则

目标成本列项对应会计核算科目，正确计算开发产品成本，便于成本资料的比较和分析，根据国家颁布的有关会计准则、会计制度，建立和完善成本核算基础工作，合理确定成本计算对象，正确归集和分配开发成本及费用，及时、准确、完整地提供成本核算资料。

二、目标成本形成的一般步骤

① 根据目标成本核算对象的确定原则和项目特点，确定成本核算对象。

② 根据有关成本核算会计科目，核算和归集开发成本费用。

③ 按受益原则和配比原则，确定应分摊成本费用在各目标成本核算对象之间的分配方法、标准。

④ 将归集的开发成本费用按确定的方法、标准在各目标成本核算对象之间进行分配。

⑤ 编制项目开发成本计算表，计算各目标成本核算对象的开发总成本。

⑥ 正确划分已完工和在建开发产品之间的开发成本，分别结转完工开发产品成本。

⑦ 正确划分可售面积、不可售面积（由主管部门划分提供），根据有关规定分别计算可售面积、不可售面积应负担的成本，正确结转完工开发产品的销售成本。

⑧ 编制目标成本报表，根据成本核算和管理要求，总体反映各成本核算对象的成本情况。

三、目标成本核算对象的确定

成本核算对象应满足成本计算的需要；便于成本费用的归集；利于成本的及时结算；适应成本监控的要求，结合项目开发地点、规模、周期、方式、功能设计、结构类型、装修档次、层高、施工队伍等因素和管理需要等当地实际情况，确定具体成本核算对象。

① 单体开发项目，一般以每一独立编制设计概算或施工图预算所列的单项开发工程为成本核算对象。

② 在同一开发地点、结构类型相同、开竣工时间相近、由同一施工单位施工或总包的群体开发项目，可以合并为一个成本核算对象。

③ 对于开发规模较大、工期较长的开发项目，可以结合项目特点和成本管理的需要，按开发项目的一定区域、部位或周期划分成本核算对象。

成片分期（区）开发的项目，可以以各期（区）为成本核算对象。

同一项目有裙房、公寓、写字楼等不同功能的，在按期（区）划分成本核算对象的基础上，还应按功能划分成本核算对象。

同一小区、同一期有高层、多层、复式等不同结构的，还应按结构划分成本核算对象。

④ 根据核算和管理需要，对独立的设计概算或施工图预算的配套设施，不论其支出是否摊入房屋等开发产品成本，均应单独作为成本核算对象。对于只为一个房屋等开发项目服务的、应摊入房屋等开发项目成本且造价较低的配套设施，可以不单独作为成本核算对象，发生的开发费用直接计入房屋等开发项目的成本。

四、目标成本费用项目及核算内容

（一）开发产品成本核算应视开发产品的具体情况，按制造成本法设置成本项目

成本项目一般包括下列九项：

① 土地获得价款；

② 开发前期准备费；

③ 主体建筑工程费；

④ 主体安装工程费；

⑤ 社区管网工程费；

⑥ 园林环境工程费；

⑦ 配套设施费；

⑧ 开发间接费；

⑨ 期间费用（非制造成本）。

（二）各成本项目的开支范围

1. 土地获得价款

指为取得土地开发使用权而发生的各项费用，主要包括以下内容。

① 政府地价及市政配套费　支付的土地出让金、土地开发费，向政府部门缴纳的大市政配套费、契税、土地使用费、耕地占用税、土地变更用途和超面积补交的地价。

② 合作款项　补偿合作方地价、合作项目建房转入分给合作方的房屋成本和相应税金等。

③ 红线外市政设施费　红线外道路、水、电、气、通信等建造费，管线铺设费，接口补偿费。

④ 拆迁补偿费　有关地上、地下建筑物或附着物的拆迁补偿净支出、安置及动迁支出、农作物补偿费、危房补偿费等。

2. 开发前期准备费

指在取得土地开发权之后，项目开发前期的水文地质勘察、测绘、规划、设计、可行性研究、筹建、“三通一平”等前期费用。主要包括以下内容。

（1）勘察设计费

① 勘测丈量费　包括初勘费、详勘费等。主要有：水文、地质、文物和地基勘察费，沉降观测费，日照测试费，拨地钉桩验线费、复线费、定线费、放线费，建筑面积丈量费，等等。

② 规划设计费　规划费：方案招标费、规划设计模型制作费、方案评审费、效果图设计费、总体规划设计费。

设计费：施工图设计费、修改设计费等。

其他：可行性研究费，制图、晒图、赶图费等。

③ 建筑研究用房费　包括材料及施工费。

（2）报建费

① 报批报建费　包括安检费、质检费、控制价（标底）编制费、交易中心手续费、人防报建费、消防配套设施费、散装水泥集资费、白蚁防治费、墙改基金、建筑面积丈量费、路口开设费、规划管理费、新材料基金（或墙改专项基金）、教师住宅基金（或中小学教师住宅补贴费）、拆迁管理费、招投标管理费、项目

整体性报批报建费（项目报建时按规定向政府有关部门缴纳的报批费）等。

② 增容费　包括水、电、煤气增容费。

③ “三通一平”费。

④ 临时道路　接通红线外施工用临时道路的设计、建造费用。

⑤ 临时用电　接通红线外施工用临时用电规划设计费，临时管线铺设、改造、迁移费，临时变压器安装及拆除费用。

⑥ 临时用水　接通红线外施工用临时给排水设施的设计、建造、管线铺设、改造、迁移等费用。

⑦ 场地平整　场地清运费、旧房拆除等费用。

（3）临时设施费

① 临时围墙　包括围墙、围栏设计、建造、装饰费用。

② 临时办公室　租金、建造及装饰费用。

③ 临时场地占用费　含施工用临时占道费、临时借用空地租费。

④ 临时围板　包括设计、建造、装饰费用。

3. 主体建筑工程费

指项目开发过程中发生的主体内列入土建预算内的各项费用。主要包括以下几部分。

（1）基础造价

包括土石方、桩基、护壁（坡）工程费，基础处理费，桩基咨询及检测费，降水费。

（2）结构及粗装修造价

结构及粗装修（含地下室部分），如为高层建筑，有裙楼架空层及转换层，原则上架空层结构列入裙楼，转换层结构并入塔楼。

（3）门窗工程费用

主要包括室外门窗、户门、防火门的费用。

（4）公共部位精装修费

主要包括大堂、楼梯间、屋面、外立面及雨篷的精装修费用。

（5）户内精装修费

主要包括厨房、卫生间、厅房、阳台、露台的精装修费用。

4. 主体安装工程费

（1）室内水暖气电管线设备费

① 室内给排水（自来水/排水/直饮水/热水）系统费。

② 室内采暖（地板热/电热膜/分户燃气炉/管道系统/暖气片）系统费。

③ 室内燃气系统费。

④ 室内电气（强、弱电预埋管）系统费。

（2）室内设备及其安装费

① 空调及安装费。

② 电梯及安装费。

③ 发电机及安装费。

④ 高低压配电及安装费。

⑤ 消防通风及安装费。

⑥ 背景音乐及安装费。

（3）室内智能化系统费

① 保安监控及停车管理系统费用。

② 电信网络费用。

③ 卫星电视费用。

④ 三表远传系统费用。

⑤ 家居智能化系统费用。

5. 社区管网工程费

（1）室外给排水系统费

主要包括自来水系统、雨污水系统、直饮水系统、热水系统费用。

（2）室外采暖系统费

主要包括管道系统、热交换站、锅炉房费用。

（3）室外燃气系统费

主要包括管道系统、调压站费用。

（4）室外消防系统费

主要包括高压线路工程、低压线路工程、配电站、开闭站费用。

（5）室外智能化系统费

主要包括电信网络系统、小区停车管理系统、电子巡更系统、围墙监控照明系统费用。

6. 园林环境工程费

指项目所发生的园林环境造价，主要包括以下几类。

① 环境设计费。

② 绿化建设费　区内、区外绿化支出。

③ 建筑小品　雕塑、喷泉、环廊、假山等。

④ 道路、广场建造费 道路广场铺设、开设路口工程及补偿费等。

⑤ 围墙建造费 包括永久性围墙、围栏及大门。

⑥ 室外照明 室外照明电气工程，如路灯、草坪灯。

⑦ 室外背景音乐。

⑧ 室外零星设施 各种指示牌、标识牌、示意图等。

7. 配套设施费

指房屋开发过程中，根据有关法规，产权及其收益权不属于开发商，开发商不能有偿转让也不能转作自留固定资产的公共配套设施支出。主要包括以下几类。

① 在开发小区内发生的不会产生经营收入的不可经营性公共配套设施支出，如居委会、派出所、岗亭、儿童乐园、自行车棚等设施的支出。

② 在开发小区内发生的根据法规或经营惯例，其经营收入归于经营者或业委会的可经营性公共配套设施的支出，如建造幼托、邮局、图书馆、阅览室、健身房、游泳池、球场等设施的支出。

③ 开发小区内城市规划中规定的大配套设施项目不能有偿转让和取得经营收益权时，发生的没有投资来源的费用。

④ 对于产权、收入归属情况较为复杂的地下室、车位等设施，应根据当地政府法规、开发商的销售承诺等具体情况确定是否摊入成本项目。如开发商通过补交地价或人防工程费等措施，得到政府部门认可，取得了该配套设施的产权，则应作为经营性项目独立核算。该成本项目按各项配套设施设立明细科目进行核算，具体包括如下项目：

a. 游泳池：土建、设备、设施；

b. 业主会所：设计、装修、资产购置、单体会所结构；

c. 幼儿园：建造成本及配套资产购置；

d. 学校：建造成本及配套资产购置；

e. 儿童游乐设施；

f. 车站建造费：土建、设备、各项设施。

8. 开发间接费

开发间接费核算与项目开发直接相关，但不能明确属于特定开发环节的成本费用性支出，以及与项目推广销售有关但发生在楼盘开盘前的费用支出。

（1）工程管理费

① 工程监理费 支付给聘请的项目或工程监理单位的费用。

② 预结算编审费 为编制、审查施工图概算、预算、结算所支付的费用。

③ 行政管理费　直接从事项目开发的部门的人员的工资、奖金、补贴等人工费以及直接从事项目开发的部门的行政费。

④ 施工合同外奖金　赶工奖、进度奖。

⑤ 质检费　竣工验收过程中的有关质检费。

（2）营销推广费

项目开盘前发生的广告、策划、样板间、卖场建设、售楼书、模型等所有营销推广费用，主要包括以下几类。

① 媒介广告费　电视、广播、互联网、报纸、杂志、公交广告、电子屏。

② 广告设施及发布费　车站广告、路牌广告。

③ 现场包装费　彩旗、气球、条幅、花架、花篮、花盆。

④ 促销活动费　场租、劳务费、活动场所布置、工作人员餐费。

⑤ 宣传资料及礼品费　售楼书、各种礼品。

⑥ 接待厅装修、装饰费　设计、工程、装饰等。

⑦ 现场销售器具费　饮水机、家私等。

⑧ 现场销售人工费　工资、奖金、补贴等。

⑨ 卖点增加费。

⑩ 看楼交通费　看楼专车运行费、修理费、司机行车费用。

⑪ 样板间　包括临时样板间的建造、设计、装修等费用以及维持清洁、保安、维修费用。对于主体内的样板间的设计、装修以及家具、家私等费用，可收回部分从总费用中扣除。

⑫ 销售模型费。

⑬ 展销费　展位费、布置费、制作费等。

⑭ 其他。

（3）资本化利息

直接用于项目开发所借入资金的利息支出、汇兑损失，减去利息收入和汇兑收益的净额。

（4）物业管理完善费

包括按规定应拨付给业主管理委员会的由物业管理公司代管的物业管理基金、公建维修基金或其他专项基金。

9. 期间费用

期间费用包括管理费用、营业费用、财务费用三类，均不属于房地产的制造成本范畴。三类期间费用与“开发间接费”均有联系和区别，详细界定与核算办法后述。

第三节　目标成本会计科目与账簿设置

一、“开发成本”科目

核算产品开发过程中所发生的各项费用、各级明细科目的设置详见表 2-1。

在各级明细科目下，再按各成本核算对象设立核算项目，成本核算对象可分层次设立。

表 2-1　房地产成本核算科目明细表

一级科目	二级科目	三级科目	四级科目	核算项目	备注
开发成本	土地获得价款	按前述明细	按前述明细	各成本核算对象	成本核算对象可分层次设立
	开发前期准备费	按前述明细	按前述明细	各成本核算对象	
	主体建筑工程费	按前述明细	按前述明细	各成本核算对象	
	主体安装工程费	按前述明细	按前述明细	各成本核算对象	
	社区管网工程费	按前述明细	按前述明细	各成本核算对象	
	园林环境工程费	按前述明细	按前述明细	各成本核算对象	
	配套设施费	按前述明细	按前述明细	各成本核算对象	
	开发间接费	按前述明细	按前述明细	各成本核算对象	自一级科目开发间接费转入
开发间接费	期间费用及税金	管理费用	按前述明细	各成本核算对象	定期转入开发成本
		营销费用	按前述明细	各成本核算对象	
		资本化利息	按前述明细	各成本核算对象	
		物业管理完善费	按前述明细	各成本核算对象	
		税金及其他	按前述明细	各成本核算对象	
开发产品	项目名称	成本核算对象	按前述明细	设置面积或套数的数量金额账	财务清算及评价

为了归集暂时不能确定特定成本核算对象的成本，以及需要先归集后分配的成本，在每个项目的成本核算对象中，加设一条“待分摊成本”进行归集，如图 2-1 所示。

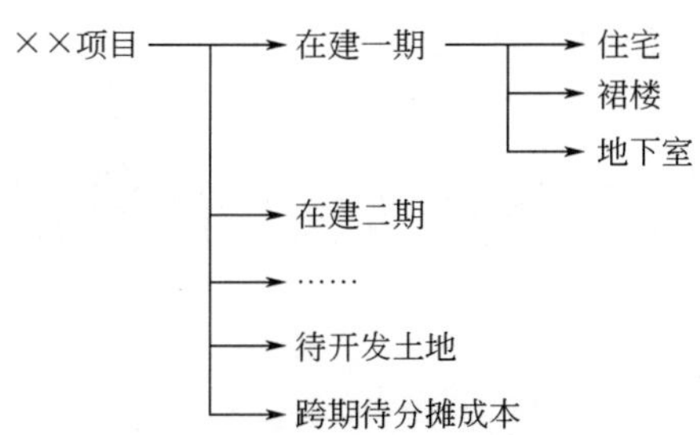

图 2-1　待分摊成本

项目开工前，所有成本均在成本核算对象“待开发土地”中核算；项目开工后，将已开工部分逐期自“待开发土地”中转入“在建×期”。

二、“开发间接费”科目

归集和分配与项目开发直接相关，但不能明确属于特定开发环节的成本费用性支出，以及与楼盘推广销售有关并发生在开盘前的费用支出。

这类费用先归集，再按一定标准分配计入各成本核算对象。

三、“预提费用”科目

核算按权责发生制原则计提的，应由本受益期、受益对象承担的已经发生或将要发生，但尚未结算或支付的成本、费用。

费用预提的时间：一般在结转房屋等开发产品时预提。

费用预提金额的确定：以电算化成本信息系统中的动态成本总额减账面已列入成本总额的差额计提。

对于预提费用，也可不作账务处理。在自定义资产负债表中，预提费用直接取账套中“开发成本——各成本核算对象的贷方余额”，存货取账套中“开发成本——各成本核算对象的借方余额”。

四、“待摊费用”科目

按权责发生制原则核算在本期发生但应由本期及以后各期共同负担的、分摊期限在一年以内的费用。

五、“开发产品”科目

核算已开发完成并验收合格的开发产品的实际成本。

各单位在进行“开发产品”核算的同时，应收集、整理具体到每户的可售面积构成、销售及其回款情况的详细资料。

第四节 目标成本费用的归集与分配

一、土地获得价款

一般能分清成本核算对象的，可直接将土地成本计入特定的成本核算对象中；如果分不清成本核算对象，可先在“土地获得价款”之“待分摊成本”的核算项目中进行归集，然后再在有关成本核算对象间分配，也可以不进行归集而直接通过设定分摊方法分配计入有关成本核算对象。有关分配方法如下。

① 按占地面积计征地价、进行补偿、缴纳市政配套费时的方法。

方法一：先按小区的占地面积将土地成本分配到各小区；再将分配到各小区内的土地成本，按小区内房屋等成本核算对象和道路、广场等公用场所的占地面积进行直接分配；然后将分配到小区内道路、广场等公用场所占地面积的土地成本，按房屋等成本核算对象的占地面积进行间接分配，计入房屋等成本核算对象的开发成本；房屋等成本核算对象的直接分配数加间接分配数，即为该房屋等成本核算对象应负担的土地成本。

方法二：也可将公用占地面积先分摊到房屋等成本核算对象的占地面积上，房屋等成本核算对象自身的占地面积加分摊的公用占地面积，再乘以单位面积的土地成本来分配。

② 按建筑面积计征（或补偿）时，按成本核算对象的建筑面积来分摊。

二、目标成本费用

目标成本费用包括：开发前期准备费、主体建筑工程费、主体安装工程费、社区管网工程费、园林环境工程费、配套设施费。

能够分清成本核算对象的，可直接计入成本核算对象的相应成本项目；应由两个或两个以上的成本核算对象负担的费用，可通过各成本项目下的“待分摊成本”之核算项目进行归集，再按一定标准分配计入各成本核算对象。

三、开发间接费

① 应先通过“开发间接费”科目分项目归集开发间接费的实际发生数，在每月末，根据其实际发生数按一定标准分配计入各开发项目的各成本核算对象。

② 不能有偿转让的配套设施、留作自用的固定资产，均不分配开发间接费。

四、关于借款费用资本化

① 借款费用资本化的期限：自开发投入日起至完工交付日止的借款费用可资本化，其间开发商主动实施的停工期间不包括在内。

② 可资本化的借款费用包括：与开发项目直接相关的借款利息支出、汇兑损失等借款费用，但不包括借款手续费及佣金。

③ 可确定借款用途并专款专用于某特定开发项目的，可将借款费用直接计入

受益的开发项目；不能分清具体用途的借款费用，可采用各项目累计投资额、各项目缺口资金等标准在受益的各开发项目间分摊。

五、成本报表

成本报表是成本信息管理的中心，通过成本报表可动态了解项目成本总体情况、与目标成本的偏差情况、成本管理中存在的问题等信息。各公司都应完整、详细、动态地编制成本报表，“开发成本”科目编号参见表 2-2。

表 2-2 “开发成本”科目编号一览表

科目名称		编　号
开发成本		A
土地获得价款		A.B1
1	政府地价及市政配套费	A.B1.01
2	合作款项	A.B1.02
3	红线外市政配套费	A.B1.03
4	拆迁补偿费	A.B1.04
开发前期准备费		A.B2
1	勘察设计费	A.B2.01
2	勘察丈量费	A.B2.01.01
3	规划设计费	A.B2.01.02
4	建筑研究用房	A.B2.01.03
5	报批报建费	A.B2.02
6	政府报批报建费	A.B2.02.01
7	增容费	A.B2.02.02
8	“三通一平”费	A.B2.03
9	临时道路	A.B2.03.01
10	临时用电	A.B2.03.02
11	临时用水	A.B2.03.03
12	场地平整费	A.B2.03.04
13	临时设施费	A.B2.04
14	临时围墙	A.B2.04.01
15	临时办公室	A.B2.04.02
16	临时场地占用费	A.B2.04.03
17	临时围板	A.B2.04.04
主体建筑工程费		A.B3
1	基础工程	A.B3.01
2	土方	A.B3.01.01
3	护壁（坡）	A.B3.01.02
4	桩基	A.B3.01.03

续表

科目名称		编　号
5	桩基检测	A.B3.01.04
6	降水	A.B3.01.05
7	结构及粗装修工程	A.B3.02
8	门窗工程	A.B3.03
9	室外门窗	A.B3.03.01
10	户门	A.B3.03.02
11	防火门	A.B3.03.03
12	公共部位精装修	A.B3.04
13	大堂精装修	A.B3.04.01
14	楼梯间精装修	A.B3.04.02
15	屋面精装修	A.B3.04.03
16	外立面精装修	A.B3.04.04
17	室内装修	A.B3.05
18	厨房精装修	A.B3.05.01
19	卫生间精装修	A.B3.05.02
20	厅房精装修	A.B3.05.03
21	阳台、露台精装修	A.B3.05.04
主体安装工程费		A.B4
1	室内水暖气电管线设备费	A.B4.01
2	室内供排水系统费	A.B4.01.01
3	室内采暖系统费	A.B4.01.02
4	室内燃气系统费	A.B4.01.03
5	室内电气系统费	A.B4.01.04
6	室内设备及其安装费	A.B4.02
7	空调及其安装费	A.B4.02.01
8	电梯及其安装费	A.B4.02.02
9	发电机及其安装费	A.B4.02.03
10	高低压配电及其安装费	A.B4.02.04
11	消防通风及其安装费	A.B4.02.05
12	背景音乐及其安装费	A.B4.02.06
13	室内智能化系统费	A.B4.03
14	保安监控及停车管理费用	A.B4.03.01
15	电信网络费用	A.B4.03.02
16	卫星电视费用	A.B4.03.03
17	三表远传费用	A.B4.03.04
18	家居智能化费用	A.B4.03.05

续表

科目名称		编　号
社区管网工程费		A.B5
1	室外给排水系统费	A.B5.01
2	自来水系统	A.B5.01.01
3	雨污水系统	A.B5.01.02
4	直饮水系统	A.B5.01.03
5	热水系统	A.B5.01.04
6	室外采暖系统费	A.B5.02
7	管道系统	A.B5.02.01
8	热交换站	A.B5.02.02
9	锅炉房	A.B5.02.03
10	室外燃气系统	A.B5.03
11	管道系统	A.B5.03.01
12	调压站	A.B5.03.02
13	室外高低压系统费	A.B5.04
14	高压线路工程	A.B5.04.01
15	低压线路工程	A.B5.04.02
16	配电室	A.B5.04.03
17	开闭站	A.B5.04.04
18	室外消防系统费	A.B5.05
19	室外智能化系统费	A.B5.06
20	电信网络系统费	A.B5.06.01
21	小区停车管理系统	A.B5.06.02
22	电子巡更系统	A.B5.06.03
23	围墙监控照明系统	A.B5.06.04
园林环境工程费		A.B6
1	环境设计	A.B6.01
2	绿化建设费	A.B6.02
3	建筑小品	A.B6.03
4	道路及广场建设费	A.B6.04
5	围墙建造费	A.B6.05
6	室外照明	A.B6.06
7	室外背景音乐	A.B6.07
8	室外零星设施	A.B6.08
配套设施费		A.B7
1	游泳池	A.B7.01
2	会所	A.B7.02
3	幼儿园	A.B7.03
4	学校	A.B7.04
5	网球场	A.B7.05
……	……	……

续表

科目名称		编 号
开发间接费		A.B8
1	工程管理费	A.B8.01
2	工程监理费	A.B8.01.01
3	预结算编审费	A.B8.01.02
4	行政管理费	A.B8.01.03
5	施工合同外奖金	A.B8.01.04
6	质检费	A.B8.01.05
7	利息	A.B8.02
8	营销费用	A.B8.03
9	媒介广告费	A.B8.03.01
10	广告设施及发布费	A.B8.03.02
……	……	……
……	物业完善费	A.B8.04

第三章　决策阶段的成本控制

决策阶段作为房地产开发的起始环节，也是最关键的环节，决定这个项目的做与不做，某块地拿与不拿，因此，从最顶层领导到最相关部门领导，均是最管事的领导，均在这个环节起到至关重要的作用。此环节涉及的最核心部门无疑是开发部门和营销部门、提供合约规划和财务分析配合的合约部门和财务部门。开发部门深入对征地性质、条件展开研究，对买断项目内容明细、手续风险进行掌握，对合作开发项目的合作方式、分成比例做到约定清楚、财务明晰。而营销部门需对新征土地、买断项目、合作开发项目分别展开营销调研、市场分析，以及趋势发展、议价能力、产品定位等判断，给出明确意见。作为业务专业部门，合约部门和财务部门应充分发挥专业优势，做出总体可研测算、盈亏分析、合约条款风险把控，以及财务资金需求计划等支持。以上各核心部门和配合部门所做工作均为董事会或顶层领导决策提供最有力的支撑。

决策阶段责任成本控制的控制要点、方法、责任部门和配合部门等详见表 3-1。

表 3-1　决策阶段责任成本控制

开发形式	控制要点	控制方法	责任部门	配合部门	评价部门
1. 新征土地	(1) 征地费用	少交或晚交，力争减免	营销部	开发部	财务部
	(2) 拆迁安置费用	房产确权后办理拆迁安置费用	开发部	开发部	审计部
	(3) 大市政费用	自建部分按照公司工程体系走；交政府部分按有关规定办理	开发部 营销部	开发部	审计部
	(4) 规划条件	满足公司利益最大化，合理提高容积率，降低土地成本	营销部	开发部	审计部

续表

开发形式	控制要点	控制方法	责任部门	配合部门	评价部门
2. 买断项目	(1) 买断内容	明确买断内容明细	营销部	合约部	审计部
	(2) 付款总额	为公司争取最大利益	营销部	合约部 财务部	审计部
	(3) 付款时间	周期长、次数多	营销部	合约部 财务部	审计部
	(4) 三通或七通一平的标准	明确验收标准明细	营销部	开发部 合约部	审计部
	(5) 手续风险	与项目付款时间直接挂钩	营销部	开发部 合约部	审计部
3. 合作开发	(1) 合作方式	符合项目要求，有利于集团	营销部	合约部	审计部
	(2) 分成比例	双赢原则	营销部	合约部	审计部
	(3) 交完时间	尽可能地延后交完	营销部	开发部 合约部	审计部
	(4) 交房标准	不低于合同中交房标准	营销部	开发部 合约部	审计部
	(5) 付款总额	选择有利于公司利益的方式	营销部	开发部 合约部	审计部
	(6) 付款时间		营销部	开发部 合约部	审计部

第一节　拿地阶段成本控制要点

在现在的行业环境下，房企要冲规模，就必须持续不断、“滚雪球”式地拿地，持续获取土地资源的能力已经是房企的核心竞争力之一了。以往靠关系、靠老板个人能力的拿地方式已经难以为继了。房企必须要全面提升自身的土地综合管理能力，才能为规模增长之路广积粮草。

传统的拿地方式，投资拓展部往往只关注拿地数量，容易出现以下几个问题。

① 千辛万苦拿到的地块，却不符合公司的战略导向或开发模式。例如公司强调快周转战略，却拿到了大规模地块，严重减缓企业规模增长的速度。

② 区域团队认为目标地块非常值得入手，但集团考虑到资金或其他种种风险，不敢及时决策，导致丧失机会。

③ 区域拿地测算的指标都非常漂亮，但到具体操盘的时候却发现困难重重，经常出现“鳄鱼变壁虎”的情况。

以上种种问题，都可以通过提升拿地环节的内部管理能力来解决。如何提高拿地效率、规避拿地风险、有效激励团队，都是当下房企需要重点考虑的问题。

通过对标杆房企的研究学习，笔者认为拿地时内部管理的五大关键点，如图 3-1 所示。

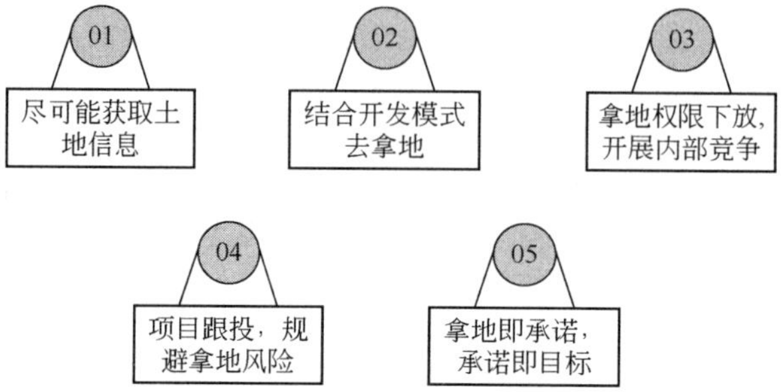

图 3-1　提升拿地综合管理能力的五个关键点

1. 获取土地信息要三管齐下，建立情报网、大团队和评估模型

当房企在选定要进入的城市后，应该如何把握城市潜在的土地市场机会？传统方法中很重要的途径就是依靠中介提供土地信息。但是这种方法效率比较低，也很难满足企业规模快速发展的需要，所以房企必须要搭建自己的土地情报系统，对土地机会进行系统性的管理。这往往涉及三方面的管理内容。

（1）不放过任何一个机会，全面管理目标区域的土地信息

对于千亿企业而言，最缺的就是土地资源，所以需要企业从源头开始尽可能多地获得土地信息。例如某大房企就采用网格式划分及管理的方式捕捉城市土地机会，不放过任何一块地。针对目标城市，相应的区域（城市）公司要把过去 5 年内出让的地块进行全面踏勘，过滤掉已经开发的项目，在内部建立土地情报系统，同时积极展开谈判寻求未开发地块合作机会。实际上就是很多企业提到的“扫街行动”。当前主流的房地产企业基本都在建立这样的土地信息管理系统，将企业接触过的所有信息进行沉淀和系统管理。

（2）建立跨区域的土地拓展团队，对土地信息做深入分析

要搭建起总部强控的土地情报系统，前提是需要搭建起总部主导的、全国层面的强有力的土地拓展团队。目前行业内许多标杆房企的投资拓展团队基本上是以 5 到 10 倍的比例扩大，像 ZL 企在 2017 年底的投拓团队已超过 700 人，2018 年达 1000 人；FS 企则是在总部建立了将近 300 人的并购团队，为全国各区域的土地收并购提供强有力的支撑。

除了搭建土地拓展团队，房企也要充分发动内部竞争，鼓励不同区域公司相互竞争去拿地，从而尽可能最大化地捕获合适的土地机会。但是，大量的土地信

息背后对应的是海量的数据收集工作，如果企业内部没有数据沉淀，会带来信息采集工作重复、低效，因此，众多房企都在建立土地大数据系统，对信息收集进行标准化和数据化管理，提升数据收集的效率。

（3）建立标准化的土地评估模型和决策机制，确保拿到正确的地

在搜集土地信息、获取土地机会之后，就需要对每一块地进行快速评估和快速决策。对于冲击规模的房地产企业而言，拿地数量会大幅增加，一事一议的拿地决策方式在效率上来说已经很难满足要求，因此房企普遍都在内部建立成熟的土地评估信息平台，通过这种评估平台快速进行项目筛选，提升拿地效率。

还有很多房企的做法是，对土地进行分层级决策，首先列明拿地的底线清单，然后设定一个测算模型，只要将地块条件录入测算系统，就可以快速得出结论，只有收益率达到一定比例的地才可以拿。

2. 拿地要重点考虑企业的开发模式和产品定位

房企不仅要拿到地，更关键的是要拿对地，获取一块优质的土地，项目就成功了一大半。传统的拿地指标，一般是单纯地按财务指标对地块进行评估。例如某大房企以往在选择地块时，除了对地块的区位、场地条件、规划条件等基本信息进行明确外，会重点对项目进行成本测算（如土地成本、契税等）、收入测算、现金流量分析和盈利分析，基于这些指标来评判一块地是否该拿。但是，在新的行业形势下，拿地不应只单纯地参考地块基础条件及相关财务指标，还应结合企业的战略、开发模式及产品定位进行综合判断。比如，快周转的企业，在三四线城市会倾向于拿小规模的地块，也会明确要求符合快开发模式的拿地指标，比如某大房企就明确规定，在选择地块时，首先就要看这块地能不能做到“456”（即4个月开盘，5个月资金回正，6个月资金再投入下一个项目），做不到“456”，项目团队是否愿意接受这种挑战，如果拿了这块地没有实现“456”，就要接受相应的处罚，这事实上是一种拿地的对赌机制。

房地产开发项目未来预期总可售货值与当前地块成交总金额的比值（即货地比）指标也很重要。比如，如果土地的成交价格是10亿元，那么就需要测算项目首期开盘货值能否达到10亿元，如果达不到，首期开盘就无法实现现金流回正，货地比就不划算，也就是说这块地对该企业而言就是不合适的地。从产品定位角度来看，例如某些大房企做高端产品的项目，更适合在一二线核心城市拿地，选择做再改、终改等高端系列的高利润型项目。而像另外一些房企为匹配其刚需产品定位，在项目选择时倾向于避开相对发达、地价高企的成熟市场，选择二三线城市的非主城区及城镇化水平相对较低的四线城市主城区，并同步培养企业快速

开发、快速去化的能力。

3. 要提升拿地效率权力必须要下放，还要有内部竞争

传统的拿地模式通常是集团看地、老板决策，也就是说，区域将地块信息搜集并上报给总部，总部实地看地后，统一进行讨论分析与决策，拿地决策权限都在集团董事长手上。这种模式的优势在于，评估和决策的总部人员经验相对丰富，有利于集中优势力量，评估较为全面准确，从而风险相对可控。但是，这种决策模式的劣势也非常明显，例如周期慢、决策链条长、不及时，而且还存在信息不充分、信息不对称的情况，比如说有些区域为了拿到地故意报高投资收益，而决策几乎完全集中在董事长一人身上，风险也会很大。因此，随着房企规模的增长、城市布局的拓展，当前，拿地权限下放已经成为了标杆房企的主流趋势。

（1）权限一定要下放

以某规模房企为例，2012 年底开始将权力下放，不再用以往的集团“广撒网”与政府谈合作的全国统一拿地模式，将拿地权限下放至区域公司，仅半年时间就开拓进入了一些全新市场，如福建、贵州、河南、甘肃、四川等地。从 2012 年到 2016 年，企业布局的城市数量就从 49 个增长到 223 个，项目数量从 118 个增加到 728 个。同时，业绩规模快速攀升，迅速突破三千亿。

（2）充分发动内部竞争

要最大化获取土地机会、防止机会遗漏，房企需要建立土地情报系统，但是总部强控的土地拓展团队的搭建需要很长的时间，对于很多房企来说建立内部竞争机制，发动区域去拿地很有效果。例如前面提到的房企在拿地权限下放后，允许各区域公司投资团队在全国范围内拓展拿地，形成内部竞争机制，其内部口号是“百花齐放”，提倡区域之间良性竞争；再例如某大房企，也是通过拿地权限的下放和拿地的内部竞争机制，促成了近两年布局的快速拓展和业绩的快速增长。

但是，拿地的跨区域竞争机制有利也有弊，好处在于企业不遗漏任何一块土地机会，从而助力企业快速冲规模；弊端在于内部竞争也有可能会导致投资效益差，例如对地块的争夺导致土地价格的竞争，又例如同地段的两个项目销售节奏没错开，致使销售价格的竞争，这些都要求房企有相应的应对机制。而且不是长久之计，比较适合短期内规模诉求较强的房企，最后还是需要将这种权限收回。

4. 用好项目跟投不仅能激励拿地热情，还能规避拿地风险

拿地权限下放能够有效刺激拿地效率，但是权力下放后，如何规避一线拿地的盲目冲动、杜绝乱拿地，如何确保一线拿对地、拿好地，这都是问题。要解决这些问题，拿地的激励机制就非常重要。目前典型的做法是建立拿地的奖励机制，要求所拿地块首年现金回笼（即自有资金首年要为正），能快速开工、市场支持快销、实现开盘“清销”、去化率达 70%～80%，即可获得奖励。具体激励方式包含两种，一是“成就共享”制度，区域可分享净利润的 20%作为奖励，从而激励区域去拿能实现成就共享的地；二是区域拿地按照 1 万元/亩（1 亩约为 $666.67m^2$）来进行奖励，其后退出共担的项目跟投制度后，要求其中一半的拿地奖金投入项目跟投，如图 3-2 所示。

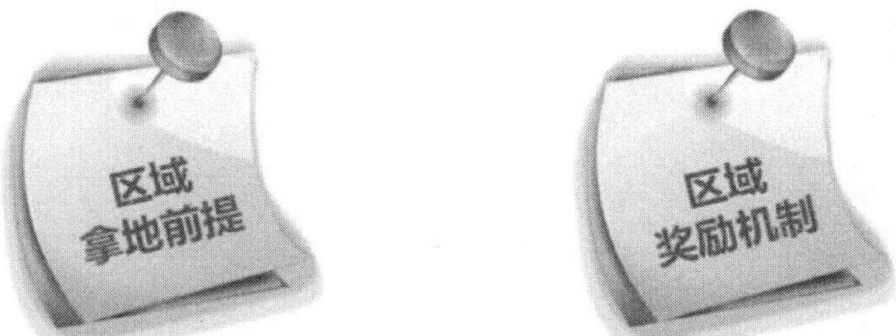

- 财务指标: 首年现金回笼(即自有资金首年要为正)
- 销售速度: 能快速开工，市场支持快销，要实现开盘“清销”，去化率达70%~80%
- 成就共享制度: 区域可分享净利润的20%作为奖励
- 拿地奖励: 区域拿地按照1万元/亩来奖励

图 3-2　拿地激励形式

现在项目跟投非常火，除了能够有效激励一线提升后端的开发运营效率，对于前端拿地上的激励作用也很强。从房企普遍推行的项目跟投设计来看，项目分红的多少与项目收益的高低直接挂钩，所以这种机制能够激励一线团队只拿能获取预期项目收益的地块，避免拿效益低的地块，从而降低风险。而对于不同的项目类型，项目跟投机制在设计上也要有所差异，根据不同类型项目设计与之相匹配的跟投制度，例如快周转型项目、高利润型项目、持有商业型项目、旧改型项目、特色小镇项目等，相应的拿地激励措施都要各有侧重。

5. 强调拿地责任分担，建立奖惩机制，避免前后脱节

传统的拿地模式下，企业往往会出现“拿地晒太阳”“鳄鱼变壁虎”等乱象，前期承诺的拿地的投资收益往往全部被推翻，拿地前是“鳄鱼”，拿地后成“壁虎”，前后严重脱节。对此现象，就要强调拿地的责任分担，通过相应的奖惩机制，实现拿地即承诺、承诺即目标，建立前后不脱节的拿地机制。这就要求房企在拿地前就做好项目计划，制定开发节点目标，并进行投资收益分析，明确开发运营目标。同时，要求拿地者签订目标责任书，开发过程中一旦未达标就罚款，推动目标计划的有效达成。如图 3-3 所示，前期测算的目标值就应成为未来承诺的目标责任，切忌出现“投前投后两张皮”的现象。

规划指标 | 收益测算 | 收 入 | 开发成本 | 开发费用 | 税 金 | 其中：土地增值税

核心规划指标列表 1 2

指标名称	目标值	动态值
总用地面积	48,031.00	48,031.00
容积率	2.79	2.79
总建筑面积	163,148.00	163,148.00
建筑占地面积	0.00	0.00
建筑密度	0.00	0.00
绿地率	0.00	0.00
总户数	0.00	0.00
车位	730.00	730.00
[-]计容建筑面积	163,148.00	163,148.00
住宅	163,148.00	163,148.00
商业	0.00	0.00
办公	0.00	0.00
幼儿园	0.00	0.00
配套建筑面积	0.00	0.00
[-]不计容建筑面积	0.00	0.00
架空层面积	0.00	0.00
地下室面积	0.00	0.00
其它	0.00	0.00

图 3-3 前期测算目标与实际动态比较

第二节 决策阶段成本控制要点

决策阶段的成本控制主要在于投资估算和项目评估。

正确决策是合理确定与控制开发成本的前提。决策阶段各项技术经济决策，对该项目的开发成本有重大影响。决策失误会造成人力、物力及财力的浪费，甚至造成不可弥补的损失。特别是规模的确定、建设标准的确定、建设地点的选择、新工艺（工法）的评选、设备选用等，直接关系到开发成本的高低。据有关资料统计，在项目建设各阶段中，投资决策阶段影响开发成本的程度最高，达到80%～90%。因此，决策阶段是决定开发成本的基础阶段，直接影响着决策阶段之后的各个建设阶段开发成本的计价与控制是否科学、合理。

一、投资估算

决策阶段的投资估算是进行投资方案选择的重要依据之一，同时也是决定项目是否可行及主管部门进行项目审批的参考依据。投资估算是指在项目投资决策过程中，依据现有的资料和特定的方法，对建设项目的投资数额进行的估计。投资估算的准确与否不仅影响到可行性研究工作的质量和经济评价结果，而且也直接关系到下一阶段设计概算和施工图预算的编制，对建设项目资金筹措方案也有直接的影响。因此，全面准确地估算建设项目的开发成本，是可行性研究乃至整个决策阶段造价管理的重要任务。不仅是拟建项目投资决策的依据，同时也是若决定建设项目后，拟建项目的实施阶段投资控制的目标值。

二、项目评估

项目评估是企业决策层进行开发项目决策的依据，也是进行成本、销售、利润控制和分析的依据。评估工作应由一个相对权威的部门或机构负责，该部门或机构可以是策划部或请专家进行评估。需要进行大量的市场调查，掌握大量的第一手资料，包括销售、成本、毛利率水平等。评估工作应有阶段性，需要根据不同阶段进行调整。一般有三个阶段：第一是可行性研究阶段，评估相对较粗；第二是扩初阶段，可根据已审定的初步设计对可行性阶段的项目评估初步具体化；第三是施工图阶段，需根据审定的施工图对项目评估进行全面细致的深化和调整，确定目标成本和目标利润。评估最后报经总经理审批后，就按此评估报告实施控制。

因此，决策阶段的控制重点是项目投资定义和投资估算控制在允许的范围内，对项目的可行性研究做出正确的评估，为总经理的决策提供依据。

第三节　决策阶段成本控制流程图和部门职责图

一、决策阶段成本控制流程图

某房企决策阶段成本控制流程图见图 3-4。

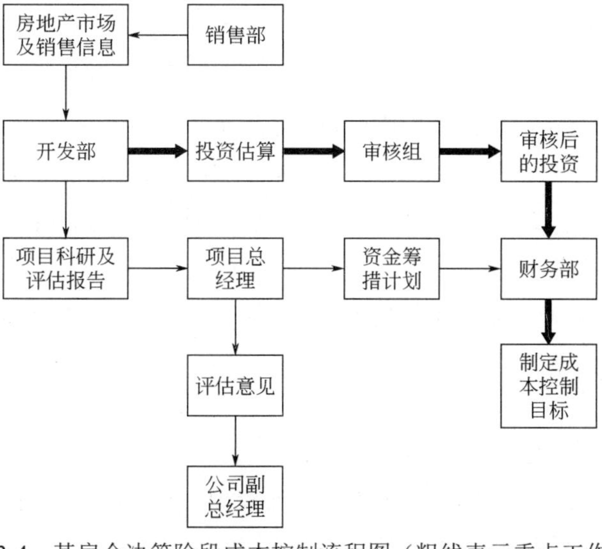

图 3-4　某房企决策阶段成本控制流程图（粗线表示重点工作）

二、决策阶段参与的部门及职责

决策阶段参与的部门及职责见图 3-5。

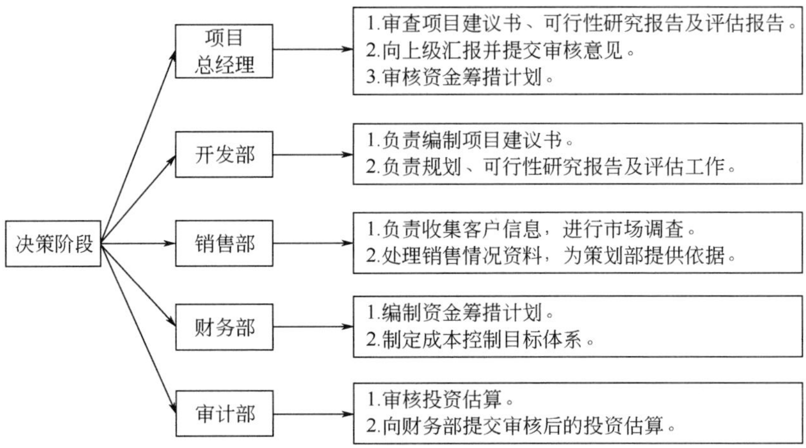

图 3-5　决策阶段参与的部门及职责

第四节　决策阶段成本控制主要相关人员的职责

一、公司副总经理

负责项目的总决策（重大地块拿地要总经理决策）。

二、项目总经理

① 结合实际制定本项目公司的成本管理制度，负责监督实施项目整个开发过程中的成本控制，保证将成本控制在目标成本范围内。赋予各部门控制的权限，并明确其对控制结果应承担的责任，同时，对其成本控制的结果加以考核，予以奖惩。

② 审核项目建议书、可行性研究报告及评估报告。向上级汇报并提交审核意见。参与审核资金筹措计划。

③ 定期或不定期分析成本结构、差异及其原因、监控措施及其效果、经验教训。

三、开发部

1. 开发部经理职责

① 根据本项目公司业务发展规划、开发能力和市场情况，确定项目开发计划。

② 组织立项调研、选址和前期策划，提出立项建议和开发设想，并按要求向

项目总经理提交立项可行性报告及其评估报告，履行立项审批程序。

③ 组织审查投资估算的经济合理性。

2. 开发人员职责

熟悉、掌握国家和当地有关法规政策及市场需求，负责项目建议书及可行性研究报告和评估报告的编制工作。

3. 估算人员职责

认真收集整理和积累各种建设项目的开发成本和竣工决算实际造价资料，负责投资估算。

四、财务部

1. 财务部主管职责

① 完善成本考核办法，确立成本降低率、费用节约额、项目投资回报率等成本考核指标。

② 组织设置一个科学的、具有可操作性的成本控制目标体系。

③ 负责审查资金筹措计划并提交财务中心进行审核。

2. 成本会计职责

① 设置一个科学的、具有可操作性的成本控制目标体系。

② 建立本项目组的“开发项目成本台账”，按照国家财务制度规定的成本项目，真实地反映项目公司每一个开发项目的全部成本情况。

3. 财务会计职责

负责资金筹措安排，编制资金使用计划。

五、销售部

销售部经理职责：组织市场调查与趋势分析预测，及时向有关部门提供信息。

第五节　决策阶段标杆企业成本控制建议

一、成本控制建议

1. 设置开发项目的成本控制目标体系

成本控制目标体系是为确保目标的实现而服务的，一个系统若没有目标，就不需要控制，也无法控制。因此，在实际的开发项目当中，目标体系的设置应具有科学的依据和实现的可能性。

房地产开发项目的建设过程是一个周期长、数量大的生产消耗过程，受客观过程的发展及其表现程度的限制，企业领导不能仅凭过去的经验数据决策，而应在项目的决策阶段，设置一个科学的、具有可操作性的成本控制目标体系。该目标体系是项目策划报告书中最重要的内容。

成本控制目标体系应当分阶段设置和实施，具体可以分为 3 个阶段：投资估算——设计方案选择和初步设计阶段的成本控制目标；设计概算——技术设计和施工图设计阶段的项目成本控制目标；设计预算或建安工程承包合同价——施工阶段成本控制的目标。这三个阶段的目标控制相互制约、相互补充，共同组成了项目的成本控制目标体系，如图 3-6～图 3-8 所示。

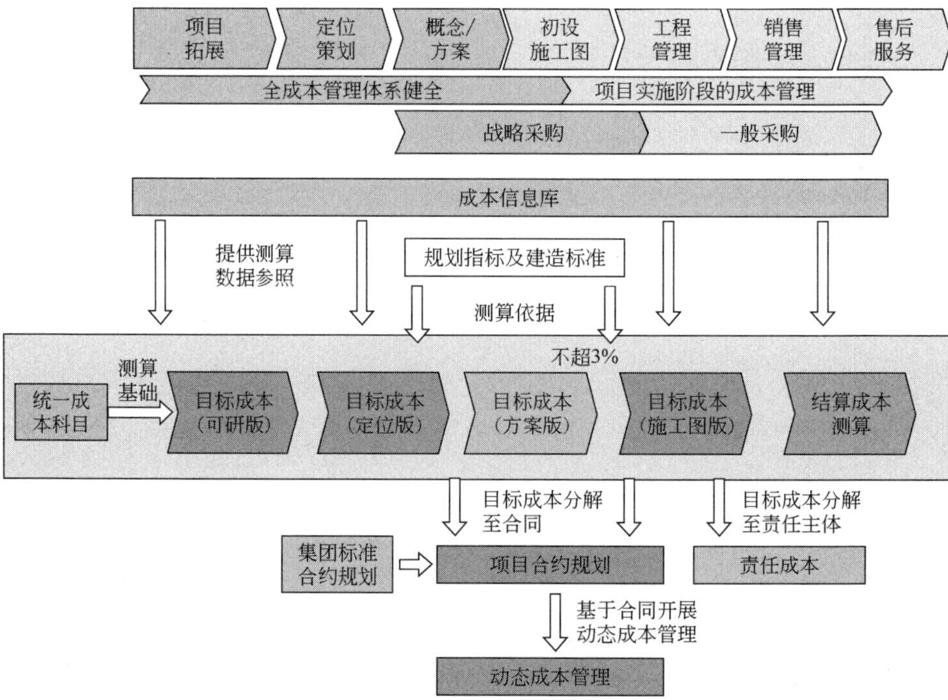

图 3-6　成本控制目标体系

2. 做好投资估算

投资估算的准确性是一个重要的问题。它是确定设计任务书的投资额和控制初步设计概算的依据，做好估算，一方面要在深入调查研究的基础上，如实、正确、完整地反映经济活动情况，核实费用、开支成本计算；另一方面必须以国家政策、法令、制度为依据，坚持客观性、科学性，才能提高投资估算的准确性，上一步投资额应当控制下一步投资额，使估算的投资额控制在一定的范围内，尤其应注意由人为因素造成的估算不准。

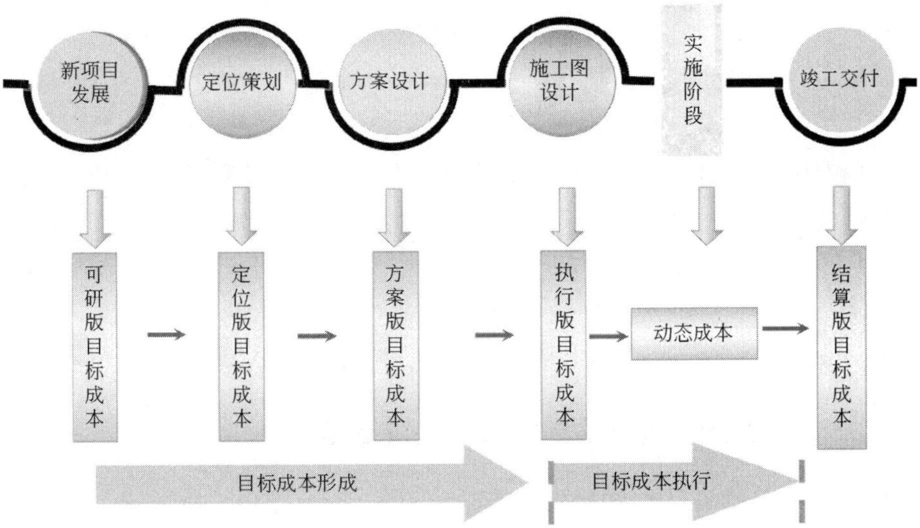

图 3-7　目标成本形成过程

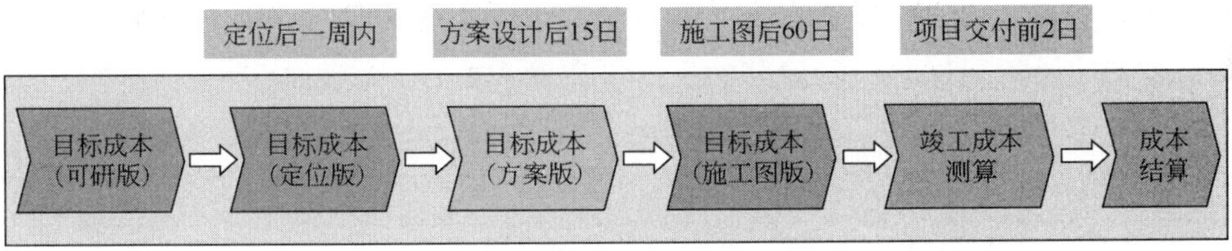

图 3-8　目标成本形成时点

估算人员应认真收集整理和积累各种建设项目的开发成本和竣工决算实际造价资料；在选择使用投资估算的各种数据时，不论是自己积累的数据还是来源于其他方面的数据，要求在使用前都要结合时间、物价、现场条件、装备水平等因素作出充分的分析和调查研究工作；前期费用一般都有当地政府部门收费文件，这些应通过实际调研获得；采用造价指标的工程特征与本工程尽可能相符合；对工程所在地的交通、能源、材料供应等条件做周密的调查研究，同时做好细致的市场调查和预测，绝对不能生搬硬套。

投资估算必须考虑建设期物价、工资等方面的动态因素变化。应留有足够的预备费，根据建设项目的建设工期、复杂程度以及是否有已开发的此类项目来确定。最后要注意项目投资总额的综合平衡。

3. 实行费用指标分管

费用指标管理应改变传统的由一个部门管理的模式，转变为多个部门管理。各项费用指标应由财务部门统一控制，各部门分别管理。这样有利于调动各部门的积极性和增强责任感。例如财务部门费用由财务部门管理，销售费用由销售部门管理，管理费用中的人员工资、奖金、加班加点工资等由人事部门负责，行政汽车使用费、资产维修费、办公费等由行政办公室负责，差旅费、业务招待费可将指标下放到各部门分别控制使用。

各项费用指标的核定和分解，要以企业计划销售收入（或计划产值）为依据进行测算确定，要分别落实掌握各项指标的责任者，费用实行包干使用或承包经营责任制。这样可做到“量入为出，量米下锅”，避免吃大锅饭。这样就使原来由财务部门一家管理的收支账变成了各职能部门所关心的经营账，年终再由财务部门考核各承包部门费用的节超情况，按一定比例给予奖罚。

二、投资决策阶段（拿地阶段）关注重点

1. 投资决策阶段（拿地阶段）的重点

进入白银时代，标杆房企对拿地的态度普遍谨慎，宁可不拿地，也绝不拿错了，因为前期拿错地造成的损失是最致命的。而土地获取成本优势是项目成功之本，投资决策阶段（拿地阶段）的重点参见表 3-2。

表 3-2　投资决策阶段（拿地阶段）的重点

拿地关键	土地价值的判断（包括城市价值、区域规划、周边环境、市政配套、土地自身条件）
拿地方式	一级转二级
	资本市场（参股、土地收购、公司收购）
	土地市场（招标、拍卖、挂牌）
成本测算	初步定位与概念设计草图，当前售价与成本
	不冒进不保守
潜在风险	溢价收购发票处理
	土地成熟度
	项目交通情况

2. 前期定位阶段的重点

定位非常关键，不要为了立项而立项，应建立在认真、客观的调研和分析之上，选择有优势的项目。主要关注以下几个方面。

① 寻找符合项目特性的目标客户。

② 寻求符合客户需求的产品。

③ 土地属性、开发策略（品牌型、利润型或现金流型）等。

④ 挖掘项目开发最大价值。

a. 不同开发强度实现价值不同。以广州增城某项目案例为例，具体数值参见表 3-3。

表 3-3 不同容积率和项目业态实现价值不同

容积率	0.7	1	2.6
别墅比例	1	0.36	0
高层比例	0	0.64	0.9
商业比例	0	0	0.1
收入/亿元	13.3	16	29.7
成本/亿元	9.6	12.9	27.5
税前利润/亿元	3.7	3.1	2.2

注：别墅售价 9000～11500 元/m^2，高层 5000 元/m^2。

b. 同等开发强度下，不同产品的组合价值不同。以苏州某案例为例，案例的效果图见图 3-9，不同产品的组合价值数据参见表 3-4、表 3-5。

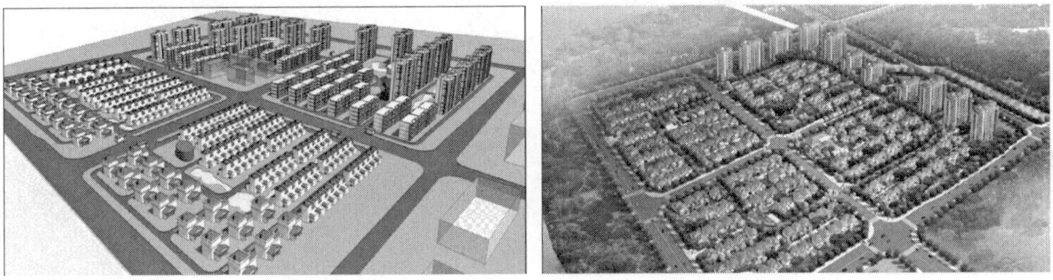

图 3-9 苏州某案例的效果图

表 3-4 同等开发强度下，不同产品的组合价值不同（方案一）

方案一	容积率 0.93
别墅比例	0.28
住宅比例	0.72
收入/亿元	23.1
成本/亿元	20.6
税前利润/亿元	2.5

表 3-5 同等开发强度下，不同产品的组合价值不同（方案二）

方案二	容积率 0.93
别墅比例	0.48
住宅比例	0.52
收入/亿元	26.3
成本/亿元	20.8
税前利润/亿元	5.5

c. 同等开发强度下同样产品，通过提升产品舒适度提升价值。以东莞某项目为例，该项目的三个方案如图 3-10～图 3-12 所示，项目对比参见表 3-6。

表 3-6 东莞项目方案比较表

方案	容积率	套数	套均面积/m^2	单价/元	收入/亿元	成本/亿元	税前利润/亿元
一	0.56	264	298	26000	20.5	16.9	3.6
二	0.57	199	396	28550	22.5	17.8	4.7
三	0.57	155	508	31350	24.7	18.7	6

在这个阶段要强调一方面是营销、设计、成本的密切配合，另一方面是多方案价值分析。

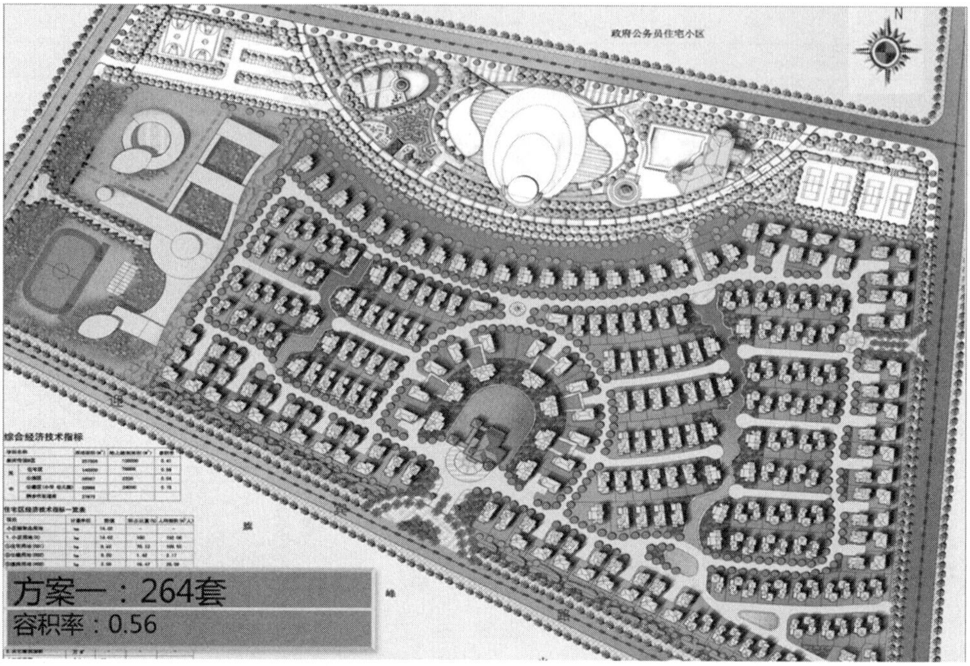

图 3-10　东莞案例（方案一）

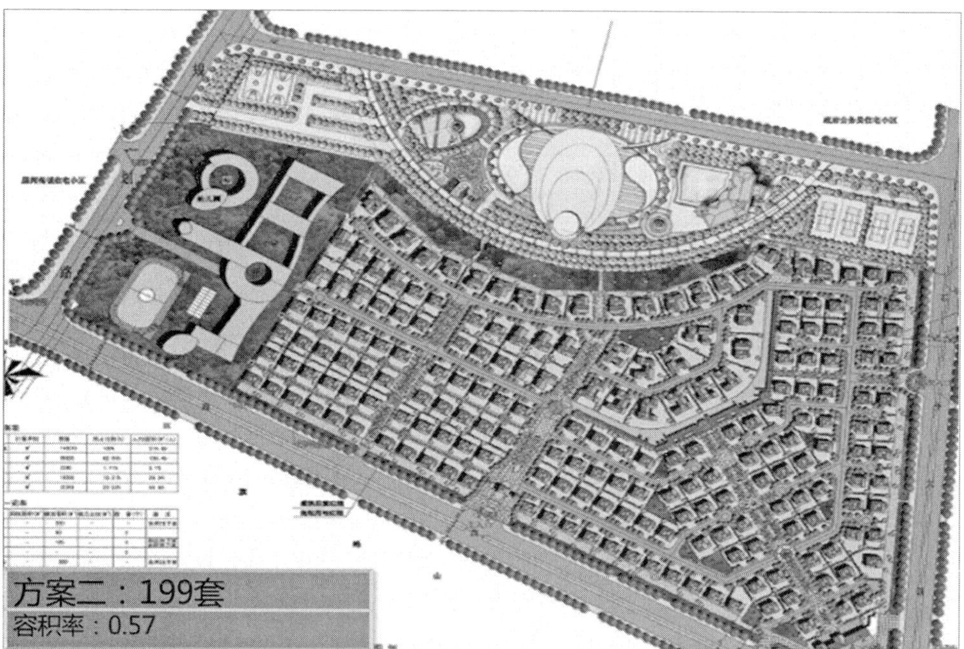

图 3-11　东莞案例（方案二）

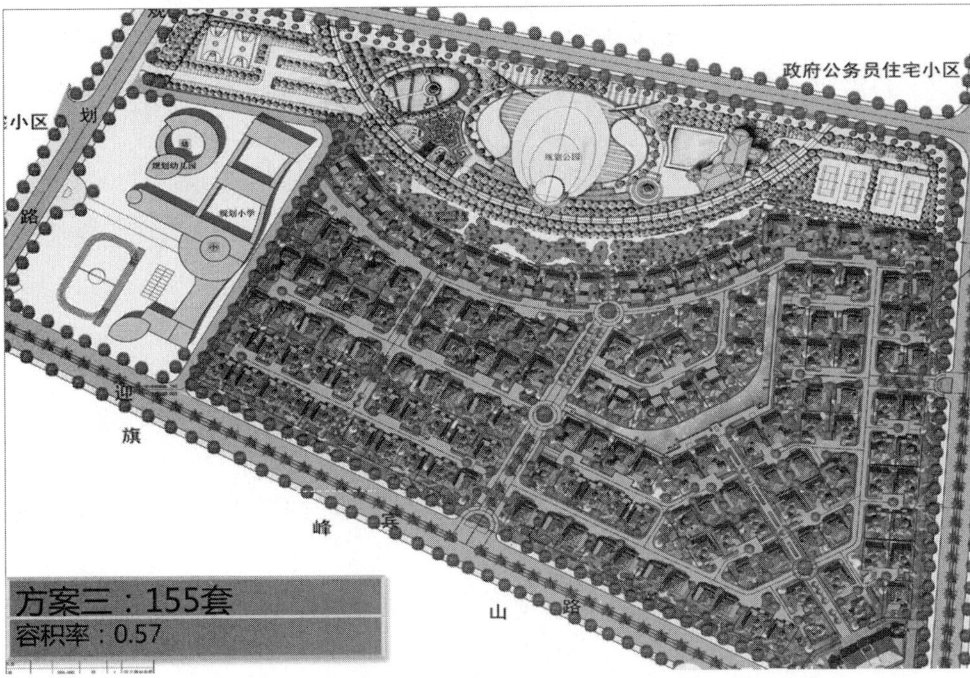

图 3-12　东莞案例（方案三）

三、决策阶段费用控制关键点

1. 为取得土地开发使用权而发生的各项费用

（1）政府地价及市政配套费

支付的土地出让金、土地开发费，向政府部门缴纳的大市政配套费、契税、土地使用费、耕地占用税、土地变更用途和超面积补交的地价。

（2）合作款项

补偿合作方地价、合作项目建房转入分给合作方的房屋成本和相应税金等。

（3）红线外市政设施费

红线外道路、水、电、气、通信等建造费、管线铺设费、接口补偿费。

（4）拆迁补偿费

有关地上和地下建筑物或附着物的拆迁补偿净支出、安置及动迁支出、农作物补偿费、危房补偿费等。

2. 开发前期准备费（前期工程费）

指在取得土地开发权之后，项目开发前期的筹建、“三通一平”等前期费用。主要包括以下内容。

（1）报批报建费和增容费

① 报批报建费　包括安检费、质检费、控制价（标底）编制费、交易中心手续费、人防报建费、消防配套设施费、散装水泥集资费、白蚁防治费、墙改基金、建筑面积丈量费、路口开设费、规划管理费、新材料基金（或墙改专项基金）、教师住宅基金（或中小学教师住宅补贴费）、拆迁管理费、招投标管理费、项目整体性报批报建费（项目报建时按规定向政府有关部门缴纳的报批费）等。

② 增容费　包括水、电、煤气增容费。

（2）“三通一平”费

① 临时道路　接通红线外施工用临时道路的设计、建造费用。

② 临时用电　接通红线外施工用临时用电规划设计费，临时管线铺设、改造、迁移费，临时变压器安装及拆除费用。

③ 临时用水　接通红线外施工用临时给排水设施的设计、建造，以及管线铺设、改造、迁移等费用。

④ 场地平整　基础开挖前的场地平整、场地清运、旧房拆除等费用。

（3）临时设施费

① 临时围墙　包括围墙、围栏设计、建造、装饰费用。

② 临时办公室　租金、建造及装饰费用。

③ 临时场地占用费　含施工用临时占道费、临时借用空地租费。

④ 临时围板　包括设计、建造、装饰费用。

可研版目标成本测算模型如表 3-7、表 3-8 所示。

表 3-7　可研盈亏分析

序号	项目名称	金额/万元	可售单方/元	建筑单方/元	备注
（一）	销售收入总额				
1	住宅				
2	商业				
3	车库				按个数计算收入
（二）	销售利润率				
1	成本利润率				
2	毛利润率				
（三）	利润总额				利润总额=销售收入×目标销售利润率
（四）	项目总投资				项目总投资=开发成本+期间费用及税金
1	开发成本				
（1）	土地出让金及政府土地收益				

续表

序号	项目名称	金额/万元	可售单方/元	建筑单方/元	备注
（2）	“三通一平”费				
（3）	主体建安工程费				
（4）	园林环境工程费				
（5）	附属设施费				
（6）	工程监理费				
2	期间费用及税金				
（1）	财务费用				由销售部提供
（2）	税款				由财务部提供
（3）	营业税及附加				由财务部提供
（4）	土地增值税				由财务部提供
（5）	企业所得税				由财务部提供

表 3-8　分产品类型成本汇总表

序号	成本项目	面积单位成本/元				总成本/万元				分摊标准说明
		住宅	……	车库	平均	住宅	……	车库	合计	
	可售面积									
一	土地取得费用									
1	土地出让金及政府土地收益									
2	拆迁补偿费									
3	其他土地费									
4	前期工程费									
二	勘察设计费									
1	“三通一平”费									
2	报批报建费									
3	临时设施费									
4	其他费用									
5	基础设施建设费									
三	主体建安成本									
1	主体安装工程									
2	土方工程									
3	桩基工程									
4	其他基础处理工程									
四	社区管网工程费									
1	园林环境工程费									
2	公共配套设施费									
五	教育配套费									
1	学校建设费									
2	会所建设费									

续表

序号	成本项目	面积单位成本/元				总成本/万元				分摊标准说明
		住宅	……	车库	平均	住宅	……	车库	合计	
六	开发间接费									
1	工程监理费									
2	营销设施建造费									
3	物业完善费									
4	不可预见费									
5	期间费用及税金									
6	开发成本									
七	期间费用及税金									
1	管理费用									
2	财务费用									
3	税款									
4	营业税及附加									
	项目总支出									

四、定位版目标成本

1. 概念定位阶段重策划，强调货值最大化

概念方案阶段，目标成本的制定需要强调策划思维，核心在于通过项目策划及产品策划，实现货值的最大化。强调在设计工作开展之前，结合营销定位报告，对概念设计多方案组合初选进行成本匡算，通过对各类型产品的成本配置模块进行经济性测算和比选，找出盈利最大化的产品组合，形成对下一步设计工作的限额控制指标。

该阶段目标成本编制，一般会在营销定位后10个工作日内提供成本测算初稿，以供决策参考；项目定位通过后5个工作日内，编制完成概念阶段的目标成本（定位版）正式稿。

2. 编制要点

这个阶段目标成本测算的关键点在于对产品组合方案、路网布置方案、停车布置方案、场地标高方案等四大方案进行管控，控制了这四大方案的目标成本测算，概念阶段的目标成本编制就基本不会有太大的偏差。除此之外，还应包括关注交通、功能分区、景观分析等，以及对建筑平面、户型结构、主要设备、停车

方式及比率等的可行性及经济性进行预研究。

3. 编制依据

① 项目地块红线内外情况、政府规划要点等信息。

② 客户品类、产品类型、面积指标、户型配比、预期售价。

③ 区域内同档次或相似产品的成本构成及价格水平。

④ 已结算类似项目的含量及造价数据。

⑤ 项目风格及主题、重大技术解决方案。

⑥ 成本配置标准化规划体系。

4. 编制步骤

营销建议→根据产品组合盈利方案快速进行成本测算→项目定位→成本适配测算→设计指引→概念设计方案→目标成本（定位版）。

5. 用途

在设计工作开展之前，按项目总体经营要求和市场定位，给出一个相对宽松的成本控制区间范围，以便于营销形成设计指引，并对概念设计单位交底。

【例 3-1】定位阶段目标成本实例

某标杆房企 2017 年在江苏某地块开发的住宅项目在决策定位阶段所做的测算工作和主要成果，包括定位阶段基础数据表、定位阶段目标成本关键指标、定位阶段高层单体目标成本测算表、定位阶段目标成本汇总这些主要表格，当然还有其他辅助表格，限于篇幅仅列直观反映此阶段目标成本的关键数据表，如表 3-9～表 3-12 所示。

表 3-9　定位阶段基础数据表

总占地面积	26396.1	m^2	总建筑面积	68518.68	m^2	总销售面积（含保障房）	52718.96	m^2
地上建筑面积	53692.7	m^2	地下建筑面积	14825.98	m^2	商业建筑面积	15425.86	m^2
建筑物占地面积	7858.12	m^2	建筑覆盖率	29.77	%	道路面积	2300	m^2
计容积率面积	53692.7	m^2	容 积 率	2.03		绿地率	30.06	%
小区围墙长度	400	m	大门数量	1	个	硬地率		%
地上停车位数量	95	个	地下停车位数量	519	个	景观面积	18537.98	m^2

续表

产品构成		占地面积/m²	建筑面积/m²	地上建筑面积/m²	地下建筑面积/m²	可售面积/m²	层数（地上/地下）	层高（地上/地下）	平均每户面积/m²	幢数	单元数	户数
主体建筑	一、高层住宅总计		37572.79	35481.55	2091.24	34842.29	18/1	3.1	83.09	6	6	427
	高层住宅		36933.53	34842.29	2091.24	34842.29						
	物业用房		168.05	168.05								
	社区服务中心		471.21	471.21								
	二、办公		4552.95	4552.95		4552.95	9/1		51.74	1	1	88
	三、商业及附属用房		15425.86	13617.6	1808.26	13323.72						
	商业		15131.98	13323.72	1808.26	13323.72			地下外围面积	2718		110
	配套建筑（配电房）		293.88	293.88								
	小计		57551.6	53652.1	3899.5	52718.96						
地下部分	人防地下室		1964.79	40.6	1924.19			4.6				
	普通地下室		9002.29		9002.29			4.9				
	小计		10967.08	40.6	10926.48	0						
	合计		68518.68	53692.7	14825.98	52718.96						

表 3-10　定位阶段目标成本关键指标

序号	指标类别		指标名称	指标说明	总指标	单体指标			
						高层住宅	商业	办公	地下车库
1	面积指标		总体可售比例/%	可售面积/总建筑面积	76.90	50.85	19.45	6.64	0.00
			地下室面积比例/%	地下室建筑面积/总建筑面积	21.64	3.05	2.64	—	15.94
2	结构指标	地上部分	标准层钢筋含量/（kg/m²）	分母=地上建筑面积		57	65	68	—
			标准层混凝土含量/（m³/m²）	分母=地上建筑面积		0.43	0.46	0.45	—
			标准层砌体含量/（m³/m²）	分母=地上建筑面积		0.17	0.21	0.28	—
		地下部分	地下钢筋含量/（kg/m²）	含天然基础和承台（不含桩基）		0	—	0	182.34
3	建筑指标	地上部分	地下砌体含量/（m³/m²）	分母=地下建筑面积		0.06	—	0	0.03
			标准层层高/m	楼板面至上一层楼板面		2.8	3.2	2.8	—
			窗地比	门窗洞口面积/地上建筑面积		0.16	0.31	0.33	—
			外立面率	外墙面积（不含门窗面积）/地上建筑面积		1.02	0.88	1.36	—
		地下部分	地下室层高/m	底板面至顶板面		—	—	—	4.9
			地下车位平均面积/（m²/车）	分子为所有地下室面积(含设备房)		—	—	—	34.83

续表

<table>
<tr><th rowspan="2">序号</th><th rowspan="2" colspan="2">指标类别</th><th rowspan="2">指标名称</th><th rowspan="2">指标说明</th><th rowspan="2">总指标</th><th colspan="4">单体指标</th></tr>
<tr><th>高层住宅</th><th>商业</th><th>办公</th><th>地下车库</th></tr>
<tr><td rowspan="11">4</td><td rowspan="11">经济指标</td><td rowspan="7">分部分项工程</td><td>桩基工程指标/（元/m^2）</td><td colspan="2">1. 注明桩基形式
2. 分母为总建筑面积</td><td>85.01</td><td>258.33</td><td>545.45</td><td>294.17</td></tr>
<tr><td>门窗指标/（元/m^2）</td><td colspan="2">1. 注明门窗形式
2. 分母为门窗实体面积</td><td>560</td><td>560</td><td>560</td><td>—</td></tr>
<tr><td>进户门指标/（元/樘）</td><td colspan="2">注明进户门形式</td><td>2000</td><td>—</td><td>2000</td><td>—</td></tr>
<tr><td>外立面装饰指标/（元/m^2）</td><td colspan="2">1. 分母为装饰实体面积
2. 指面砖、涂料、石材</td><td>201.54</td><td>109.05</td><td>199.24</td><td>—</td></tr>
<tr><td>景观绿化指标/（元/m^2）</td><td>分母为景观实体面积</td><td>458.6</td><td>—</td><td>—</td><td>—</td><td>—</td></tr>
<tr><td>智能化/（元/m^2）</td><td>分母为总建筑面积</td><td>80.6</td><td>—</td><td>—</td><td>—</td><td>—</td></tr>
<tr><td>消防工程/（元/m^2）</td><td>分母为总建筑面积</td><td>59.9</td><td>—</td><td>—</td><td>—</td><td>—</td></tr>
<tr><td rowspan="4">装修工程</td><td>售楼处装修/（元/m^2）</td><td>分母为售楼处实体面积</td><td>3000</td><td>—</td><td>—</td><td>—</td><td>—</td></tr>
<tr><td>样板房装修/（元/m^2）</td><td>分母为样板房实体面积</td><td>5000</td><td>—</td><td>—</td><td>—</td><td>—</td></tr>
<tr><td>公共部位装修/（元/m^2）</td><td colspan="2">分母为公共大堂实体面积</td><td>—</td><td>—</td><td>800</td><td>—</td></tr>
<tr><td>标准精装/（元/m^2）</td><td colspan="2">分母为精装实体面积</td><td>800</td><td>—</td><td>—</td><td>—</td></tr>
</table>

表 3-11　定位阶段高层单体目标成本测算表（节选）

<table>
<tr><td>总建筑面积/m^2</td><td>37572.8</td><td>总销售面积/m^2</td><td>52718.96</td><td>钢筋综合含量/（kg/m^2）</td><td>63.29</td><td>混凝土综合含量/（m^3/m^2）</td><td>0.5</td><td>模板综合含量/（m^2/m^2）</td><td>3.75</td><td>砌体综合含量/（m^3/m^2）</td><td>0.16</td></tr>
<tr><td>地上建筑面积/m^2</td><td>35481.55</td><td>物业销售面积/m^2</td><td>34842.29</td><td>地下钢筋含量/（kg/m^2）</td><td>170</td><td>地下混凝土含量/（m^3/m^2）</td><td>1.65</td><td>地下模板含量/（m^2/m^2）</td><td>4</td><td>地下砌体含量/（m^3/m^2）</td><td>0.06</td></tr>
<tr><td>窗地比</td><td>0.16</td><td>外立面率</td><td>0.97</td><td>地上钢筋含量/（kg/m^2）</td><td>57</td><td>地上混凝土含量/（m^3/m^2）</td><td>0.43</td><td>地上模板含量/（m^2/m^2）</td><td>3.74</td><td>地上砌体含量/（m^3/m^2）</td><td>0.17</td></tr>
</table>

<table>
<tr><th>序号</th><th>科目名称</th><th>估算基数</th><th>工程量</th><th>单位</th><th>单价/元</th><th>汇总金额/元</th><th>建面指标/（元/m^2）</th><th>销面指标/（元/m^2）</th><th>费项比例/%</th><th>说明</th></tr>
<tr><td>1-3</td><td>建安工程费</td><td>建筑面积</td><td>37572.80</td><td>m^2</td><td>2318.25</td><td>87103143.60</td><td>2318.25</td><td>1652.22</td><td>100.00</td><td></td></tr>
<tr><td>1-3-1</td><td>主体建安工程费</td><td>建筑面积</td><td>37572.80</td><td>m^2</td><td>2031.15</td><td>76315992.72</td><td>2031.15</td><td>1447.60</td><td>87.62</td><td></td></tr>
<tr><td>1-3-1-1</td><td>基础工程费</td><td>建筑面积</td><td>37572.80</td><td>m^2</td><td>124.37</td><td>4672929.14</td><td>124.37</td><td>88.64</td><td>5.36</td><td></td></tr>
</table>

续表

序号	科目名称	估算基数	工程量	单位	单价/元	汇总金额/元	建面指标/（元/m^2）	销面指标/（元/m^2）	费项比例/%	说明
1-3-1-1-1	桩基（或其他）	地下面积	37572.80	m^2	85.01	3194063.73	85.01	60.59	3.67	测算参考40m桩深，国标500（100）AB，210元/m
1-3-1-1-2	桩基检测	地下面积	37572.80	m^2	1	37572.80	1	0.71	0.04	
1-3-1-1-3	土方	土方量	8741.38	m^3	75	655603.50	17.45	12.44	0.75	
1-3-1-1-4	地基处理	建筑面积	37572.80	m^2						
1-3-1-1-5	基坑围护	建筑面积	37572.80	m^2	20.92	786022.98	20.92	14.91	0.90	
1-3-1-1-6	其他	地下面积	37572.80	m^2						
1-3-1-2	主体土建工程费	建筑面积	37572.80	m^2	1676.77	63000943.86	1676.77	1195.03	72	
1-3-1-2-1	主体土建之结构	建筑面积	37572.80	m^2	977.33	36721024.62	977.33	695.54	42.16	
1-3-1-2-1-1	地下结构工程	地下面积	2091.24	m^2	2143.50	4482572.94	119.3	85.03	5.15	
	钢筋	钢筋重量	355.51	t	5500.00	1955305.00	52.04	37.09	2.24	主材按4500元/t
	混凝土	混凝土方量	3450.55	m^3	490	1690769.50	45	32.07	1.94	主材按410元/m^3
	模板	模板面积	8364.96	m^2	60	501897.60	13.36	9.52	0.58	
	其他（钢筋接头，其他措施等）		2091.24		160	334598.40	8.91	6.35	0.38	高层
1-3-1-2-1-2	地上结构工程	地上面积	35481.55	m^2	858.03	30444234.35	810.27	577.48	34.95	
	钢筋	钢筋重量	2022.45	t	5500.00	11123475.00	296.05	210.00	12.77	主材按4500元/t
	混凝土	混凝土方量	15257.07	m^3	490	7475964.30	198.97	141.81	8.58	主材按410元/m^3
	模板	模板面积	132701.00	m^2	60	7962060.00	211.91	150.03	9.14	

续表

序号	科目名称	估算基数	工程量	单位	单价/元	汇总金额/元	建面指标/（元/m^2）	销面指标/（元/m^2）	费项比例/%	说明
	其他（钢筋接头，其他措施等）		35481.55		160	5677048.00	151.09	107.69	6.52	
1-3-1-2-2	主体土建之建筑	建筑面积	37572.80	m^2	265.47	9974451.22	265.47	189.20	11.45	
1-3-1-2-2-1	地下砌筑工程	砌筑体积	125.47	m^3	430	53952.10	1.44	1.02	0.06	
1-3-1-2-2-2	地上砌筑工程	砌筑体积	6031.86	m^3	430	2593699.80	69.03	49.20	2.98	
1-3-1-2-2-3	粗装饰（粉刷及涂料等）	建筑面积	37572.80	m^2	185	6950968.00	185	131.85	7.98	参考黄浦四期施工图
1-3-1-2-2-4	其他	建筑面积	37572.80	m^2	10	375728.00	10	7.13	0.43	坡道、台阶、烟道等
1-3-1-2-3	屋面工程	实际面积	2509.49	m^2	430	1079080.70	28.72	20.47	1.24	
1-3-1-2-3-1	屋面装饰	实际面积	2509.49	m^2	200	501898.00	13.36	9.52	0.58	参考黄浦四期施工图
1-3-1-2-3-2	屋面保温	实际面积	2509.49	m^2	120	301138.80	8.01	5.71	0.35	参考黄浦四期施工图
1-3-1-2-3-3	屋面防水	实际面积	2509.49	m^2	110	276043.90	7.35	5.24	0.32	参考黄浦四期施工图
1-3-1-2-3-4	其他		2509.49	m^2						参考黄浦四期施工图
1-3-1-2-4	外立面装饰	建筑面积	35481.55	m^2	201.54	7150951.59	190.32	135.64	8.21	
1-3-1-2-4-1	外墙涂料	实际面积	34062.29	m^2	76.5	2605765.19	69.35	49.43	2.99	参考黄浦四期施工图仿石喷涂1～2层，其他面砖、阳台、格栅内侧涂料等
1-3-1-2-4-1-1	外墙普通涂料	实际面积	3406.23	m^2	45	153280.35	4.08	2.91	0.18	参考黄浦四期施工图
1-3-1-2-4-1-2	仿石漆	实际面积	30656.06	m^2	80	2452484.80	65.27	46.52	2.82	参考黄浦四期施工图
1-3-1-2-4-2	外墙面砖	实际面积								
1-3-1-2-4-3	外墙石材	实际面积	264.75	m^2	480	127080.00	3.38	2.41	0.15	总共6个门头，按每个7万元考虑

续表

序号	科目名称	估算基数	工程量	单位	单价/元	汇总金额/元	建面指标/（元/m^2）	销面指标/（元/m^2）	费项比例/%	说明
1-3-1-2-4-4	外墙保温	实际面积	30656.06	m^2	100	3065606.00	81.59	58.15	3.52	无机保温砂浆 45mm
1-3-1-2-4-5	其他	建筑面积	35481.55	m^2	50	1774077.50	47.22	33.65	2.04	保温线条及GRC
1-3-1-2-5	门窗、幕墙工程	建筑面积	35481.55	m^2	139.5	4949676.23	131.74	93.89	5.68	
1-3-1-2-5-1	幕墙	幕墙面积								
1-3-1-2-5-2	铝合金门窗	建筑面积	5677.05	m^2	560	3179148.00	84.61	60.30	3.65	参考黄浦四期施工图
1-3-1-2-5-3	铝合金百叶窗	建筑面积	1468.80	m^2	350	514080.00	13.68	9.75	0.59	参考黄浦四期施工图
1-3-1-2-5-4	进户门	建筑面积	432	樘	2000.00	864000.00	23	16.39	0.99	参考黄浦四期施工图
1-3-1-2-5-5	单元门	建筑面积	56.16	m^2	5500.00	308880.00	8.22	5.86	0.35	参考黄浦四期施工图
1-3-1-2-5-6	车库门	建筑面积		m^2						
1-3-1-2-5-7	消防门	建筑面积	682.44	m^2	550	375342.00	9.99	7.12	0.43	参考黄浦四期施工图
1-3-1-2-5-8	其他	建筑面积	35481.55	m^2						
1-3-1-2-6	防水工程	建筑面积	35481.55	m^2	13.78	488935.76	13.01	9.72	0.56	参考黄浦四期施工图
1-3-1-2-6-1	卫生间防水	建筑面积	2128.89	m^2	40	85155.60	2.27	1.62	0.10	参考黄浦四期施工图
1-3-1-2-6-2	厨房防水	建筑面积	2483.71	m^2	40	99348.40	2.64	1.88	0.11	参考黄浦四期施工图
1-3-1-2-6-3	阳台、露台防水	建筑面积	4257.79	m^2	40	170311.60	4.53	3.23	0.20	参考黄浦四期施工图
1-3-1-2-6-4	地下室防水	建筑面积	2509.49	m^2	65	163116.85	4.34	3.09	0.19	参考黄浦四期施工图
1-3-1-2-6-5	其他	建筑面积	35481.55	m^2						参考黄浦四期施工图
1-3-1-2-7	其他	建筑面积	35481.55	m^2	50.42	1788979.75	47.61	33.93	2.05	
1-3-1-2-7-1	栏杆工程		6303.52	m	280	1764985.60	46.98	33.48	2.03	
1-3-1-2-7-1-1	楼梯栏杆		2838.52	m	280	794785.60	21.15	15.06	0.91	
1-3-1-2-7-1-2	阳台等其他栏杆		3465.00	m	280	970200.00	25.82	18.40	1.11	
1-3-1-2-7-2	信报箱	建筑面积	432	户	300	129600.00	3.45	2.46	0.15	

续表

序号	科目名称	估算基数	工程量	单位	单价/元	汇总金额/元	建面指标/（元/m^2）	销面指标/（元/m^2）	费项比例/%	说明
1-3-1-2-7-3	其他	建筑面积	35481.55	m^2						
1-3-1-3	单体安装工程费	建筑面积	37572.80	m^2	230	8641744.00	230	163.92	9.92	
1-3-1-3-1	电气工程	建筑面积	37572.80	m^2	175	6575240.00	175	124.72	7.55	包括配电箱、电表箱、开关面板、灯具和一般的电气安装，弱电管预埋。地上部分整体平摊
1-3-1-3-1-1	电气	地下面积	37572.80	m^2	80	3005824.00	80	57.02	3.45	
1-3-1-3-1-2	配电箱	地下面积	37572.80	m^2	30	1127184.00	30	21.38	1.29	
1-3-1-3-1-3	后出线	地下面积	37572.80	m^2	65	2442232.00	65	46.33	2.80	
1-3-1-3-2	给排水工程	建筑面积	37572.80	m^2	40	1502912.00	40	28.51	1.73	
1-3-1-3-3	采暖工程	建筑面积	37572.80	m^2						
1-3-1-3-4	通风系统	建筑面积	37572.80	m^2	15	563592.00	15	10.69	0.65	地上部分整体平摊
1-3-2	设备工程	建筑面积	37572.80	m^2	170.44	6403908.03	170.44	121.47	7.35	
1-3-2-1	空调工程	建筑面积	128	户	10000.00	1280000.00	34.07	24.28	1.47	估计1万元每户，30%精装
1-3-2-2	电梯工程	建筑面积	37572.80	m^2	136.38	5124178.46	136.38	97.20	5.88	
	电梯	台	12		380000.00	4560000.00	121.36	86.50	5.24	按国产品牌考虑
	电梯厅门装饰	台	216		1500.00	324000.00	8.62	6.15	0.37	
	轿厢装饰	台	12		20000.00	240000.00	6.39	4.55	0.28	
1-3-2-3	机械停车库	建筑面积	37572.80	m^2						
1-3-2-4	其他设备	数量		m^2						
1-3-3	装饰工程	建筑面积	37572.80	m^2	49.13	1845951.66	49.13	35.01	2.12	
1-3-3-1	装修工程	建筑面积								
1-3-3-1-1	公共大堂	装饰部分建筑面积	226.54		2000.00	453080.00	12.06	8.59	0.52	

续表

序号	科目名称	估算基数	工程量	单位	单价/元	汇总金额/元	建面指标/（元/m²）	销面指标/（元/m²）	费项比例/%	说明
1-3-3-1-2	电梯前室	装饰部分建筑面积	1135.26		800	908208.00	24.17	17.23	1.04	
1-3-3-1-3	楼梯间	装饰部分建筑面积	1731.57		280	484839.60	12.9	9.20	0.56	
1-3-3-2	其他装修	装饰部分建筑面积								
1-3-4	其他费用	建筑面积	37572.80	m^2	67.52	2536915.46	67.52	48.12	2.91	
1-3-4-1	不可预见费	建筑面积	37572.80	m^2	67.52	2536915.46	67.52	48.12	2.91	

表 3-12　定位阶段目标成本汇总

编号	成本科目	建筑面积/m^2	实体建面单价/（元/m^2）	目标成本/万元
一	项目开发成本	68518.68	8784.8	60192.32
1.1	土地成本	68518.68	4117.51	28212.63
其中	四项费用	68518.68	4207.61	28829.97
1.2	前期工程费	68518.68	276.8	1896.61
1.3	建安工程费	68518.68	3053.44	20921.76
1.3.1	地下室部分（高层地下室除外）	12734.74	4731.4	6025.31
1.3.2	高层住宅含地下室	37572.8	2318.25	8710.3
1.3.3	高层办公楼	4553	2913.24	1326.4
1.3.4	商铺等	13617.64	2318.42	3157.14
1.3.5	精装饰部分	16205.25	1050.65	1702.61
	住宅精装饰			
	商业精装饰			
	办公精装饰			
1.4	基础设施费	68518.68	623.86	4274.59
1.5	公建配套设施（含大配套）	68518.68	253.51	1737.01
1.6	开发间接费	68518.68	459.69	3149.72
二	销售费用	68518.68	250.62	1717.22
三	管理费用	68518.68	31.56	216.22
四	财务费用	68518.68	46.7	320
五	项目总成本	68518.68	9113.68	62445.76
六	项目总成本（不含精装饰）	68518.68	8865.2	60743.15

第四章　设计阶段的成本控制

设计阶段作为房地产开发的规划构想环节，也是决定成本权重最大的环节，因此，从顶层领导到相关部门领导，均是相当专业的领导，均在这个环节发挥作用，此环节涉及的最核心部门无疑是设计部门和营销部门，以及提供成本测算配合的合约部门。设计部门配合开发口对相关设计条件及有关配套设施的详细技术条件仔细分析与研究，核实基础资料的准确性、实用性。设计部门从概念设计开始，选取最优设计方案，进行扩大初步设计，优化后进行详细施工图设计，同时，加强对规划方案遴选，完善内部评审，符合报批设计条件，对销售包装设计、材料设备选型给出设计意见。营销部门根据市场调研反馈，决定适合项目的业态和明确的产品定位以及各业态规模标准和所占比例。作为业务专业部门，合约部门充分发挥专业优势，做出具体投资估算和方案测算以及配合设计开展优化，为减少设计风险等提供支持。以上各核心部门和配合部门所做工作均为高层领导决策提供最有力的支撑。

设计阶段责任成本控制的要点、方法、责任部门和配合部门等详见表 4-1。

表 4-1　设计阶段责任成本控制

控制环节	控制要点	控制方法	责任部门	配合部门	评价部门
1. 规划方案	（1）可行性规划设计	市场信息搜集和分析	营销部 设计部	总工办 项目部 财务部	审计部
		市政状况信息分析			
		规划要点确立			
		可行性研究设计任务书			
		可行性设计变更			

续表

控制环节	控制要点	控制方法	责任部门	配合部门	评价部门
1. 规划方案	（2）方案评审	组建可行性规划评审委员会，对方案进行评审、确定	设计部	营销部、总工办、项目部、审计部、财务部等各部门组成评审委员会	审计部
		未通过的方案进入可行性设计变更环节，再重新评审			
	（3）设计成果	对可行性规划设计根据实际情况进行细节调整	设计部	项目部	审计部
		设备选型方案提前确定	设计部	材设部 合约部 营销部	审计部
		根据提交的设计成果进行投资估算	项目部	设计部 合约部	审计部
2. 报批设计	（1）设计方案	根据项目前期运营的情况和市场分析制订设计任务书	设计部	营销部 项目部	总工办
		方案设计招投标	设计部	营销部	
		方案设计评审	评审委员会	各专业部门	
	（2）报批	注意市政设计	项目部	设计部	审计部
		注意相关法规，完善自身报批规范性，材料完整			
3. 扩初设计	（1）扩初设计要求	对报批设计进一步调整	设计部	营销部 项目部	总工办
		设计要求			
		内部审核			
	（2）成本概算	根据扩初设计招投标方案和设备选型、实体研究、环境方案等因素对总成本做出概算	项目部 合约部	设计部	总工办
		制订阶段成本控制指标	项目部 合约部	设计部	审计部
	（3）扩初设计图	根据扩初设计要求招标	评审委员会	各专业部门	审计部
		专家评审			
		内部评审			
		设计调整	设计部	营销部	总工办
4. 桩基设计	（1）地质勘察	① 搜集权威地质资料	设计部	项目部	总工办
		② 自己专业人员勘察			
	（2）设计方案评审	① 桩基设计 2 种以上形式			
		② 由专家进行桩基形式和桩基结构评审			
	（3）桩基施工图	设计调整			
5. 施工图设计	（1）施工图设计要求	根据销售包装设计、桩基设计、功能设计及配套设施等因素，在扩初图基础上确立施工图设计要求	设计部	项目部 营销部	总工办
	（2）报建	及时沟通	设计部	项目部 营销部	总工办

续表

控制环节	控制要点	控制方法	责任部门	配合部门	评价部门
5. 施工图设计	（3）上报施工图	按流程上报，及时按意见调整	设计部	项目部 营销部	总工办
	（4）审图	互审互签，明确修改意见，设计洽商			
	（5）施工配合				
	（6）面积测算	设计图纸测算与实际施工时检验相结合	设计部	项目部	审计部
6. 销售包装设计		① 结合营销费用控制	营销部	设计部 合约部	审计部
		② 施工招投标			
7. 装修方案设计	（1）方案设计要求	根据扩初设计图、经营指导书和实体研究的结果确定方案设计要求	设计部	营销部 项目部	总工办
	（2）材料设备选型	① 市场信息调研	设计部	材设部	审计部
		② 根据设计要求确定装修材料和设备			
	（3）招投标	制订设计任务书	设计部	营销部 合约部	总工办
		评审	评审委员会	各专业部门	审计部
8. 功能设计	（1）小区建筑物功能的经济评估	① 市场调研	营销部	设计部	总工办
		② 有针对性扩充建筑物功能	设计部	营销部 项目部	总工办
	（2）市政配套方案	① 市政状况调研	项目部	营销部	审计部
		② 争取政府有利条件			
	（3）环境方案设计	① 根据投资估算和报批标准确立环境设计方案目标成本总额	设计部	项目部	总工办
		② 招投标	设计部	营销部 项目部	审计部
	（4）智能化设计	① 市场现状分析，智能化必要性分析	营销部	设计部 项目部	审计部
		② 智能化内容控制			
		③ 招投标			
	（5）销售承诺	保持各部门与营销部的信息畅通，保障销售承诺与实际功能的一致性	设计部	项目部	总工办
9. 设计变更	（1）设计调整费用	严格按审批流程调整	设计部	营销部 项目部	审计部
	（2）设计变更洽商	严格按照设计变更洽商流程进行			
10. 材料设备	（1）选型	在扩初图确定前确定材料设备，使设计在图纸阶段就考虑了材料设备的安装	设计部	营销部 项目部	审计部
	（2）方案确定时间				
	（3）采购	招投标	评审委员会	各专业部门	审计部
其他费用					

第一节 设计阶段成本控制要点

一般设计方案的优选都是经过设计招标，并且运用价值工程进行优化。

一、总平面设计控制

总平面设计是否合理对于整个设计方案的经济合理性有重大影响。正确合理的总平面设计可以大大减少建筑工程量，节约建设用地，节省建设投资，降低开发成本和项目运行后的使用成本，加快建设进度，还可以为城市建设创造完美的建筑艺术整体。总平面设计中影响开发成本的主要因素有以下几个。

1. 占地面积

占地面积的大小一方面影响征地费用的高低，另一方面也会影响管线布置成本及项目建成运营的成本。因此，在总平面设计中应尽可能节约用地。

2. 功能分区

无论是商业建筑还是住宅都是由许多功能组成，这些功能之间相互联系、相互制约。合理的功能分区既可以使建筑物的各项功能充分发挥，又可以使总平面布置紧凑、安全，避免大挖大填，减少土石方量和节约用地，降低开发成本。

二、建筑设计

建筑设计部分，要在考虑施工过程的合理组织和施工条件的基础上，决定工程的立体平面设计和结构方案的新工艺要求。结合建筑物公用辅助设施的设计标准，给出建筑新工艺方案、暖气通风、给排水等问题的简要说明。在建筑设计阶段影响开发成本的主要因素有以下几点。

1. 平面形状

一般地说，建筑物平面形状越简单，它的单位面积造价就越低。当一座建筑物的平面又长又窄，或它的外形做得复杂而不规则时，其周长与建筑面积的比率必将增加，伴随而来的是较高的单位造价。因为不规则的建筑物将导致室外工程、排水工程、砌砖工程及屋面工程等复杂化，从而增加工程费用。

一般情况下，建筑物周长与建筑面积比 $K_{周}$（即单位建筑面积所占外墙长度）越低，设计越经济。$K_{周}$按圆形、正方形、矩形、T 形、L 形的次序依次增大。但是圆形建筑物施工复杂，墙体工程量所节约的费用通常被较高的施工费用所抵消，与矩形建筑物相比较，施工费用增加 20%～30%。虽然正方形建筑物设计和施工均较为经济，但是若不能满足建筑物美观和使用要求，则毫无意义。比如，学校、住宅和医院等建筑首先要考虑的是满足自然采光的需要，正方形建筑物不利于自然采光需要，可能因采光费用的增加而抵消施工、采暖等费用的节约。因此，建筑物平面形状的设计应在满足建筑物功能要求的前提下，降低建筑物周长与建筑面积比，实现建筑物寿命周期成本最低的目标要求。

2. 流通空间

建筑物的经济平面布置的主要目标之一，是在满足建筑物使用要求的前提下，将流通空间减少到最小。因为门厅、过道、走廊、楼梯以及电梯井的流通空间都可以认为是“死空间”，都不能为了获利目的而加以使用，但是却需要相当多的采暖、采光、清扫和装饰及其他方面的费用。但是造价不是检验设计是否合理的唯一标准，质量也是非常重要的。

3. 层高

在建筑面积不变的情况下，建筑层高增加会引起各项费用的增加，比如，墙与隔墙及其有关粉刷、装饰费用的提高；供暖空间体积增加，导致热源及管道费用增加；卫生设备、上下水管道长度增加；楼梯间造价和电梯设备费用的增加；由于施工垂直运输量增加，可能增加屋面造价。如果由于层高增加而导致建筑物总高度增加很多，则还可能需要增加基础造价。

据有关资料分析，住宅层高每降低 10cm，可降低造价 1.2%～1.5%。层高降低还可提高住宅区的建筑密度，节约征地费、拆迁费及市政设施费。由此可见，随着层高的增加，单位建筑面积造价也在不断增加。多层建筑造价增加幅度比较大的原因是，多层建筑的承重部分占总造价的比重比较大，而单层建筑的墙柱部分占总造价的比重较小。民用住宅的层高一般在 2.6～2.9m 之间。

4. 建筑物层数

毫无疑问，建筑工程总造价是随着建筑物的层数增加而提高的。但是当建筑层数增加时，单位建筑面积所分摊的土地费用及外部流通空间费用将有所降低，从而使建筑物单位面积造价发生变化。

建筑物层数对造价的影响，因建筑类型、形式和结构不同而不同。如果增加一个楼层不影响建筑物的结构形式，单位建筑面积的造价可能会降低。但是当建筑物超过一定层数时，结构形式就要改变，单位造价通常会增加。建筑物越高，电梯及楼梯的造价将有提高趋势，建筑物的维修费用也将增加，但是采暖费用有可能下降。

民用住宅按层数划分为低层住宅（1～3 层）、多层住宅（4～6 层）、中高层住宅（7～9 层）、高层住宅（10 层及以上）。多层住宅具有降低开发成本和使用费用以及节约用地等优点，参见表 4-2。

表 4-2 砖混结构多层住宅层数与造价的关系

住宅层数	一	二	三	四	五	六
单方造价系数/%	138.05	116.95	108.38	103.51	101.68	100
边际造价/%	—	−21.1	−8.57	−4.87	−1.83	−1.68

由表 4-2 可知，随着住宅层数的增加，单方造价系数在逐渐降低，即层数越多越经济，但是边际造价系数也在逐渐减少，说明随着层数的增加，单方造价系数下降幅度减缓，当住宅超过 7 层，就要增加电梯费用，需要较多的交通面积（过道、走廊要加宽）和补充设备（供水设备和供电设备等）。特别是高层住宅，要经受较强的风力荷载，需要提高结构强度，改变结构形式，使开发成本大幅度上升。

因此，中小城市建造多层住宅较为经济，大城市可沿主要街道建设一部分高层住宅，以合理利用空间，美化市容。对于地皮特别昂贵的地区，为了降低土地费用，中、高层住宅是比较经济的选择。

5. 柱网布置

柱网布置是确定柱子的行距（跨度）和间距（每行柱子中相邻两个柱子间的距离）的依据。柱网布置是否合理，对开发成本和房间面积的利用效率都有较大的影响。

6. 建筑物的体积与面积

通常情况下，随着建筑物体积和面积的增加，工程总造价会提高，因此应尽量减少建筑物的体积与总面积。对于民用建筑，尽量减少结构面积比例，增加有效面积。住宅结构面积与建筑面积之比称为结构面积系数。这个系数越小，设计越经济。

7. 建筑结构

建筑结构是指建筑工程中由基础、梁、板、柱、墙、屋架等构件所组成的起骨架作用的，能承受直接和间接荷载的体系。建筑结构按所用材料可分为：砌体结构、钢筋混凝土结构、钢结构等。

① 砌体结构是由墙砖、砌块、料石等块材通过砂浆砌筑而成的结构，具有就地取材、造价低廉、耐火性能好以及容易砌筑等优点。有关资料研究表明，五层以下的建筑物砌体结构比钢筋混凝土结构经济。

② 钢筋混凝土结构坚固耐久，强度、刚度较大，抗震、耐热、耐酸、耐碱、耐火性能好，便于预制装配和采用工业化方法施工。对于大多数多层办公楼和高层公寓的主要框架工程来说，钢筋混凝土比钢结构便宜。

③ 钢结构是由钢板和型钢等钢材，通过铆、焊、螺栓等连接而成的结构。

多层房屋采用钢结构在经济上的主要优点体现在以下几点。

a. 因为柱的截面较小，而且比钢筋混凝土结构所要求的柱子占用的楼层空间也少，因而结构尺寸减小。

b. 安装精确，施工迅速。

c. 由于结构自重较小而降低了基础造价。

d. 由于钢结构在柱网布置方向具有较大的灵活性，因而平面布置灵活。

e. 外墙立面、窗的组合方式及室内布置可以适应未来变化的需要。

以上分析可以看出，建筑材料和建筑结构选择是否合理，不仅直接影响到工程质量、使用寿命、耐火抗震性能，而且对施工费用、工程造价有很大的影响。尤其是建筑材料，一般占直接费的70%，降低材料费用，不仅可以降低直接费，而且也会导致间接费的降低。采用各种先进的结构形式和轻质高强度建筑材料，能减轻建筑物自重，简化基础工程，减少建筑材料和构配件的费用及运费，并能提高劳动生产率和缩短建设工期，经济效果十分明显。

三、加强对设计概算和施工图预算的审查

设计概算的三级概算关系图和单价法编制施工图预算流程图如图4-1、图4-2所示。

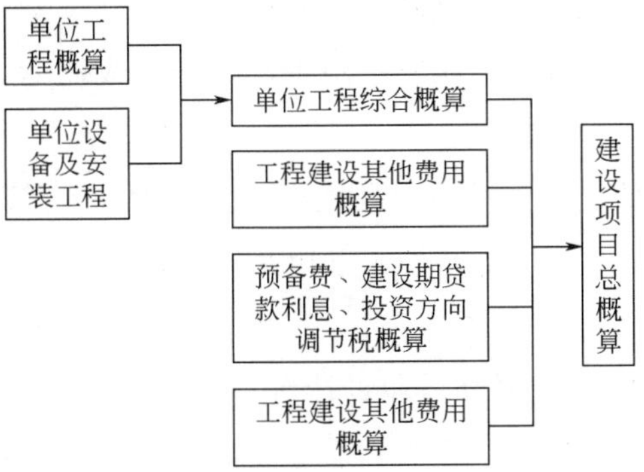

图4-1　设计概算的三级概算关系图

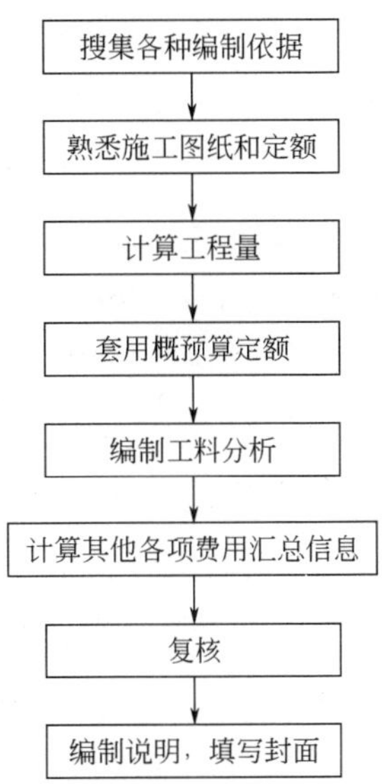

图4-2　单价法编制施工图预算流程图

1. 审查设计概算

① 审查设计概算的编制依据。包括编制依据的合法性、时效性、适用范围。

② 审查设计概算编制深度。审查有无完整的编制说明和“三级概算”（即总概算表、单项工程综合概算表、单位工程概算表），并按有关规定的深度和概算的编制范围进行审查。

③ 审查工程设计概算的内容。

2. 审查施工图预算

审查施工图预算的重点，应该放在工程量计算、预算单价套用、设备材料预算价格取定是否正确，各项费用标准是否符合现行规定等方面。

第二节　设计阶段成本控制流程图

一、限额设计的控制要点

限额设计控制工程造价可以从两个角度入手，一种是按照限额设计过程从前往后依次进行控制，称为纵向控制；另外一种途径是对设计单位及其内部各专业、科室及设计人员进行考核，实施奖惩，进而保证设计质量的一种控制方法，称为横向控制。

横向控制首先必须明确各设计单位以及设计单位内部各专业科室对限额设计所负的责任，将工程投资按专业进行分配，分段考核，下段指标不得突破上段指标，责任落实越接近于个人，效果就越明显，并赋予责任者履行责任的权利；其次，要建立健全奖惩制度，设计单位在保证工程安全和不降低工程功能的前提下，采用新材料、新工艺、新设备、新方案节约了投资的，应根据节约投资额的大小，对设计单位给予奖励。

因设计单位设计错误、漏项或扩大规模和提高标准而导致工程静态投资超支，要视其超支比例扣减相应比例的设计费。限额设计的要点如下。

① 严格按建设程序办事。每一项工程都必须在前一步工作真正完成能为本项工作提供可靠基础的前提下进行。

② 在投资决策阶段，要提高投资估算的准确性，据以确定限额设计。在可行性研究阶段要充分收集资料，提出多种方案，进行技术分析和论证，从中选出技术先进、经济合理的最优方案。

③ 充分重视、认真对待每个设计环节及每项专业设计。

④ 加强设计审核。既要审技术还要审造价，而且对总造价、分部造价都要进行动态控制。

⑤ 建立设计单位经济责任制。

⑥ 施工图设计应尽量吸收施工单位人员意见，使之符合施工要求。

二、限额设计的全过程

限额设计的全过程实际上就是建设项目投资目标管理的过程，即目标分解与计划、目标实施、目标实施检查、信息反馈的控制循环过程。这个过程如图 4-3 所示。

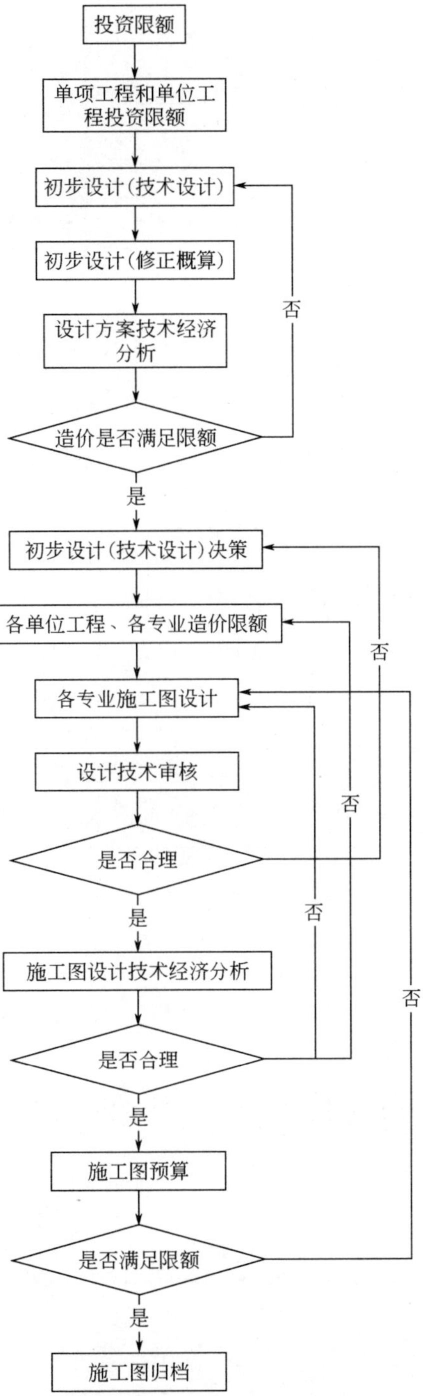

图 4-3　限额设计的全过程

三、设计变更流程图

设计变更流程图如图 4-4 所示。

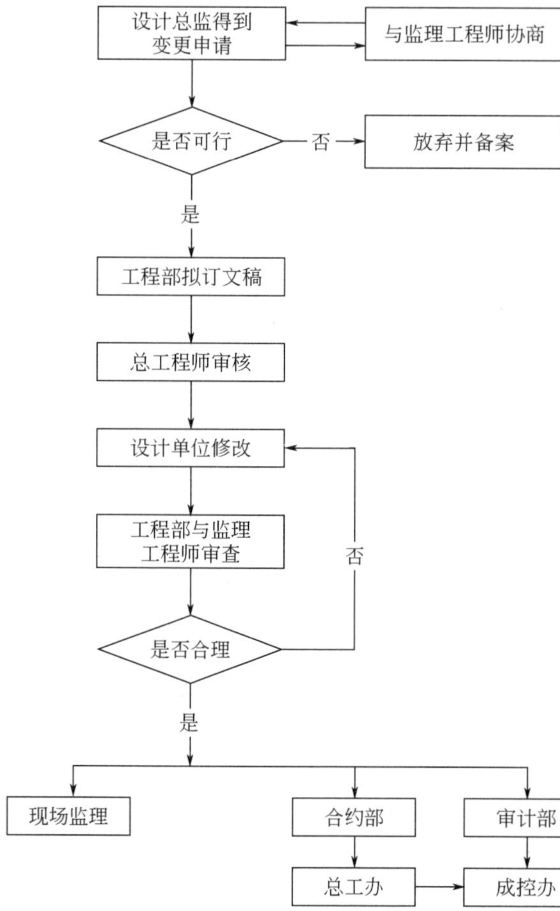

图 4-4　设计变更流程图

第三节　设计阶段成本控制相关部门职责

一、工程部职责

① 协助对设计单位的考察、筛选工作，配合设计招投标及工程合同的谈判工作及签订。

② 根据合同申报设计费用和资金的使用计划。

③ 与设计院沟通、协调，进行小区规划、楼盘结构、室内外效果等建筑设计

和分析。

④ 根据市场要求，确定设计户型、外观、室内装修等风格、层次的定位以及新结构、新技术、新工艺分析，以达到设计的最佳技术经济效果。

⑤ 联系设计院，在确保质量安全的前提下，尽可能优化设计方案，达到节约成本的目的。

⑥ 各个专业工程师严格按照国家规范规程、验收标准参与设计图纸会审和重大设计变更，配合工程技术重要问题的解决和协调。

⑦ 负责勘察设计任务书、合同的起草。

⑧ 组织对具体项目规划设计、结构设计等的评审及总结工作。

⑨ 负责跟踪初步设计、施工图设计的进度，控制工程质量、成本，实现项目利润最大化。

二、总工办职责

① 项目设计和规划总进度按计划实施，控制项目成本，实现项目的利润。

② 负责公司开发项目的建筑技术、质量、成本进度的全面把握和管理工作。

③ 组织设计招投标工作，负责工程设计合同的谈判、拟制。

④ 组织对项目的初步设计进行审查和复审，参与图纸会审和重大设计变更。

⑤ 督促材料设备选用的管理工作。

三、材设部职责

① 合理控制材料成本，保证利润最大化。

② 制定物资流通和管理的各项规章制度，并贯彻实施。

③ 收集建筑材料行业信息，储备建档，对材料的价格走势进行预测。

④ 根据投资要求和收集的信息为工程部和合约部提供在设计中项目材料的使用建议。

⑤ 根据项目设计需求，制订材料采购、招标计划。

四、合约部职责

① 确定合理工程设计造价，控制建设成本。

② 确保工程合同的完整性、合理性。

③ 建立健全市场信息库。

④ 收集、调查、预测建筑市场相应信息，及时综合上报供领导决策。

⑤ 控制工程设计成本，及时准确地完成工程设计成本的预测和计算。

⑥ 负责工程设计合同、招标文件的编制、修订及解释工作，并组织设计合同的谈判、签订及争议纠纷的处理。

⑦ 组织设计方案的造价限额的制定、设计的技术经济分析、施工图预算。

⑧ 管理控制工程项目设计成本，审核工程造价及预算外验方用工签证资料。

⑨ 组织召开公司预算专业工作会议，负责各级预算人员的培训工作。

⑩ 按公司档案管理要求，收集、整理、归档合同、招标文件、预（结）算资料。

五、审计部职责

① 在项目设计期间收集相关资料，编制统计报表，经领导批准后报送相关政府职能部门。

② 对设计单位的经济实力、履约能力、法律责任等情况进行认真的调查和审查，并提出意见供相关部门参考。

③ 认真做好合同评审所需的市场调查，到设计单位进行现场了解，配合相关部门进行经济性分析。

④ 接收设计过程中相关部门提交的统计报表并进行审核和备案，提交集团相关部门。

六、成控办职责

① 对设计过程开始的投资分配进行审核。

② 收集成本控制过程的相关信息资料，对设计过程的成本进行定期评估并向集团领导提出建议。

③ 对设计方案进行成本分析，对设计变更出现的成本变动进行审核并备案。

第四节　设计阶段成本控制主要相关人员的职责

一、工程部

1. 工程部经理职责

① 参加对设计单位的考察、筛选工作，配合设计招投标及工程合同的谈判工作及签订。

② 制订工程设计进度计划及保证措施，会同合约部审核设计单位完成量。

③ 参与图纸会审和重大设计变更，配合工程技术重要问题的解决和协调。

④ 组织对项目规划设计、结构设计等的评审及总结工作。

2. 工程技术主管职责

① 组织对设计单位的考察评审工作。

② 与设计院沟通、协调，进行小区规划、楼盘结构、室内外效果等建筑设计和分析。

③ 根据市场要求，确定设计户型、外观、室内装修等风格、层次的定位以及新结构、新技术、新工艺分析。

④ 参与设计交底和图纸会审以及重大设计变更，配合工程技术重要问题的解决和协调。

⑤ 负责跟踪初步设计、施工图设计的进度，控制工程质量、成本，实现项目利润最大化。

⑥ 参与并指导各种设计研究工作。

3. 结构工程师职责

① 参与对设计单位的考察评审工作。

② 负责结构设计管理工作，审核及优化设计的结构方案及结构的施工图设计。

③ 负责从结构设计的角度做好项目的成本控制工作，有效控制设计成本，实现利益最大化。

④ 针对结构领域的新技术、新材料及新工艺进行研究和分析，以达到为建筑设计和经济效果提供技术支持的目的。

4. 建筑规划师职责

① 负责项目的规划建筑设计的管理工作。

② 组织负责规划设计市场调查和研究分析并编写报告。

③ 对设计的新趋势、新材料、新技术进行研究并编写投入使用的可行性报告。

④ 参与对设计单位的考察评审工作。

5. 设备工程师职责

① 参与对设计单位的考察评审工作。

② 负责从建筑设计角度最终效果出发，兼顾先进、安全及经济的原则，确定项目安装专业主要方案，协调水、电、气、消防等安装之间的矛盾。

③ 参与各专业设备的选样和项目的专项设计的验收。

④ 负责收集各专业设备的资料，引进新材料和新设备并对设计进行评审。

⑤ 对设计的新趋势、新材料、新技术进行研究并编写投入使用的可行性报告。

6. 园林工程师职责

① 参与对设计单位的考察评审工作。

② 负责项目的园林设计的管理工作。

③ 负责园林设计及植物的选择，提出经济、合理的意见。

④ 收集相关的园林知识，协助其他部门从园林设计角度做好成本控制。

7. 电气工程师职责

① 参与对设计单位的考察评审工作。

② 严格按照国家规范规程、验收标准、施工图及有关技术要求督促验收。

③ 认真熟悉施工图，参与图纸会审，向技术主管提出本专业降低成本、设计优化方案的建议。

④ 对设计的新趋势、新材料、新技术进行研究并编写投入使用的可行性报告。

⑤ 建立各相关单位的用电统计合格账。

8. 给排水工程师职责

① 参与对设计单位的考察评审工作。

② 认真熟悉施工图，参与图纸会审，向技术主管提出本专业降低成本、设计优化方案的建议。

③ 对设计的新趋势、新材料、新技术进行研究并编写投入使用的可行性报告。

④ 建立相关单位的用水统计台账。

二、总工办

总工程师职责如下。

① 项目设计和规划总进度按计划实施，控制项目成本，实现项目的利润。

② 负责公司开发项目的建筑技术、质量、成本进度的全面把关和管理工作。

③ 组织设计招投标工作，负责工程设计合同的谈判、拟制。

④ 组织对项目的初步设计进行审查和复审，对图纸会审和重大设计变更的审核。

三、合约部

1. 合约部经理职责

① 确定合理工程造价，控制建设成本。

② 确保工程设计合同的完整性、合理性。

③ 建立健全市场信息库。

④ 收集、调查、预测建筑市场相应信息，及时综合上报供领导决策。

⑤ 负责工程设计合同、招标文件的编制、修订及解释工作，并组织设计合同的谈判、签订及争议纠纷的处理。

⑥ 管理控制工程项目成本，审核工程造价及预算外验方用工签证资料并送成控办。

⑦ 组织召开公司预算专业工作会议，负责各级预算人员的培训工作。

⑧ 按公司档案管理要求，收集、整理、归档合同、招标文件、预（结）算资料。

⑨ 审核工程设计款项。

2. 合同预（结）算工程师职责

① 确定工程设计概算和施工图预算。

② 控制建设成本。

③ 对工程项目造价的组成进行分析和价格监测，参与工程造价的确定和控制。

④ 对实物进行计量，编制工程设计概算，审核工程设计预算和办理工程结算。

⑤ 控制工程成本，及时准确地完成工程设计成本的预测和计算。

⑥ 协助现场代表审核工程补充项目。

⑦ 搜集、掌握工程造价相关信息及资料，及时向领导提供决策依据。

四、材设部

材设部经理职责如下。

① 合理控制材料成本，保证利润最大化。

② 制定物资流通和管理的各项规章制度，并贯彻实施。

③ 建筑材料行业信息的收集和储备。

④ 根据项目设计进度需求，制订材料采购、招标计划。

五、审计部

审计部经理职责如下。

① 在项目设计期间收集相关资料，编制统计报表，经领导批准后报送相关政府职能部门。

② 对设计单位的经济实力、履约能力、法律责任等情况进行认真的调查和审

查，并提出意见供相关部门参考。

③ 认真做好合同评审所需的市场调查，到设计单位进行现场了解，配合相关部门进行经济性分析。

第五节　设计阶段标杆企业成本控制建议

一、成本控制建议

在各阶段设计和单项设计中，都应持续地开展方案优化工作，比较不同设计方案所带来品质、效果、成本、效益等方面的差异。在方案、施工图设计阶段，成本部门提前介入进行成本优化，对降低项目造价起到事半功倍的效果。标杆房企的设计优化点如下。

1. 规划指标

① 提高可售率　在可销售面积一定的前提下，尽量减少配套面积（如会所、学校等），每提高 1%可售率，可降低造价 20～40 元/m^2 销面，效果立竿见影。

② 合理确定赠送面积比例　通过“偷”容积率（等同于“偷”地价）对产品附加一定比例的赠送面积，使客户从中受惠，但赠送面积部分增加的建安成本应从售价上反馈回来，即售价能不能同比回收或超比例回收，建议与营销、设计分析讨论。

③ 减少架空层面积　架空层可以增加透视、透风，给地面活动人群增加舒适度，政府也鼓励如架空层达一定高度不计容积率，但架空层建安成本一般达 2000 元/m^2，又不能销售，建议尽可能减少架空层面积。

④ 合理控制地下停车位和地面停车位的比例　一个地下停车位建安成本为 10 万～12 万元（2500 元/m^2×40～50m^2），一个地面停车位建安成本不到 1 万元（250 元/m^2×20～25m^2），建议结合产品品质和满足规划要求停车位数量的前提下，尽量减少地下停车位，增加地面停车位。

⑤ 优化层高　在满足产品定位、营销需要前提下，确定合理层高，可同时控制造价和提高节能效果（如夏天减少空调运行费用）。

2. 基础设施

① 管网布置优化　特别是中大型项目，优化室外给排水管网走向、化粪池位置（宜处在单体重心位置），减少给排水管长度可以减少一定造价。

② 供配电房位置优化　合理确定供配电房所在小区内位置，以缩短高压进线电缆、低压电缆（配电房至各栋单体）的长度。

③ 水泵房位置优化　水泵房所处位置对给水管总长度有一定影响，应加以优化。

④ 小区道路优化　从道路面层材料（石材、沥青混凝土、混凝土）、结构层和面层厚度（是人行，还是上小型车辆，还是要考虑消防车辆）、路牙材质（石材、混凝土）等方面优化。

⑤ 停车场　从面层材料（石材、混凝土、建菱砖、混凝土植草砖、塑料植草砖）、结构层和面层厚度（是否上大型车辆）、路牙材质（石材、混凝土）等方面优化。

3. 环境

① 硬质地面面层材料优化　面层材料在硬质地面造价中超过一半的比例，在方案阶段景观设计还没有开始，但面层材料是景观设计阶段优化的重点，如材料档次是否与产品匹配、厚度是否与荷载匹配。

② 绿化的优化　地被、灌木、乔木造价依次提高，所以三种植物应搭配有度、疏密有间；乔木贵贱差别很大，甚至上百倍，建议避免使用动辄上万元乔木；选用植物应与本地气候、土壤相适应，否则死亡率高则造价高，后期养护费用也高。

4. 公建配套

① 减少地下室埋深　除满足人防要求外，尽量将全地下室改为半地下室，可以减少土石方、基坑支护、地下室外墙结构、外墙防水、通风等大量造价。

② 优化地下室停车位画线　认真排布地下室停车位，可以提高一定的使用率，多出的几个停车位，无论从营销角度还是建安角度，都是一笔不小的数目；停车位的排放还跟柱网有关，高层建筑 8.4m 柱距（中—中）刚好可以排 3 部车，这是个结构上经济、停车排放上也经济的柱距；怪异的柱网会大大降低停车位使用效率。

5. 单体

① 选择方正柱网　方正柱网可以提高地下室停车位利用率，也避免可能因此产生转换层。

② 钢筋级别、种类优化　如楼板使用冷轧带肋钢筋代替热轧圆盘条，由于成品强度比原材料增加 30%，并且冷轧后线材伸长了近 20%，可节省钢材约 20%。

③ 减少、避免转换层　转换层的钢筋含量、混凝土含量、模板含量分别是标准层 6～8 倍、2～3 倍、2～3 倍，所以在转换层增加投入和使用转换层后带来的销售效益之间应加以经济性比较。

④ 减少、避免外立面二层皮　在外立面（石材、面砖、涂料）完成面基础上

再外挂铝穿孔板、铝格栅等装饰构件以取得外立面效果，但第二层皮每平方米造价不菲（300～500 元/m^2），所以应加以优化使用。

⑤ 降低开窗率　外立面门窗单价（400～600 元/m^2）比墙体单价（约 200 元/m^2，包括墙体、抹灰、防水、外墙砖）高，每降低 1%开窗率约降低造价 3 元/m^2 建面。

⑥ 优化砌体材料　在满足节能计算、当地墙体革新、外墙防水等要求的前提下，可优先考虑价格合理的墙体材料，其价格从低到高顺序如下：黏土红砖—烧结粉煤灰砖—蒸压灰砂砖—混凝土炉渣实心砖—黏土空心砖—泡沫混凝土砌块—陶粒砖—膨胀珍珠岩砌块—蒸压加气混凝土砌块。

⑦ 优化节能门窗与普通门窗比例　节能门窗与普通门窗价差 100～200 元/m^2，建议通过节能计算，只在有节能（如西面西晒）、降噪（临马路）需要的立面和层数使用节能门窗（中空 Low-E 或中空或 Low-E），其他部位用普通门窗即可。

⑧ 外墙材料优化　外墙材料档次、不同材料搭配应与产品定位、售价匹配，避免昂贵材料的堆砌。可用涂料的不用外墙砖、可用外墙砖不用石材、石材可湿贴的不用干挂；如空调架内（空调百叶遮挡）的搁板建议使用外墙涂料，不用外墙砖。

⑨ 减少外立面线条、小构件等　外立面线条、小构件之类零星工程，施工单价偏高，尽量予以简化。

⑩ 降低外立面面积系数　外立面面积取决于外立面周长，尽量减少通过挖采光井方法来采光通风，一个采光井外墙往往长达十多米，对高达一百米的高层，增加一个采光井即增加一千多平方米的外墙及几十根连系梁，建议通过优化户型减少采光井。

⑪ 保温层优化　保温部位有外墙（分内保温和外保温）和屋面，常用保温材料的保温效果及价格从高到低顺序：聚氨酯—挤塑板—聚苯板。在节能计算满足要求的前提下，尽量不采用外墙保温（对外墙砖的施工及质量也有一定的影响）。

⑫ 优化防水方案　在方案阶段，一般没有防水具体做法，但在施工图阶段要与防水专业公司进行二次设计和优化，如卫生间墙面防水只做到 1.8m，无需到吊顶底；厨房地面是否需要做防水；地下室外、内防水哪种做法效果更优、造价更低；等等。

6. 施工工艺、措施

① 选用经济桩型　预应力管桩比冲（钻）孔灌注桩等其他桩型便宜；地质较软项目，能用锤击地区尽量不用静压，以减少防陷机措施费；在满足结构安全前提下，能用单桩承台尽量不用两桩、三桩承台；在持力层深度一定即桩长一定的

条件下，换算不同直径管桩，比较其经济性。

② 边坡支护　尽量减少钢筋混凝土挡土墙及预应力锚锁数量，有条件项目综合考虑挖填土方因素后尽量采用自然放坡。

③ 初装面层优化　如是毛坯交楼，建议地面不做水泥砂浆找平层或面层，在浇捣混凝土楼板时随捣随抹光，既节省造价又减少客户装修铺砖时产生空鼓情况；毛坯的抹灰平整度达不到客户的精装要求，往往在精装时要铲掉重抹，建议内墙面分层抹灰时只做底层，不做面层。

二、设计阶段关注重点

1. 核心要点

（1）设计单位的遴选

设计单位的遴选如图 4-5 所示。

图 4-5　设计单位的遴选

（2）目标成本

① 建造标准识别原则　如表 4-3 所示。

表 4-3　建造标准识别原则

两个误区	不计成本追求效果
	成本不合理导致品质丧失
依据	与项目定位相匹配
出发点	满足客户的需求
取消	可有可无的东西
参考	内部标杆和当地竞争对手

② 建造标准选择依据　如表 4-4 所示。

表 4-4　建造标准选择依据

① 竞争态势	竞争激烈程度、竞争对手的建造标准
② 当地情况	政府收费、规划要求、市场价格等
③ 操作策略	品牌型、利润型、现金流型
④ 目标成本落实	一把手心里一本账，一把手牵头各部门制订，形成共识，分解成责任成本、形象考核指标

③ 建造标准成本测算的基础　如表 4-5 所示。

表 4-5　建造标准成本测算的基础

内容	×××项目	内部样板	竞争对手
售价/（元/m^2）	10000	10500	11000
层高/m	3.2	3.1	3.0
外立面装饰	氟碳漆涂料	普通涂料	普通涂料
标准层 电梯厅装饰	墙地面石材 天棚乳胶漆	墙地面抛光砖 天棚乳胶漆	墙地面抛光砖 天棚乳胶漆
外窗工程	800 元/m^2 断桥铝合金窗	500 元/m^2 铝合金窗	500 元/m^2 铝合金窗
空调	赠送空调	无	无

（3）业态规划定位

项目定位应因地制宜，在品类结构的比例上，要结合项目当地的市场需求，业态及档次定位贴近客户群，功能配套满足，如表 4-6 所示。

表 4-6　业态规划定位

样板类型	城市	项目名称	售价/（元/m^2）
住宅	汕头	某花园	4520
	汕头	某华府	4970
	东莞	某国际	8500
	东莞	某城 F 区	12690
	深圳	某湾五期	48760
别墅	东莞	某湖别墅	地上 25000～50000
酒店	惠州	某酒店	—
学校	东莞	某学校	—
高尔夫球场	佛山	某湖球场	—

（4）可售率

可售率=可售面积÷建造面积。可售率低说明赠送率高。赠送面积是需要消耗成本的，应体现更高的销售单价。但是否赠送，应取决于价值分析。例如珠海某项目小比例别墅采用高赠送，树立价格标杆，根据比价原则，后期大比例的高层可得到更高售价，参见表 4-7。

表 4-7　珠海某项目可售率

物业形态	可售率
独栋别墅	42%～100%
高层	82%～100%

（5）标准化产品

不同标准系列满足不同客户需求，产品的标准化有利于建造，大宗材料设备实现集中采购，在低成本的同时加速项目开发，实现快周转，如图 4-6 所示。从图 4-6 中可以看出系列 1 是高端项目，系列 2 为中端项目，系列 3 为一般项目。

图 4-6　标准化系列产品实例图

例如，某大房企有成熟产品库，要求项目 90%采用标准化产品，10%自行创新。图 4-7 中所示某中档系列项目售楼处外立面装修标准（仿欧洲古堡系）为拱形窗，外侧有立式钟楼，门厅入口里面为青灰色文化石，各立面外墙为黄色真石漆。

图 4-7　某项目案例图

（6）精装修

精装修产值远超土建，其档次定位对成本影响很大。某项目与竞争楼盘精装修产值对比如表 4-8 所示。

表 4-8　某项目与竞争楼盘精装修产值对比表

对比项	竞争楼盘 A	造价	中信项目 B
楼盘售价	32000 元/m²	>	30000 元/m²
建筑单方装修成本	3000 元/m²	<	4000 元/m²
石材	意大利黑木纹/灰木纹	<	雅典灰/霸王花/夜玫瑰
地板	国产大自然	<	瑞士卢森
涂料/壁纸	涂料	<	壁纸
烟机灶具/消毒柜	西门子	<	库博士
洁具	TOTO	<	劳芬
龙头	TOTO	<	高仪高端系列

精装修关注点主要包括品牌档次与定位售价匹配、调查客户敏感点、用材选择、装修材料采购方式。

2. 总图阶段

① 根据项目定位，确定产品组合及平面布置。

② 合适的配套：会所、架空层、教育设施、车位配比。

③ 竖向标高与土方平衡，见图 4-8。

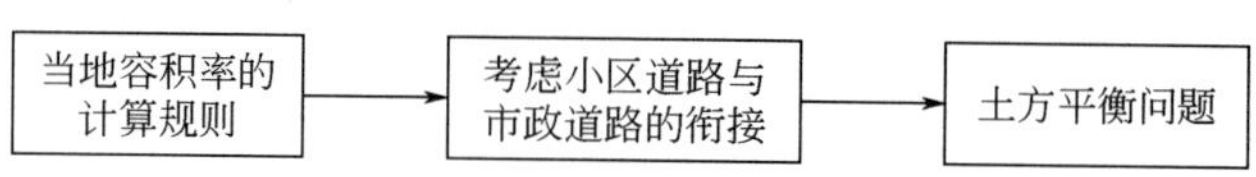

图 4-8　竖向标高与土方平衡

④ 其他。

3. 方案阶段

（1）层高

方案阶段层高对成本的影响见图 4-9。

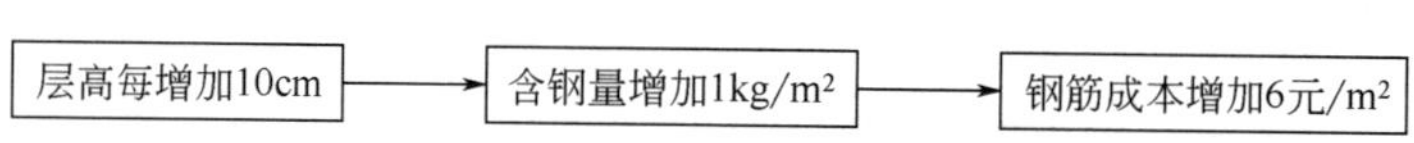

图 4-9　方案阶段层高对成本的影响

（2）柱位

影响户内的感官和舒适性以及结构成本。

（3）开窗

包括窗墙比、表面处理方式、窗配件。

（4）园林软硬景比例

某大房企项目硬景占 20%～25%，软景占 75%～80%，硬景包括水景、人行道，不含车行道路，参见图 4-10。从图 4-10 中可以看出，左侧图明显硬景要多，中间图绿化硬景少，右侧图突出硬景不应含车行道路。

图 4-10　方案阶段园林软硬景比例示例图

（5）外墙材料

外墙材料的选用对项目造价影响很大，如表 4-9 所示。

表 4-9　外墙用料表

外墙材料	综合单价/(元/m^2)
硅树脂外墙乳胶漆	63
福建通体砖	74
文化石	156
挂贴石材	163
干挂灰麻石	468
铝板幕墙	739

（6）线条及构架

某项目外檐为了追求艺术效果，设计了大量的线条点缀，线条大致 90 元/延米，致使外檐每平方米造价增加 5%。外立面不宜过分夸张，需要设计人员把握好尺度。

（7）转换层

转换层含量比较参见表 4-10。

表 4-10　转换层含量比较

含量类型	转换层	比较	标准层
钢筋	1 个转换层	≈	3～5 个标准层
混凝土	1 个转换层	≈	2～3 个标准层

4. 初步设计阶段

① 限额设计　含钢量、含混凝土量等。以下摘自中信某项目设计合同：每超出 1kg，每平方米罚款 1 元；每节约 1kg，每平方米奖励 0.5 元。详见表 4-11。

表 4-11　中信某项目设计成果实际钢筋含量值

部位（类型）	钢筋含量/(kg/m^2)
全地下室	133
人防地下室	170
小高层 11 层	45
高层 32 层	35

② 构造做法　例如，上海某外墙保温工程成本优化如表 4-12 所示。

表 4-12　构造做法

做法	单价	优点	缺点
大模内置聚苯板/挂贴聚苯板	90 元/m^2	南北通用，整体保温较好	工艺质量通病易形成“两层皮”
外墙内保温膏	65 元/m^2	避免了质量通病，进度、质量较好	北方易形成冷桥

③ 材料设备选型　详见表 4-13～表 4-15。

表 4-13　材料设备选型表 1（机房风机）

规格型号	800kg，1.5～1.6m/s						
项目	功率类型/kW	面积/m^2	单价/元	维保费/元	电费/元	土建造价/元	总计/元
传统机房	12.9	76.36	316000	24420	56502	419980	816902
无机房	9.9	66.08	387000	21300	36135	363440	807875
差额		10	−71000	3120	20367	56540	9027
规格型号	900kg，1.75m/s						
项目	功率类型/kW	面积/m^2	单价/元	维保费/元	电费/元	土建造价/元	总计/元
传统机房	15	88.69	333000	24420	65700	487795	910915
无机房	10.8	80.51	405000	20640	39420	442805	907865
差额		8	−72000	3780	26820	44990	3050

续表

规格型号	1000kg，2.0m/s						
项目	功率类型/kW	面积/m²	单价/元	维保费/元	电费/元	土建造价/元	总计/元
传统机房	22.8	95.94	384000	26820	99864	527670	1038354
无机房	15.7	85.88	462000	23201	57305	472340	1014846
差额		10	-78000	3619	42559	55330	23508
规格型号	1000kg，2.5m/s						
项目	功率类型/kW	面积/m²	单价/元	维保费/元	电费/元	土建造价/元	总计/元
传统机房	25.6	95.91	394000	27420	112128	527505	1061053
无机房	16.8	87.18	477000	22800	61320	479490	1040610
差额		9	-83000	4620	50808	48015	20443

表 4-14　材料设备选型表 2

类型	综合费用	建筑设计	环保	使用
传统机房	高	一般	一般	一般
无机房和小机房	低	有利	好（不漏油、噪声小）	无不良记录

表 4-15　材料设备选型表 3

考虑因素	考虑标准
原则	质量优良、进度保证、成本合理
来源	长期合作 + 标杆企业合作 + 行业评比优秀 子公司对总部推荐供应商的态度
总包	企业名气 + 以往业绩 + 项目经理 + 班组
咨询公司	类似经验数据 + 团队素质及驻场 + 了解市场 + 费用合理

5. 施工图阶段

（1）专业的交叉审核

每个专业从自己专业的角度看都是没有问题的，但是专业交叉或者审图以后就会发现其中的问题，造成施工阶段变更从而引起成本增加。

（2）施工可实现性、成本经济性、营销配合度的审核

例如，后浇带设置与展示区的配合。

三、设计阶段费用控制关键点

设计阶段费用指在取得土地开发权之后，项目开发前期的水文地质勘察、测绘、规划、设计、可行性研究等前期费用。主要包括以下内容。

1. 勘察设计费

① 勘测丈量费　勘测包括初勘、详勘等。勘测丈量费主要有：水文、地质、文物和地基勘察费，沉降观测费，日照测试费，拔地钉桩验线费，复线费，定线费，施工放线费，建筑面积丈量费，等等。

② 规划设计费　方案招标费、规划设计模型制作费、方案评审费、效果图设计费、总体规划设计费。

2. 设计费

施工图设计费、修改设计费、环境景观设计费等。

3. 其他

可行性研究费，制图、晒图、赶图费，样品制作费，等等。

4. 建筑研究用房费

包括材料及施工费。

四、方案版目标成本

1. 方案阶段重指标，限额设计是关键

方案阶段的目标成本编制，要强调对概念阶段确定指标的承接，其中，做好限额设计是关键。在该阶段，成本策划应该事先下达上一阶段所形成的限额设计指标，列入方案设计任务书，并在方案设计的阶段性成果形成过程中进行同步成本测算、评审与验收，而后依据最终完成的规划及建筑设计方案编报目标成本测算表，并形成对下一步设计工作的限额指标分解与下达。

该阶段目标成本编制一般会在取得方案审查意见书后10天内完成。由研发部明确技术指标和建造标准，在此基础上，造价采购部对启动版目标成本进行优化。方案阶段的目标成本就是基准版目标成本，是执行版目标成本对比的基线。

2. 编制要点

该阶段重点要对建筑方案、安装方案、结构方案、精装修方案、地下室方案、景观方案、建筑节能方案等形成标准化的管控。具体控制包括建筑（体形、立面、平面、功能分区、节能方案）、结构形式、结构布置、建筑装饰（交楼）标准、统一构造做法、地下室、景观软硬景基本布局，及供水、供电、消防、排水、智能化工程方案等。

3. 编制依据

① 项目定位阶段目标成本测算表。

② 现场地块地质条件及地基详勘报告等补充资料。

③ 经政府审批的规划设计指标及规划设计方案。

④ 政府现行的房地产相关收费标准。

⑤ 财务部提供的行政费用、资本化利息及期间费用。

⑥ 以往类似项目的造价指标和项目所在地的市场价格信息。

4. 编制步骤

规划设计多方案初稿→不同方案间成本经济性测算分析与比选→规划设计方案→目标成本（方案版）→责任控制指标分解与下达。

依据此阶段目标成本（方案版）应形成《目标成本控制责任书》，利用单价指标、含量指标、百分比指标等可控方式进行合理拆分，由各部门负责人签字后下发各责任部门执行，并以此指导设计、招标、施工、采购等业务活动中的成本费用使用与管理，以及对责任部门进行考核。

此阶段目标成本审批完成后 5 个工作日内，应录入成本管理软件，并在当月成本信息月报中反馈该项目动态成本。

5. 用途

分解出约束扩初及施工图阶段的目标成本控制指标，以指导设计、招标、施工、采购等业务活动中的成本费用使用与管理。

五、施工图版目标成本

1. 扩初阶段重体验，客户价值要彰显

扩初阶段的成本编制要强调客户体验、客户价值的彰显。具体执行时，事先下达上一阶段所形成的限额设计指标及责任成本费用控制额度，列入扩初或施工图设计任务书中，并同步配合扩初阶段和施工图设计过程中主要材料设备选型及安装方式的成本测算、评审与达标验收，平衡目标成本总额度在各成本模块间的二次分配，尽量在实现目标成本总量控制的前提下完成对目标成本的优化和修订，并进一步分解为合约规划来指导采招、合同及现场成本控制等实际业务。

从时间节点上来讲，要在初步设计完成 15 个工作日内完成目标成本的编制。由工程部提供现场的施工方案；由研发部提供扩初设计图，并进一步细化技术指标和产品建造标准；由造价采购部在方案版的基础上完成扩初版目标编制。

2. 编制要点

该阶段需要进行成本敏感性分析，通过成本的二次不均衡分配，实现成本的最佳投放。在这个过程中，真正实现以客户价值为导向，明确客户价值排序与成本额度分配的优先次序关系，达到目标成本中营销、设计及成本的平衡与均好，实现成本和客户价值的最优对应关系。

3. 编制依据

① 项目方案阶段目标成本测算表。

② 现场地块地质条件及地基详勘报告等补充资料。

③ 扩大初步设计方案及扩大初步设计图。

④ 市场调查和客户需求调查成果。

⑤ 以往类似项目的造价指标和项目所在地的市场价格信息。

4. 编制步骤

扩大初步设计多方案初稿→不同方案间成本经济性测算分析与比选→客户价值排序与成本额度优先分配关系决策清单→扩大初步设计定案→目标（修订）成本（施工图版）→目标成本之合约规划额度分配（含签证、变更率上限指标）。

该阶段应遵循对已批准目标成本（即方案版）总额不突破的原则，各成本模块间可根据客户价值排序与目标成本额度内优先配置的适配关系予以内部调剂。

5. 用途

完成此阶段优化及修订后的目标成本，将作为最终控制项目实施全过程成本支出的依据，并据此形成合约规划分配额度值，以做到在合同审批及执行中即时揭示合同实时造价与目标成本限值的对比控制关系，定期动态反馈。

【例 4-1】 方案阶段目标成本实例

例如，某标杆房企 2017 年在江苏某地块开发的住宅项目在决策定位阶段所做的测算工作和主要成果，包括方案阶段基础数据表、方案阶段目标成本关键指标、方案阶段高层单体目标成本测算表、方案阶段目标成本汇总表这些主要表格，当然还有其他辅助表格，限于篇幅仅列直观反映此阶段目标成本的关键数据表，如表 4-16～表 4-19 所示。

表 4-16 方案阶段基础数据表

总占地面积	26396.1	m^2	总建筑面积	65618.15	m^2	总销售面积	53285.03		m^2
地上建筑面积	53658.21	m^2	地下建筑面积	11959.94	m^2	其中商业建筑面积	13741.26		m^2
建筑物占地面积	7995.3	m^2	建筑覆盖率	30.29	%	小区道路面积	4200		m^2
计容积率面积	52792.2	m^2	容积率	2		绿化率	16		%
小区围墙长度	520	m	大门数量	4	个	硬地率	16		%
地上停车位数量	84	个	地下停车位数量	512	个	景观面积	14201	红线外景观 2684	m^2

续表

产品构成		占地面积/m²	建筑面积/m²	地上建筑面积/m²	地下建筑面积/m²	可售面积/m²	层数（地上/地下）	层高（地上/地下）/m	平均每户面积/m²	幢数	单元数	户数
住宅及商业单体	小高层住宅主体	1932	36565.91	34518.65	2047.26	34518.65				3	6	432
	18层住宅1#	644	12188.64	11506.22	682.42	11506.22	18/1	2.8/2.8	79.9	1	2	144
	18层住宅2#	644	12188.64	11506.22	682.42	11506.22	18/1	2.8/2.8	79.9	1	2	144
	18层住宅3#	644	12188.64	11506.22	682.42	11506.22	18/1	2.8/2.8	79.9	1	2	144
	商业主体	5218	13741.26	13741.26	0	13447.38			0	0	0	0
	4#5#楼	1209	2341.02	2341.02		2341.02	2/0	3.6/4.2/地库				
	6#楼商业	1743	5219.21	5219.21		5219.21	3/0	3.4/底4.1/无地库				
	7#楼及配电房	709	1408.93	1408.93		1115.05	3/0					
	8#楼	1557	4772.1	4772.1		4772.1	3/0	3.6/底4.2/无地库				
	写字楼主体	766	5319	5319	0	5319			0	0	0	0
	6#写字楼	766	5319	5319		5319	7/0	2.8/无地库				
	小计	7916	55626.17	53578.91	2047.26	53285.03		0	0	3	6	432
公建配套建筑	独立地下室		9912.68		9912.68		0/1					
	人防地下室		3936.62		3936.62		0/1	4.7/4.5				
	普通地下室		5976.06		5976.06		0/1	4.7/4.5				
	地库出地面出入口	40.6	40.6	40.6			1/0					
	门卫房	23.7	23.7	23.7			1/0					
	垃圾房	15	15	15			1/0					
	小计	79.3	9991.98	79.3	9912.68	0			0	0	0	0
	合计	7995.3	65618.15	53658.21	11959.94	53285.03			0	3	6	432

表 4-17 方案阶段目标成本关键指标

序号	限额审批内容	定性规定			定量指标标准	方案阶段控制指标	差异金额（限额–实际）/元
		指标名称	指标说明	适用指标			
1	地下车位平均面积指标	地下单个车位的平均面积	地下车库建筑面积/车位数量	m^2/个	39	38.42	—
2	结构指标	标准层钢筋含量	分母=地上建筑面积	kg/m^2			—
		（1）	住宅	kg/m^2	48	57	1708673
		（2）	商业	kg/m^2		70	—
		（3）	办公	kg/m^2		68	—
		标准层混凝土含量	分母=地上建筑面积	m^3/m^2			—
		（1）	住宅	m^3/m^2	0.39	0.43	704180
		（2）	商业	m^3/m^2		0.47	—
		（3）	办公	m^3/m^2		0.45	—
		地下钢筋含量	含天然基础和承台（不含桩基）	kg/m^2			—
		（1）	住宅	kg/m^2	156	168	135119
		（2）	商业	kg/m^2		0	—
		（3）	办公	kg/m^2			—
		（4）	地下车库	kg/m^2		186.65	—
			人防地下车库	kg/m^2		228	—
			非人防地下车库	kg/m^2		164	—
3	建筑指标	标准层层高	楼板顶面至上一层楼板顶面	m	2.9	2.8	—
		窗地比	门窗洞口面积/地上建筑面积	m^2/m^2	高层≤0.22；多层≤0.25；联排别墅≤0.28		—
			住宅	m^2/m^2	0.22	0.18	—
			商业	m^2/m^2		0.22	—
			办公			0.28	—
		外立面率（墙地比）	外墙展开面积（不含门窗面积）/地上建筑面积	m^2/m^2	高层≤1.2；多层≤1.35；联排别墅≤1.5		—
			住宅		1.2	1.26	—
			商业			0.52	—
			办公			0.83	—
		地下室层高	地下室地面至地下室顶板面	m			—
			非人防地下室	m	4.9	4.7	—
			人防地下室	m	4.6	4.5	—

续表

序号	限额审批内容	定性规定			定量指标标准	方案阶段控制指标	差异金额（限额–实际）/元
		指标名称	指标说明	适用指标			
4	景观指标	景观面积指标	景观绿化造价/景观实体面积（总占地面积–道路面积–建筑物占地面积+屋顶绿化面积）	元/m^2	450	400	—
5	批量装修指标	批量套内建筑面积指标	套内装修造价/装修面积（地上建筑面积–公共大堂、电梯前室、楼梯间等公共部位面积–样板房装修面积）	元/m^2	1000	800	—
6	公共部位精装修指标	公共部位（公共大堂、电梯前室、楼梯间）建筑面积指标	装修造价/装修面积	元/m^2			—
		大堂	（材料性质描述及设计要求）	元/m^2	2000	2000	—
		电梯厅	（材料性质描述及设计要求）	元/m^2	800	800	—
		敞开式楼梯	（材料性质描述及设计要求）	元/m^2	400	280	—
		封闭楼梯低层	（材料性质描述及设计要求）	元/m^2	200	200	—
7	售楼处、样板房装修指标	售楼处、样板房装修指标	装修造价/套内装修面积	元/m^2			—
		售楼处	（材料性质描述及设计要求）	元/m^2	3000	3000	—
		样板房（交房标准）	（材料性质描述及设计要求）	元/m^2	5000	800	—
		样板房（展示标准）		元/m^2		5000	—
		样板房（异地样板房）	（材料性质描述及设计要求）	元/m^2		5000	—
8	外立面材料装修指标	外立面材料指标	分母=实体面积	元/m^2			—
		（1）	石材（文化石）	元/m^2			—
		（2）	1～2 层真石漆	元/m^2	120		—
			3 层及以上真石漆	元/m^2	80		—
		（3）	涂料	元/m^2	45	45	—
		（4）	面砖	元/m^2	100	110	425504

续表

序号	限额审批内容	定性规定			定量指标标准	方案阶段控制指标	差异金额（限额–实际）/元
		指标名称	指标说明	适用指标			
9	其他关键指标值	设计费	分母=总建筑面积	元/m^2	—	83.55	—
		基坑围护	分母=单种业态建筑面积	元/m^2	—	99.44	—
		桩基	分母=单种业态建筑面积	元/m^2	—	98.21	—
		砌体	分母=单种业态建筑面积	m^3/m^2	—		—
			住宅	m^3/m^2		0.19	—
			商业	m^3/m^2		0.24	—
			办公	m^3/m^2		0.24	—
			地下车库	m^3/m^2		0.03	—
		铝合金门窗	1. 注明门窗形式 2. 分母=外立面门窗的实体面积	元/m^2	—	560	—
		栏杆	分母=实体长度	元/m	—	260	—
		保温	分母=单种业态实际建筑面积	元/m^2	—	100	—
		进户门		元/樘	—	1500	—
			业态 1	元/樘	—		—
		单元门		元/樘	—	5500	—
		电梯	住宅	元/台	—		—
		电梯轿厢	住宅	元/台	—		—
		车库地坪	分母=地库实际建筑面积	元/m^2	—	18	—
		智能化	分母=总建筑面积	元/m^2	—		—

表 4-18　方案阶段高层单体目标成本测算表

本业态总建筑面积/m^2	36565.91	总销售面积/m^2	53285.03	住宅楼钢筋综合含量/（kg/m^2）	63.21	混凝土综合含量/（m^3/m^2）	0.47	模板综合含量/（m^2/m^2）	3.8	住宅砌体综合含量/（m^3/m^2）	0.18
住宅地上建筑面积/m^2	34518.65	物业销售面积/m^2	34518.65	住宅楼地下钢筋含量/（kg/m^2）	168	住宅楼地下混凝土含量/（m^3/m^2）	1.15	住宅楼地下模板含量/（m^2/m^2）	3.8	住宅地下砌体含量/（m^3/m^2）	0.05
窗地比	0.18	外立面率	1.26	住宅楼地上钢筋含量/（kg/m^2）	57	住宅楼地上混凝土含量/（m^3/m^2）	0.43	住宅楼地上模板含量/（m^2/m^2）	3.8	住宅地上砌体含量/（m^3/m^2）	0.19
地下建筑面积/m^2		地上建筑面积/m^2									

续表

序号	科目名称	估算基数	工程量	单位	单价/元	汇总金额/元	建面指标/（元/m^2）	销面指标/（元/m^2）	费项比例/%	说明
1-3	建安工程费	建筑面积	36565.91	m^2	2704.43	98889943.98	2704.43	1855.87	100.00	
1-3-1	主体建安工程费	建筑面积	36565.91	m^2	2200.48	80462553.64	2200.48	1510.04	81.37	
1-3-1-1	基础工程费	建筑面积	36565.91	m^2	151.81	5551070.80	151.81	104.18	5.61	
1-3-1-1-1	桩基（或其他）	建筑面积	36565.91	m^2	90	3290931.90	90	61.76	3.33	测算参考40m桩深，国标500（100）AB，210元/m
1-3-1-1-2	试桩与桩基检测、基坑监测	建筑面积	36565.91	m^2	6	219395.46	6	4.12	0.22	
1-3-1-1-3	土方	土方量	10800	m^2	85.68	925344.00	25.31	17.37	0.94	
1-3-1-1-3-1	土方开挖及外运	土方量	10800	m^3	71.1	767880.00	21	14.41	0.78	
1-3-1-1-3-2	土方回填	土方量	4500	m^3	35	157500.00	4.31	2.96	0.16	
1-3-1-1-4	地基处理	建筑面积								
1-3-1-1-5	基坑围护	建筑面积	36565.91	m^2	25.5	932430.71	25.5	17.50	0.94	
1-3-1-1-5-1	总包部分围护	建筑面积	36565.91	m^2	5	182829.55	5	3.43	0.18	
1-3-1-1-5-2	桩基部分围护	地下室面积	36565.91	m^2	20.5	749601.16	20.5	14.07	0.76	按照方案计算，与车库相邻部分桩基成本平摊
1-3-1-1-6	其他	建筑面积	36565.91	m^2	5	182829.55	5	3.43	0.18	
1-3-1-2	主体土建工程费	建筑面积	36565.91	m^2	1838.67	67232641.74	1838.67	1261.75	67.99	
1-3-1-2-1	主体土建之结构	建筑面积	36565.91	m^2	1034.54	37828896.53	1034.54	709.93	38.25	
1-3-1-2-1-1	地下结构工程		2047.26	m^2						
	钢筋	钢筋重量	343.94	t	5500	1891670.00	51.73	35.50	1.91	主材4400元/t
	混凝土	混凝土方量	2354.35	m^3	510	1200718.50	32.84	22.53	1.21	主材430元/m^3

续表

序号	科目名称	估算基数	工程量	单位	单价/元	汇总金额/元	建面指标/(元/m^2)	销面指标/（元/m^2）	费项比例/%	说明
	模板	模板面积	7779.59	m^2	65	505673.35	13.83	9.49	0.51	
1-3-1-2-1-2	地上结构工程		34518.65							
1-3-1-2-1-2-1	钢筋	钢筋重量	1967.56	t	5500	10821580.00	295.95	203.09	10.94	主材 4400 元/t
1-3-1-2-1-2-2	混凝土	混凝土方量	14843.02	m^3	510	7569940.20	207.02	142.07	7.65	主材 430 元/m^3
1-3-1-2-1-2-3	模板	模板面积	131170.87	m^2	65	8526106.55	233.17	160.01	8.62	
1-3-1-2-1-3	开办费、措施费等	建筑面积	36565.91	m^2	200	7313182.00	200	137.25	7.40	
1-3-1-2-2	主体土建之建筑		36565.91	m^2	304.67	11140535.80	304.67	209.07	11.27	
1-3-1-2-2-1	地下砌筑工程		102.36	m^3	500	51180.00	1.4	0.96	0.05	
1-3-1-2-2-2	地上砌筑工程		6558.54	m^3	520	3410440.80	93.27	64	3.45	
1-3-1-2-2-3	粗装饰		36565.91	m^2	200	7313182.00	200	137.25	7.40	
1-3-1-2-2-4	其他	建筑面积	36565.91	m^2	10	365659.10	10	6.86	0.37	
1-3-1-2-3	屋面工程	建筑面积	2640	m^2	390	1029600.00	28.16	19.32	1.04	
1-3-1-2-3-1	屋面装饰	面积	2640	m^2	180	475200.00	13	8.92	0.48	
1-3-1-2-3-2	屋面保温	面积	2640	m^2	85	224400.00	6.14	4.21	0.23	
1-3-1-2-3-3	屋面防水	面积	2640	m^2	110	290400.00	7.94	5.45	0.29	
1-3-1-2-3-4	其他	面积	2640	m^2	15	39600.00	1.08	0.74	0.04	
1-3-1-2-4	外立面装饰	建筑面积	36565.91	m^2	243.27	8895388.93	243.27	166.94	9.00	
1-3-1-2-4-1	外墙涂料	面积	8974.85	m^2	45	403868.25	11.04	7.58	0.41	
1-3-1-2-4-2	外墙面砖	面积	34518.65	m^2	110	3797051.50	103.84	71.26	3.84	考虑为外墙面砖（劈开砖）
1-3-1-2-4-3	外墙真石漆	面积								
1-3-1-2-4-4	外墙石材									
1-3-1-2-4-5	外墙保温	面积	33137.9	m^2	100	3313790.00	90.63	62.19	3.35	
1-3-1-2-4-6	其他	面积	34518.65	m^2	40	1380746.00	37.76	25.91	1.40	保温线条及GRC
1-3-1-2-5	门窗、幕墙工程	建筑面积	36565.91	m^2	160.6	5872485.15	160.6	110.21	5.94	

续表

序号	科目名称	估算基数	工程量	单位	单价/元	汇总金额/元	建面指标/(元/m^2)	销面指标/(元/m^2)	费项比例/%	说明
1-3-1-2-5-1	幕墙	面积								
1-3-1-2-5-2	铝合金门窗	面积	6213.36	m^2	560	3479481.60	95.16	65.30	3.52	
1-3-1-2-5-3	铝合金百叶	面积	1468	m^2	350	513800.00	14.05	9.64	0.52	
1-3-1-2-5-4	进户门		432	樘	1500	648000.00	17.72	12.16	0.66	
1-3-1-2-5-5	单元门(含地下进户)		101.52	m^2	4000	406080.00	11.11	7.62	0.41	
1-3-1-2-5-6	车库门									
1-3-1-2-5-7	消防门	面积	1500	m^2	550	825000.00	22.56	15.48	0.83	
1-3-1-2-6	防水工程	建筑面积	36565.91	m^2	38.17	1395720.78	38.17	26.19	1.41	
1-3-1-2-6-1	卫生间防水	面积	4060.8	m^2	40	162432.00	4.44	3.05	0.16	
1-3-1-2-6-2	厨房防水	面积	3326.4	m^2	40	133056.00	3.64	2.5	0.13	
1-3-1-2-6-3	阳台、露台防水	面积	3654.72	m^2	40	146188.80	4	2.74	0.15	
1-3-1-2-6-4	地下室外墙防水	面积	2456.71	m^2	65	159686.15	4.37	3.00	0.16	包括 XPS 板保护
1-3-1-2-6-5	窗边防水	延米	21600	m^2	30	648000.00	17.72	12.16	0.66	
1-3-1-2-6-6	其他	建筑面积	36565.91	m^2	4	146263.64	4	2.74	0.15	
1-3-1-2-7	其他	建筑面积	36565.91	m^2	29.27	1070284.19	29.27	20.09	1.08	
1-3-1-2-7-1	栏杆工程	延米		m						
	阳台栏杆		2000	m	300	600000.00	16.41	11.26	0.61	
	楼梯栏杆		400	m	280	112000.00	3.06	2.10	0.11	
	护窗栏杆		800	m	130	104000.00	2.84	1.95	0.11	
1-3-1-2-7-2	信报箱		432	户	250	108000.00	2.95	2.03	0.11	
1-3-1-2-7-3	其他	建筑面积	36565.91	m^2	4	146263.64	4	2.74	0.15	门头等
1-3-1-3	单体安装工程费	建筑面积	36565.91	m^2	210	7678841.10	210	144.11	7.77	
1-3-1-3-1	电气工程	建筑面积	36565.91	m^2	155	5667716.05	155	106.37	5.73	包括配电箱、电表箱、开关面板、灯具和一般的电气安装，弱电管预埋
1-3-1-3-1-1	水电安装	建筑面积	36565.91	m^2	80	2925272.80	80	54.90	2.96	

续表

序号	科目名称	估算基数	工程量	单位	单价/元	汇总金额/元	建面指标/（元/m²）	销面指标/（元/m²）	费项比例/%	说明
1-3-1-3-1-2	配电箱	建筑面积	36565.91	m^2	10	365659.10	10	6.86	0.37	
1-3-1-3-1-3	后出线	建筑面积	36565.91	m^2	65	2376784.15	65	44.61	2.40	
1-3-1-3-2	给排水工程	建筑面积	36565.91	m^2	40	1462636.40	40	27.45	1.48	
1-3-1-3-3	采暖工程	建筑面积								
1-3-1-3-4	通风系统	地下建筑面积	36565.91	m^2	15	548488.65	15	10.29	0.55	
1-3-2	设备工程	建筑面积	36565.91	m^2	92.87	3395876.06	92.87	63.73	3.43	
1-3-2-1	空调工程		6	台	6000	36000.00	0.98	0.68	0.04	样板房空间
1-3-2-2	电梯工程		12	台	280000	3360000.00	91.89	63.06	3.40	包含普通轿厢内装饰
1-3-2-3	机械停车库									
1-3-2-4	其他设备									
1-3-3	公共部位装饰工程		36565.91		63.76	2331442.42	63.76	43.75	2.36	
1-3-3-1	公共大堂装修（含地下）	面积	252	m^2	2000	504000	13.78	9.46	0.51	
1-3-3-2	电梯前室装修	面积	1792.8	m^2	800	1434240	39.22	26.92	1.45	
1-3-3-3	楼梯间装饰	面积	1404	m^2	280	393120	10.75	7.38	0.40	不含楼梯栏杆
1-3-4	户内装饰工程		36565.91		268.55	9819775.13	268.55	184.29	9.93	
1-3-4-1	户内精装修工程	面积	10969.77	m^2	800	8775816.0	240	164.70	8.87	不含空调和设计费
1-3-4-2	样板房精装修工程	面积	180	m^2	800	144000	3.94	2.70	0.15	
1-3-4-3	展示样板房	面积	180	m^2	5000	900000	24.61	16.89	0.91	如售楼处精装修、会所精装修工程，不含空调和设计费
1-3-5	其他工程费	建筑面积	36565.91	m^2	78.77	2880296.73	78.77	54.05	2.91	指不可预见费

表 4-19　方案阶段目标成本汇总

编号	成本科目	方案阶段目标成本		
		建筑面积/m^2	实体建面单价/（元/m^2）	目标成本/万元
一	项目开发成本	65618	9720	63780.70
1.1	土地成本	65618	4300	28215.74
	四项费用	65618	4280	28084.50
1.2	前期工程费	65618	280	1837.30
1.3	建安工程费	65618	3060	20079.11
1.3.1	地库	9953	4753	4730.66
1.3.2	住宅	36566	2704	9887.45
1.3.3	商业及附属	8561	3080	2636.79
1.3.4	6#楼商业	5219	2686	1401.82
1.3.5	6#楼办公	5319	2666	1418.05
1.4	基础设施费	65618	666	4370.16
1.5	公建配套设施费	65618	273	1791.37
1.6	开发间接费	65618	1141	7487.01
二	销售费用	65618	263	1725.75
三	管理费用	65618	32	209.98
四	财务费用	65618	49	321.53
五	品牌管理费	65618	0	0
六	项目总成本	65618	10064	660037.96

【例 4-2】　施工图阶段目标成本实例

某标杆房企 2017 年在江苏某地块开发的住宅项目在决策定位阶段所做的测算工作和主要成果，包括施工图阶段基础数据表、施工图阶段目标成本关键指标、施工图阶段高层单体目标成本测算表、施工图阶段目标成本汇总这些主要表格，当然还有其他辅助表格，限于篇幅仅列直观反映此阶段目标成本的关键数据，如表 4-20～表 4-23 所示。

表 4-20　施工图阶段基础数据表

<table>
<tr><td rowspan="2">总占地面积</td><td rowspan="2">26396.1</td><td rowspan="2">m²</td><td rowspan="2">总建筑面积</td><td rowspan="2">66123.9</td><td rowspan="2">m²</td><td rowspan="2">总销售面积</td><td colspan="2">含限价房
52244.83</td><td rowspan="2">m²</td></tr>
<tr><td colspan="2">不含限价房
50478.01</td></tr>
<tr><td>地上建筑面积</td><td>53913.56</td><td>m²</td><td>地下建筑面积</td><td>12210.34</td><td>m²</td><td>其中商业建筑面积</td><td colspan="2">12654.18</td><td>m²</td></tr>
<tr><td>建筑物占地面积</td><td>7211.04</td><td>m²</td><td>建筑覆盖率</td><td>27.32</td><td>%</td><td>小区道路面积</td><td colspan="2">4200</td><td>m²</td></tr>
<tr><td>计容积率面积</td><td>52791.64</td><td>m²</td><td>容积率</td><td>2</td><td></td><td>绿化率</td><td colspan="2">28</td><td>%</td></tr>
<tr><td>小区围墙长度</td><td>539.48</td><td>m</td><td>大门数量</td><td>3</td><td>个</td><td>硬地率</td><td colspan="2">72</td><td>%</td></tr>
<tr><td>地上停车位数量</td><td>90</td><td>个</td><td>地下停车位数量（其中机械车位 514 个）</td><td>517</td><td>个</td><td>景观面积</td><td>14985</td><td>红线外景观
2684</td><td>m²</td></tr>
</table>

续表

产品构成		占地面积/m²	建筑面积/m²	地上建筑面积/m²	地下建筑面积/m²	可售面积/m²	层数（地上/地下）	层高（地上/地下）/m	平均每户面积/m²	幢数	单元数	户数
住宅及商业单体	小高层住主体	2260.2	36809.89	34711.17	2098.72	34693.92				3	6	432
	18层住宅1#	753.4	12280.04	11570.39	709.65	11564.64	18/1	2.8/2.8	80.35	1	2	144
	18层住宅2#	753.4	12264.44	11570.39	694.05	11564.64	18/1	2.8/2.8	80.35	1	2	144
	18层住宅3#	753.4	12265.41	11570.39	695.02	11564.64	18/1	2.8/2.8	80.35	1	2	144
	商业主体	4916.14	13928.46	13928.46	0	12654.18			0	4	0	0
	4#5#楼	1175.38	2346.96	2346.96		2320.04	2/0	3.6/底4.2/地库		1		
	6#楼	1733.85	4913.47	4913.47		5025.92	3/0	3.6/底4.2/无地库		1		
	7#楼及配电房	746.93	1541.36	1541.36		607.92	3/0			1		
	8#楼	1259.98	5126.67	5126.67		4700.3	3/0	3.6/底4.2/无地库		1		
	写字楼主体	0	5239.23	5239.23	0	4896.73			0	1	1	133
	6#写字楼		5239.23	5239.23		4896.73	7/0	2.8/无地库		1	1	133
	小计	7176.34	55977.58	53878.86	2098.72	52244.83		0	0	8	7	565
公建配套建筑	独立地下室		10111.62		10111.62		0/1					
	人防地下室		3936.62		3936.62		0/1	4.7/4.5				
	普通地下室		6175		6175		0/1	4.7/4.5				
	地库出地面出入口	0					1/0					
	门卫房	9.7	9.7	9.7			1/0					
	垃圾房	25	25	25			1/0					
	小计	34.7	10146.32	34.7	10111.62	0			0	0	0	0
	合计	7211.04	66123.9	53913.56	12210.34	52244.83			0	8	7	565

表 4-21　施工图阶段目标成本关键指标

序号	限额审批内容	定性规定			业态类型	定量指标标准	施工图阶段控制指标	预估影响/万元（限额–实际）	备注
		指标名称	指标说明	适用指标					
1	地下车位平均面积指标	地下单个车位的平均面积	地下车库建筑面积/车位数量	m²/个	高层/商业/办公	36/39	32.47	—	人防比例大于1/3，满足限额39，其中机械车位为514个

续表

序号	限额审批内容	定性规定			业态类型	定量指标标准	施工图阶段控制指标	预估影响/万元（限额–实际）	备注
		指标名称	指标说明	适用指标					
2	结构指标	（1）标准层钢筋含量	分母=地上建筑面积	kg/m^2	小高层	48	53	–90.37	
		（2）标准层混凝土含量	分母=地上建筑面积	m^3/m^2	小高层	0.39	0.45	–102.05	
		（3）高层地下钢筋含量	分母=地下建筑面积	kg/m^2	小高层	156	178	–81.96	
		（4）非人防地库钢筋含量	分母=非人防地库建筑面积	kg/m^2	地下车库	156	178	–241.15	
		（5）人防地库钢筋含量	分母=人防地库建筑面积	kg/m^2	人防地库	186	261	–262.37	
3	建筑指标	标准层层高	楼板顶面至上一层楼板顶面	m	小高层	≤2.9	2.8	—	
		窗地比	门窗洞口面积/地上建筑面积	m^2/m^2	小高层		0.2	—	
			门窗洞口面积/地上建筑面积	m^2/m^2	商业	高层≤0.22 多层≤0.25	0.34	–45.44	
			门窗洞口面积/地上建筑面积	m^2/m^2	办公		0.21	—	
		外立面率（墙地比）	外墙展开面积/地上建筑面积	m^2/m^2	小高层		1.36	–15	
			外墙展开面积/地上建筑面积	m^2/m^2	商业	高层≤1.20 多层≤1.35	0.54	—	
			外墙展开面积/地上建筑面积	m^2/m^2	办公		0.76	—	
		地下室层高	地下室地面至地下室顶板面	m	非人防地下室	4.9	4.7	—	
				m	人防地下室	4.6	4.5	—	
4	景观指标	景观面积指标	景观绿化造价/景观实体面积（总占地面积–道路面积–建筑面积）	元/m^2	—	450	400	—	
5	批量装修指标	批量套内建筑面积指标	套内装修造价/装修面积	元/m^2	—	1000	750	—	
6	公共部位精装修指标	公共部位建筑面积指标	装修造价/装修面积	元/m^2					
		大堂	（材料性质描述及设计要求）	元/m^2	小高层	2000	2000	—	

续表

序号	限额审批内容	定性规定			业态类型	定量指标标准	施工图阶段控制指标	预估影响/万元（限额−实际）	备注
		指标名称	指标说明	适用指标					
6	公共部位精装修指标	电梯厅	（材料性质描述及设计要求）	元/m^2	小高层	800	800	—	
		敞开式楼梯	（材料性质描述及设计要求）	元/m^2	小高层	400	280	—	
		封闭楼梯低层装修		元/m^2	小高层	200	200	—	
7	外立面材料装修指标	售楼处、样板房装修指标	装修造价/套内装修面积	元/m^2					
		售楼处	（材料性质描述及设计要求）	元/m^2	—	3000	3350	−21	
		样板房（交房标准）	（材料性质描述及设计要求）	元/m^2	—	5000	5000	—	
		样板房（展示标准）	（材料性质描述及设计要求）	元/m^2	—	5000	5000	—	
		外立面材料指标	1～2 层真石漆	元/m^2	小高层	单方造价≤120	—	—	
		外立面材料指标	3 层及以上真石漆	元/m^2	小高层	单方造价≤80	—	—	
		外立面材料指标	涂料	元/m^2	小高层	单方造价≤45	27	—	

表 4-22 施工图阶段高层单体目标成本测算表

本业态总建筑面积/m^2	36809.89	总销售面积/m^2	52244.82	住宅楼钢筋综合含量/（kg/m^2）	60.13	混凝土综合含量/（m^3/m^2）	0.52	模板综合含量/（m^2/m^2）	3.72	住宅砌体综合含量/（m^3/m^2）	0.14
住宅地上建筑面积/m^2	34711.17	物业销售面积/m^2	34693.92	住宅楼地下钢筋含量/（kg/m^2）	178	住宅楼地下混凝土含量/（m^3/m^2）	1.6	住宅楼地下模板含量/（m^2/m^2）	3.62	住宅地下砌体含量/（m^3/m^2）	0.03
窗地比	0.2	外立面率	1.51	住宅楼地上钢筋含量/（kg/m^2）	53	住宅楼地上混凝土含量/（m^3/m^2）	0.45	住宅楼地上模板含量/（m^2/m^2）	3.74	住宅地上砌体含量/（m^3/m^2）	0.15

续表

序号	科目名称	估算基数	工程量	单位	单价/元	汇总金额/元	建面指标/（元/m^2）	销面指标/（元/m^2）	费项比例/%	说明
1-3	建安工程费	建筑面积	36809.89	m^2	2378.83	87564470.63	2378.83	1676.04	100.00	
1-3-1	主体建安工程费	建筑面积	36809.89	m^2	1961.54	72204071.63	1961.54	1382.03	82.46	
1-3-1-1	基础工程费	建筑面积	36809.89	m^2	189.84	6987989.52	189.84	133.75	7.98	
1-3-1-1-1	桩基（或其他）	工程量	14625	m	234.07	3423273.75	93	65.52	3.91	
1-3-1-1-2	试桩与桩基检测、基坑监测	建筑面积	36809.89	m^2	5.6	206135.38	5.6	3.95	0.24	
1-3-1-1-3	土方	土方量	9859.68	m^2	97.95	965755.66	26.24	18.49	1.10	
1-3-1-1-3-1	土方开挖及外运	土方量	9859.68	m^3	80.78	796464.95	21.64	15.24	0.91	
1-3-1-1-3-2	土方回填	土方量	3135	m^3	54	169290.00	4.6	3.24	0.19	
1-3-1-1-4	地基处理	建筑面积								
1-3-1-1-5	基坑围护	建筑面积	36809.89	m^2	60	2208593.40	60	42.27	2.52	
1-3-1-1-5-1	总包部分围护	建筑面积	36809.89	m^2	30	1104296.70	30	21.14	1.26	
1-3-1-1-5-2	桩基部分围护	地下室面积	36809.89	m^2	30	1104296.70	30	21.14	1.26	按照方案计算，与车库相邻部分桩基成本平摊
1-3-1-1-6	其他	建筑面积	36809.89	m^2	5	184049.45	5	3.52	0.21	
1-3-1-2	主体土建工程费	建筑面积	36809.89	m^2	1571.00	57828337.19	1571	1106.87	66.04	
1-3-1-2-1	主体土建之结构	建筑面积	36809.89	m^2	944.7	34774303.08	944.7	665.6	39.71	
1-3-1-2-1-1	地下结构工程		2098.72	m^2						
	钢筋	钢筋重量	373.57	t	5207	1945178.99	52.84	37.23	2.22	主材 4400 元/t
	混凝土	混凝土方量	3357.95	m^3	490	1645395.50	44.7	31.49	1.88	主材 410 元/m^3
	模板	模板面积	7597.37	m^2	60	455842.20	12.38	8.73	0.52	
1-3-1-2-1-2	地上结构工程		34711.17							

续表

序号	科目名称	估算基数	工程量	单位	单价/元	汇总金额/元	建面指标/（元/m^2）	销面指标/（元/m^2）	费项比例/%	说明
1-3-1-2-1-2-1	钢筋	钢筋重量	1839.69	t	5207	9579265.83	260.24	183.35	10.94	主材 4400 元/t
1-3-1-2-1-2-2	混凝土	混凝土方量	15620.03	m^3	490	7653814.70	207.93	146.5	8.74	主材 410 元/m^3
1-3-1-2-1-2-3	模板	模板面积	129819.78	m^2	60	7789186.80	211.61	149.09	8.90	
1-3-1-2-1-3	开办费、措施费等	建筑面积	36809.89	m^2	155	5705532.95	155	109.21	6.52	
1-3-1-2-2	主体土建之建筑		36809.89	m^2	259.41	9548853.56	259.41	182.77	10.90	
1-3-1-2-2-1	地下砌筑工程		62.96	m^3	500	31480.80	0.86	0.6	0.04	
1-3-1-2-2-2	地上砌筑工程		5206.68	m^3	520	2707473.60	73.55	51.82	3.09	
1-3-1-2-2-3	粗装饰		36809.89	m^2	180	6625780.20	180	126.82	7.57	
1-3-1-2-2-4	其他	建筑面积	36809.89	m^2	5	184049.45	5	3.52	0.21	
1-3-1-2-3	屋面工程	建筑面积	2536.92	m^2	403.22	1022936.88	27.79	19.58	1.17	
1-3-1-2-3-1	屋面装饰	面积	2536.92	m^2	84.73	214953.23	5.84	4.11	0.25	
1-3-1-2-3-2	屋面保温	面积	2536.92	m^2	210	532753.20	14.47	10.2	0.61	
1-3-1-2-3-3	屋面防水	面积	2536.92	m^2	93.49	237176.65	6.44	4.54	0.27	
1-3-1-2-3-4	其他	面积	2536.92	m^2	15	38053.80	1.03	0.73	0.04	
1-3-1-2-4	外立面装饰	建筑面积	36809.89	m^2	159.83	5883324.72	159.83	112.61	6.72	
1-3-1-2-4-1	外墙涂料	面积	52375.01	m^2	27	1414125.27	38.42	27.07	1.61	
1-3-1-2-4-2	外墙面砖	面积								考虑为外墙面砖（劈开砖）
1-3-1-2-4-3	外墙真石漆	面积								
1-3-1-2-4-4	外墙石材									
1-3-1-2-4-5	外墙保温	面积	34016.95	m^2	125	4252118.75	115.52	81.39	4.86	
1-3-1-2-4-6	其他	面积	34711.17	m^2	6.25	216944.81	5.89	4.15	0.25	保温线条及GRC
1-3-1-2-5	门窗、幕墙工程	建筑面积	36809.89	m^2	128.63	4734856.15	128.63	90.63	5.41	
1-3-1-2-5-1	幕墙	面积								
1-3-1-2-5-2	铝合金门窗	面积	6881.42	m^2	415	2855789.30	77.58	54.66	3.26	

续表

序号	科目名称	估算基数	工程量	单位	单价/元	汇总金额/元	建面指标/（元/m²）	销面指标/（元/m²）	费项比例/%	说明
1-3-1-2-5-3	铝合金百叶	面积	1565.88	m²	290	454105.20	12.34	8.69	0.52	
1-3-1-2-5-4	进户门		432	樘	1250	540000.00	14.67	10.34	0.62	
1-3-1-2-5-5	单元门		6	樘	4000	24000.00	0.65	0.46	0.03	
1-3-1-2-5-6	车库门									
1-3-1-2-5-7	消防门	面积	1600	m²	538	860800.00	23.39	16.48	0.98	
1-3-1-2-6	防水工程	建筑面积	36809.89	m²	32.43	1193744.73	32.43	22.85	1.36	
1-3-1-2-6-1	卫生间防水	面积	2690.93	m²	41.79	112453.96	3.05	2.15	0.13	
1-3-1-2-6-2	厨房防水	面积	3561.84	m²						
1-3-1-2-6-3	阳台、露台防水	面积	4346.35	m²	41.79	181633.97	4.93	3.48	0.21	
1-3-1-2-6-4	地下室外墙防水	面积	1636.02	m²	63.79	104361.72	2.84	2	0.12	包括 XPS 板保护
1-3-1-2-6-5	窗边防水	延米	21600	m	30	648000.00	17.6	12.4	0.74	
1-3-1-2-6-6	其他	建筑面积	36809.89	m²	4	147239.56	4	2.82	0.17	
1-3-1-2-7	其他	建筑面积	36809.89	m²	18.22	670676.20	18.22	12.84	0.77	
1-3-1-2-7-1	栏杆工程	延米		m						
	阳台栏杆		1954.8	m	260	508248.00	13.81	9.73	0.58	
	楼梯栏杆		199.8	m	232.92	46537.42	1.26	0.89	0.05	
	护窗栏杆		330.78	m	85	28116.30	0.76	0.54	0.03	
1-3-1-2-7-2	信报箱		432	户	150	64800.00	1.76	1.24	0.07	
1-3-1-2-7-3	其他雨篷	建筑面积	60	m²	800	48000.00	1.3	0.92	0.05	
1-3-1-3	单体安装工程费	建筑面积	36809.89	m²	200.7	7387744.92	200.7	141.41	8.44	
1-3-1-3-1	电气工程	建筑面积	36809.89	m²	140	5153384.60	140	98.64	5.89	包括配电箱、电表箱、开关面板、灯具和一般的电气安装
1-3-1-3-1-1	水电安装	建筑面积	36809.89	m²	80	2944791.20	80	56.37	3.36	
1-3-1-3-1-2	配电箱	建筑面积	36809.89	m²	10	368098.90	10	7.05	0.42	

续表

序号	科目名称	估算基数	工程量	单位	单价/元	汇总金额/元	建面指标/（元/m²）	销面指标/（元/m²）	费项比例/%	说明
1-3-1-3-1-3	后出线	建筑面积	36809.89	m²	50	1840494.50	50	35.23	2.10	
1-3-1-3-2	给排水工程	建筑面积	36809.89	m²	45.7	1682211.97	45.7	32.2	1.92	含高层屋顶水泵 3.5 万/单元×6
1-3-1-3-3	采暖工程	建筑面积								
1-3-1-3-4	通风系统	地下建筑面积	36809.89	m²	15	552148.35	15	10.57	0.63	
1-3-2	设备工程	建筑面积	36809.89	m²	82.15	3023932.46	82.15	57.88	3.45	
1-3-2-1	空调工程		6	台	4000	24000.00	0.65	0.46	0.03	样板房空间
1-3-2-2	电梯工程		12	台	250000	3000000.00	81.5	57.42	3.43	包含普通轿厢内装饰
1-3-2-3	机械停车库									
1-3-2-4	其他设备									
1-3-3	公共部位装饰工程		36809.89		60.27	2218532.07	60.27	42.46	2.53	
1-3-3-1	公共大堂装修（含地下）	面积	216	m²	1800	388800	10.56	7.44	0.44	
1-3-3-2	电梯前室装修	面积	1927	m²	800	1541600	41.88	29.51	1.76	
1-3-3-3	楼梯间装饰	面积	1440	m²	200	288000	7.82	5.51	0.33	不含楼梯栏杆
1-3-4	户内装饰工程		36809.89		251.32	9251061.55	251.32	177.07	10.56	
1-3-4-1	户内精装修工程	面积	11564.64	m²	750	8673480	235.63	166.02	9.91	不含空调和设计费
1-3-4-2	样板房精装修工程	面积	165	m²	3500	577500	15.69	11.05	0.66	
1-3-4-3	展示样板房	面积								
1-3-5	其他工程费	建筑面积	36809.89	m²	23.55	866872.91	23.55	16.59	0.99	指不可预见费

表 4-23　施工图阶段目标成本汇总

编号	成本科目	施工图版目标成本		
		建筑面积/m^2	实体建面单价/（元/m^2）	目标成本/万元
一	项目开发成本	66124	9801	64808.13
1.1	土地成本	66124	4267	28215.11
	四项费用	66124	4247	28082.86
1.2	前期工程费	66124	340	2248.22
1.3	建安工程费	66124	2964	19599.15
1.3.1	地下车库	10112	5514	5575.76
1.3.2	住宅（小高层 18 层）	36810	2379	8757.10
1.3.3	商业及附属	9015	2964	2672.05
1.3.4	6#楼商业（1～3 层）	4913	2692	1322.58
1.3.5	6#楼办公（4～10 层）	5239	2435	1275.70
1.4	基础设施费	66124	689	4555.94
1.5	公建配套设施费	66124	254	1679.55
1.6	开发间接费	66124	1288	8516.77
二	销售费用	66124	261	1725.84
三	管理费用	66124	78	515.77
四	财务费用	66124	273	1805.19
五	项目总成本	66124	10413	68854.92

说明：本例中施工图版目标成本略高于方案版目标成本，其实，实际开发中大多数项目从拟拿地到设计施工图时间跨度 1～2 年都是比较正常的，反复测算谋划，这期间材料价格上涨很多，方案上产品、面积调整较多，资金贷款利息增加较多（当然这期间售价也在变化），都会极大影响后一版目标成本。本案例从实际出发，没有刻意去展示后一版目标成本一定比前一版高，这是符合市场变化的结果的。

第五章　招投标阶段的成本控制

招投标阶段作为房地产开发的遴选环节，也是成本控制的关键环节之一，公平、公开、公正开展选优是这一阶段的最大特色，决定某个项目有什么样的参与方参加项目的建设，因此，从高层领导到最相关部门，均应秉持一视同仁的态度开展这项工作。此环节涉及的最核心部门无疑是工程部门和合约部门，工程、材料设备采购占此阶段采购比重的大头，这部分应在工程和合约部门做好合约规划的前提下详列招标采购计划，根据工程合约领域专家评审意见择优选定中标单位，降低进场单位实施过程中的配合风险。以上各核心部门和配合部门所做工作均为高层领导决策提供最有力的支撑。

招投标阶段责任成本控制的要点、方法、责任部门和配合部门等详见表 5-1。

表 5-1　招投标阶段责任成本控制

控制环节	控制要点	控制方法	责任部门	配合部门	评价部门
1.投标单位的选择	(1) 资质 (2) 管理水平 (3) 技术力量 (4) 历史记录 (5) 资金实力 (6) 合作经历	① 建立承建商、工程监理、材料及设备供货商名册及资料库 ② 从公司认可名册中的承建商、供货商、监理公司中选择投标单位 ③ 主办部门推荐五家投标单位报招投标工作组 ④ 招投标工作组经审核、考察、评估，筛选三家以上投标单位报招投标评审委员会及主管领导	① 项目部（施工、监理及材料设备招标） ② 设计部（设计招标） ③ 营销部（营销及包装招标） ④ 材设部（材料设备招投标） 招投标评审委员会审核 主管领导批准	总工办 项目部 营销部 合约部	审计部

续表

<table>
<tr><th>控制环节</th><th>控制要点</th><th>控制方法</th><th>责任部门</th><th>配合部门</th><th>评价部门</th></tr>
<tr><td rowspan="2">2.招投标文件</td><td rowspan="2">各类合同的招投标书内容应包含：
(1) 工期
(2) 工程造价或取费标准
(3) 质量要求
(4) 付款方式
(5) 招标范围
(6) 结算方式
(7) 验收标准
(8) 投标注意事项
(9) 废标条件（投标书必须加盖投标单位法人印章）
(10) 接标时间
(11) 开标时间
(12) 定标方法
(13) 投标单位补充意见
(14) 标准合同条文
(15) 图纸、其他要求等</td><td>① 主办部门起草、制定招投标标准文本</td><td>① 项目部（施工、监理及材料设备招标）
② 设计部（设计招标）
③ 营销部（营销及包装招标）
④ 材设部（材料设备招投标）</td><td rowspan="2">总工办
项目部
营销部
合约部</td><td rowspan="2">审计部</td></tr>
<tr><td>② 招投标工作组审核</td><td>招投标评审委员会审核
主管领导批准</td></tr>
<tr><td>3. 评标和定标</td><td>(1) 技术性评标和定标
(2) 经济性评标和定标</td><td>优先顺序：
① 技术评标
② 经济评标
③ 合作经历
综合审核投标单位
评定中标单位</td><td>技术评委负责技术评标
审算评委负责经济评标
招投标评审委员会审核、评定
主管领导批准</td><td>总工办
项目部
营销部
合约部</td><td>审计部</td></tr>
</table>

第一节 招投标阶段成本控制要点

一、招标文件中应明确的有关成本控制的条款

① 投标价格计算依据。主要有以下方面：工程计价类别执行的概预算定额及费用定额执行的人工、材料、机械设备政策性调整文件等；材料设备计价方法及采购、运输、保管的责任。

② 价格的调整方法及调整范围。

③ 业主提供的材料或设备计价和结算退款的方法。

④ 赶工措施费如何计费。

⑤ 承包商原因造成不能按合同工期竣工时，其损失费用的计算方法或规定应在招标文件中明确。

二、编制控制价（标底）时应注意的成本控制要点

① 控制价（标底）作为业主的期望价格，应力求与市场的实际变化吻合，要有利于竞争和保证工程质量。

② 控制价（标底）应由直接工程费、间接费、利润、税金等组成，一般应控制在批准的总概算（或修正概算）及投资包干的限额内。

③ 控制价（标底）必须适应建筑材料采购渠道和市场价格的变化，考虑材料差价因素并将差价列入标底。

④ 控制价（标底）价格应根据招标文件或合同条件的规定，按规定的工程发承包模式，确定相应的计价方式，考虑相应的风险费用。

⑤ 以工程量清单计价法编制控制价（标底）。工程量清单计价应掌握当地取费构成、费率高低、措施费项目列项所含内容、暂列金额及暂估价列项内容。

三、评标时应注意的成本控制要点

① 经初审后，以合理低标价作为中标的主要条件，中标人的投标应当符合招标文件规定的技术要求和标准。

② 若采用综合评价法，最大限度地满足招标文件中规定的各项综合评价标准的投标人，应当推荐为中标候选人。

四、通过战略采购有效控制成本

按战略采购协议的类型进行分类，可分为集中采购协议、长期合作协议和合格供应商协议三种。

① 采用集中采购协议方式的，通常是房地产开发企业综合和汇总旗下的多个项目的实际需求，对同一类的产品进行集中采购，并与供应商签署集中采购协议。

集中采购协议的条款设置与普通的采购合同类似。房地产开发企业可以通过一次集中采购解决多个项目的采购需求，达到扩大采购规模、提高产品议价能力、减少采购次数、提高采购效率的目的。

② 采用长期合作协议方式的，通常是房地产开发企业与供应商就某一产品的供应签署长期合作协议，以保证稳定的产品供应、可控的采购成本。

房地产开发企业与供应商签署的长期合作协议中，会设置合理的计价体系和方法，同时明确供应商在供货、售前/售后服务等方面的承诺。当房地产开发企业的具体项目有采购需求时，可依据长期合作协议的条款直接确定具体项目采购合同。

对于技术复杂的产品，通过签署长期合作协议，房地产开发企业与供应商可以就项目开发过程中的目标客户群的需求开展合作研究，供应商可以为房地产项目的特殊需求开发新的产品或优化产品的设计；或者供应商可以在房地产开发项目的早期介入，供应商可以利用自己的设计、研发实力为房地产开发企业提供更好的售前服务，以保证供应商的产品更好地集成到房地产开发项目中，保证图纸的准确性与可实施性，减少项目实施过程中的变更风险。

对于技术简单的产品，通过签署长期合作协议，房地产开发企业可以获得稳定的、及时的产品供应，供货商获得稳定的生产订单。此外，房地产开发企业与供应商还可以共同优化生产流程、生产工艺，降低产品的生产成本，从而降低房地产开发企业的采购成本。

③ 采用合格供应商协议方式的，通常是房地产开发企业选择多个供应商作为某项产品的合格供应商，并与每个供应商签订一个供货的框架协议或供货意向。

双方签署的协议仅是一个合作框架和合作意向，在具体项目中，房地产开发企业在签有协议的供应商之间询价或者招标选择；或者在招标时对签有协议的供应商给予一定的照顾措施。通过签署合格供应商协议，房地产开发企业可以直接从合格供应商中选择，无需再次对供应商进行考察评估，这样可以提高采购工作的效率。

五、确定工程合同计价方式

1. 固定合同价

合同中确定的工程合同价在实施期间不因价格变化而调整。固定合同价可分为固定合同总价和固定合同单价两种。

（1）固定合同总价

承包整个工程的合同价款总额已经确定，在工程实施中不再因物价上涨而变化。所以，固定合同总价应考虑价格风险因素，也须在合同中明确规定合同总价包括的范围。这类合同价可以使业主对工程总开支做到大体心中有数，在实施过程中可以更有效地控制资金的使用。但对承包人来说，要承担较大的风险，合同价款一般会高些。

（2）固定合同单价

合同中确定的各项单价在工程实施期间不因价格变化而调整，而在每月（或每阶段）工程结算时，根据实际完成的工程量结算，在工程全部完成时以竣工图的工程量最终结算工程总价款。

2. 可调合同价

（1）可调总价

合同中确定的工程合同总价在实施期间可随价格变化而调整。业主和承包人在商谈合同时，以招标文件的要求及当时的物价计算出合同总价。如果在执行合同期间，由于通货膨胀引起成本增加达到某一限度时，合同总价则做相应调整。可调合同价使业主承担了通货膨胀的风险，承包人则承担其他风险。

（2）可调单价

合同单价可调，一般是在工程投标文件中规定。在合同中签订的单价，根据合同约定的条款，如在工程实施过程中物价发生变化等，可做调整。有的工程在招标或签约时，因某些不确定性因素而在合同中暂定某些分部分项工程的单价，在工程结算时，再根据实际情况和合同约定对合同单价进行调整，确定实际结算单价。

第二节　招投标阶段成本控制流程图

招投标阶段的成本控制流程图见图 5-1。

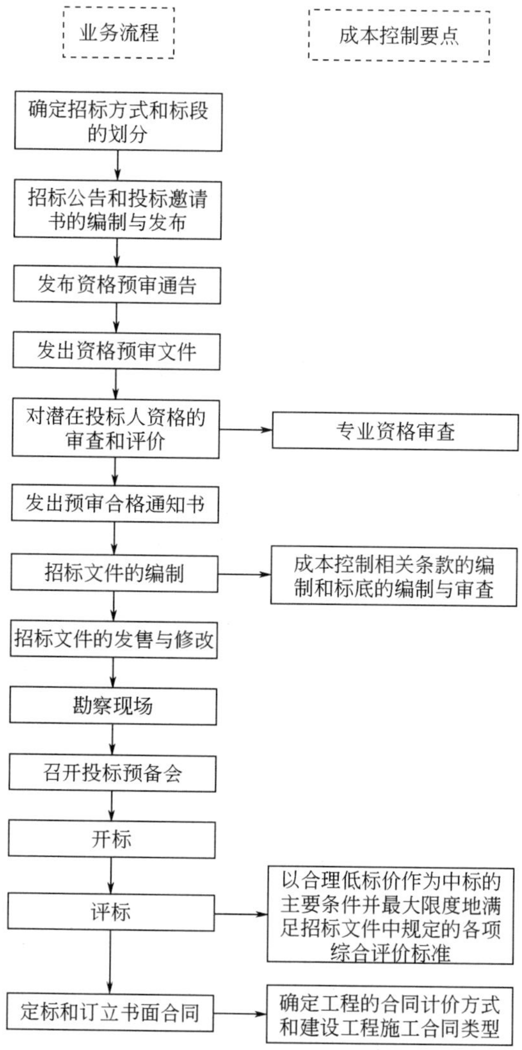

图 5-1　招投标阶段的成本控制流程图

第三节 招投标阶段成本控制相关部门的职责

一、成控办

① 负责监督、协调各个部门之间的成本控制管理工作，保证项目招投标阶段的成本控制进程的正常运作。

② 负责收集各部门成本控制信息，反馈给集团。

二、合约部

① 负责招标文件的编制、修订及解释工作。重点是招标文件中涉及成本控制的相关条款的编制和控制价（标底）的编制，对建设成本进行初步控制。

② 组织招标、开标、评标工作的开展。

③ 对投标人专业资格进行审查。

④ 建立工程市场信息库。收集、调查、预测建筑市场相应信息，及时综合上报以供领导决策。

⑤ 组织合同的谈判、签订及争议纠纷的处理。负责合同的完整性、合理性。重点是确定工程的合同计价方式和建设工程施工合同类型。

⑥ 按公司档案管理要求，收集、整理、归档合同和招标文件。

三、工程部

① 参与招标文件的编制、修订工作。重点是招标文件中涉及成本控制的相关条款的编制和控制价（标底）编制，对建设成本进行初步控制。

② 参与评标工作，尤其是技术标部分的评阅。

③ 参与合同的谈判、签订。重点是确定工程的合同计价方式和建设工程施工合同类型。

四、财务部

① 协助招标文件的编制、修订工作。重点是招标文件中涉及成本控制的相关条款的编制和控制价（标底）编制，对建设成本进行初步控制。

② 参与评标工作，尤其是经济标部分的评阅。

③ 参与合同的谈判、签订。重点是确定工程的合同计价方式和建设工程施工合同类型。

第四节　招投标阶段成本控制主要相关人员的职责

一、合约部

1. 合约部经理职责

① 全面负责招标文件的编制、修订及解释工作。重点是招标文件中涉及成本控制的相关条款的编制和控制价（标底）的编制，对建设成本进行初步控制。

② 统筹组织招标、开标、评标工作的开展。

③ 对投标人专业资格进行审查。

④ 建立工程市场信息库。收集、调查、预测建筑市场相应信息，及时综合上报以供领导决策。

⑤ 组织合同的谈判、签订及争议纠纷的处理。负责合同的完整性、合理性。重点是确定工程的合同计价方式和建设工程施工合同类型。

⑥ 按公司档案管理要求，收集、整理、归档合同和招标文件。

2. 合约部预算工程师职责

① 确定工程造价，控制建设成本。

② 负责委托造价咨询公司对招标工程量清单、控制价（标底）进行编制。

③ 搜集、掌握工程造价相关信息及资料，及时向领导提供决策依据。

3. 合约部土建造价工程师职责

① 参与工程对外招标。

② 负责审核造价咨询公司土建专业工程量清单、控制价（标底）。

③ 参与施工图交底与会审。

④ 参与经济标的评阅。

⑤ 参与合同中土建造价的审查。

4. 合约部安装造价工程师职责

① 参与工程对外招标。

② 负责审核造价咨询公司安装专业工程量清单、控制价（标底）。

③ 参与施工图交底与会审。

④ 参与经济标的评阅。

⑤ 参与合同中安装造价的审查。

二、工程部

工程部经理职责如下。

① 参与图纸会审。

② 参与材料设备的价格确定。

③ 配合招投标工作的开展。

④ 配合工程合同的谈判工作。

三、财务部

财务部经理职责如下。

① 协助招标文件的编制、修订工作。重点是招标文件中涉及成本控制的相关条款的编制和控制价（标底）编制，对建设成本进行初步控制。

② 参与评标工作，尤其是经济标部分的评阅。

③ 参与合同的谈判、签订。重点是确定工程的合同计价方式和建设工程施工合同类型。

第五节　招投标阶段标杆企业成本控制建议

一、成本控制建议

阳光采购已经成为各大标杆房企的标配，其过程管理流程优化路径的公开透明是采招管理规范化的发展趋势，一般而言，采购过程管理流程如图 5-2 所示。

招采过程的实际操作上，招标都是线上进行，每一步流程都有审批和监督人员，经办人能做特殊操作的可能性也比较少。所有的招采流程都是在一个线上平台进行的，供应商只需要在同样的线上操作平台上进行招标文件下载、回标、招标文件答疑等，实现了一定程度的公平。阳光采购平台建设按三步走。现以 H 企为例介绍阳光采购的几大关键点。

① 首先是明确权责　采购业务遵循成本、采购、工程三权独立原则，确保找单位、定价、用单位权限区分，工程部负责技术标准的制定，成本部负责制定参考价及组织评定经济标，采购部负责全过程操作，采购决策小组进行最终决策。

② 其次是梳理流程　遵循“无计划不采购”原则，要求实现采购进度可控、可知、可预测，根据年度规划形成集中采购，降低成本，同时通过系统严控，固化流程，规范操作。

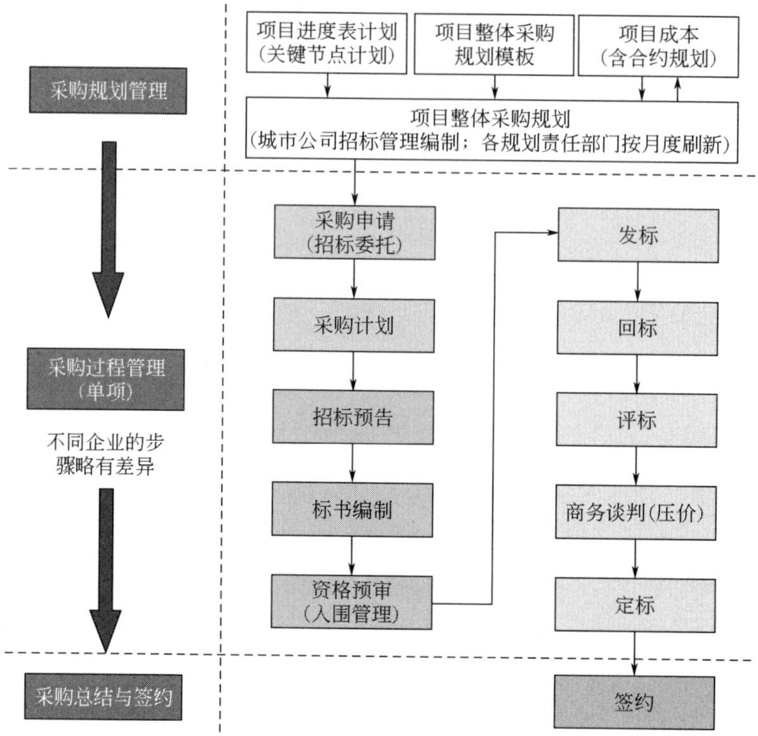

图 5-2　采购过程管理流程图

③ 最后是用好外网平台　对外发布采购信息，设定入围条件系统筛选供应商，如图 5-3 所示，在线编辑及审批标书文件和标底，通过电子招标，实现采购过程无纸化。

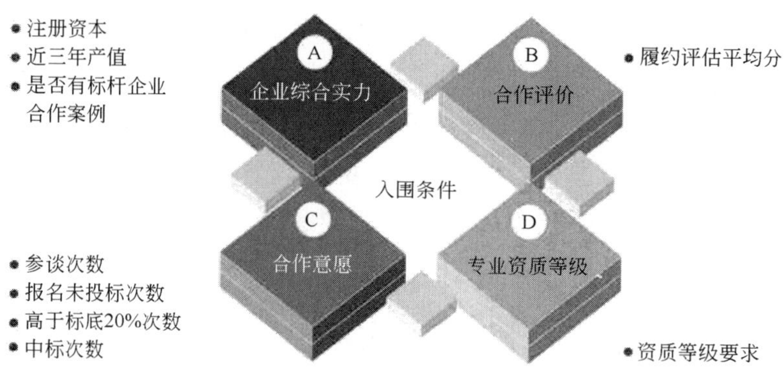

图 5-3　入围条件

供应商在外网平台参与投标，首先应通过外网查看各项目招标预告，报名符合条件的招标，并等待入围；其次，入围后下载标书，对标书有疑问可在线发起答疑，答疑无异议后上传标书，完成在线回标；再次，房企以技术标合格、经济标最低价中标原则，根据回标确定中标单位，并对外公布，如图 5-4 所示。

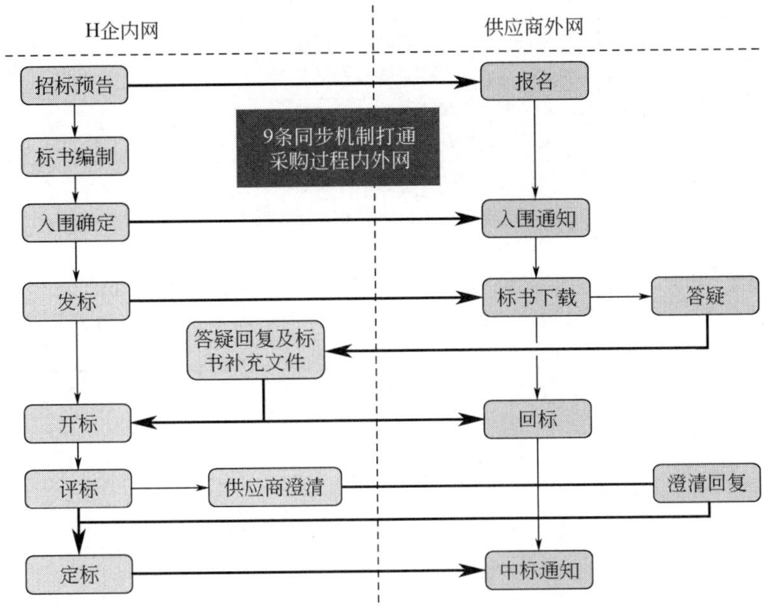

图 5-4　供应商外网平台参与投标

在这其中，一方面，招标须知由采购部门编制并审核，技术要求由工程部编制并审核，成本清单及合同文件由成本部编制并审核，图纸由设计部编制并审核，各分卷编制后统一发起标书文件审批，经由各部门审批通过后形成最终文件；另一方面，编制标底控制成本，标底在线审核保证开标前标底加密，保证其有效性及参考价值，为后续评标提供重要依据，同时分析标底与实际报价偏差率，及标底制定的准确性，反向修正后续项目标底编制，使标底更具参考价值。

二、对合同主要内容的控制

合同制定的出发点是分工协作，目标是要实现双赢。合同标的要十分清晰，理清合同范围与图纸范围的差异。合同交底要到位，主要是界定范围、费用处理，以及材料管理要求等。具体参见表 5-2。

表 5-2　合同制定控制表

控制项目	控制标准和要求
合同质量控制	验收标准：国家标准+客户标准 质量控制要求：合同技术标准与品牌要求的落实 工程样板的利用 控制重点：质量通病，如防水渗漏 保修条款的约定：注意与销售合同一致

续表

<table>
<tr><th colspan="2">控制项目</th><th>控制标准和要求</th></tr>
<tr><td colspan="2">合同进度控制</td><td>施工总体进度要求：要符合现场情况
阶段性工期要求：需配合销售的需要
按实际工期节点记录工期
索赔与顺延：需要注意相关费用的处理，避免甲方责任</td></tr>
<tr><td rowspan="4">合同费用控制</td><td>合同金额和计价方式</td><td>总包干价或暂定总价、综合单价或定额单价
承包价格应包含的内容：人材机、利管税、规费、总包配合费等
计价方式：清单或定额
材料价格的确定：可调价范围和方式
几种费用的约定：措施有关费、材料有关费、签证费、水电费暂定价、暂定价的处理</td></tr>
<tr><td>变更和调价的管理</td><td>变更内容范围要与合同对应
图纸会审与施工组织设计的审查（变更的界定与责任分担）
量、价的调整原则，变更过程的约定</td></tr>
<tr><td>支付管理</td><td>付款方式的选择：通常按节点与进度支付
预付款：配合现金流、现值计算进度款以及其他的往来款
甲供材料付款的控制支付手续和要求，避免扯皮和索赔
防止超付的要点，结算款与保修金的支付</td></tr>
<tr><td>结算管理</td><td>结算方式：按实结算、合同加变更结算
结算价格的构成
结算资料构成及要求，总包、分包、甲供材料结算协议书内容</td></tr>
</table>

对于暂定价合同，包括单价包干和定额计价的，合同条款要有明确修正规则，成本人员要重点盯，特别是一些容易出现三边工程的，像总包、装修、园林、消防等合同。例如景观施工，设计不到位，边设计边施工，大部分的苗木都是新增的，施工单位施工过程中要求确价，不确价就停工，而且要价很高，有时候为了交房，苗木单价就签高了。

对大宗材料的变化或者规范相应调整，像钢筋、混凝土、人工、铝型材等市场价波动，消防要求调整等保持敏感度，在动态成本回顾时要有预估；材料调整幅度在合同中要约定清楚。认价材料，多渠道询价，充分考虑采购量、付款方式、运输成本等因素，确定合理的市场价格。实施前确定，避免事中被动。

三、招标采购阶段成本关注重点

1. 供应商

供应商的选择详见表5-3。

表 5-3 供应商的选择

考虑因素	考虑标准
原则	质量优良、进度保证、成本合理
来源	长期合作 + 标杆企业合作 + 行业评比优秀 子公司对总部推荐供应商的态度
总包	企业名气 + 以往业绩 + 项目经理 + 班组
咨询公司	类似经验数据 + 团队素质及驻场 + 了解市场 + 费用合理

2. 供应商库

① 建立与优秀供应商的合作，提高工程质量。

② 省去子公司对关键供应商考察工作，提高工作效率。

③ 建立双方互信，降低采购成本。

④ 实现供应商的动态管理，优胜劣汰。

⑤ 实现优秀供应商资源共享。

3. 战略采购

某标杆房企战略采购项目详见表 5-4。

表 5-4 战略采购项目

序号	产品/服务类别	序号	产品/服务类别
1	施工总承包	16	外墙劈开砖
2	有机房电梯	17	室内灯
3	无机房电梯	18	防水材料
4	户内配电箱	19	建工险
5	户外非标配电箱	20	地板
6	陶瓷卫生洁具	21	PVC 覆膜户内门
7	龙头	22	实木贴皮户内门
8	开关面板	23	瓷砖
9	PVC、UPVC、PR	24	衣柜、玄关柜
10	对讲设备	25	橱柜
11	内外墙涂料	26	背景墙
12	屋面瓦	27	空调
13	厨房电器	28	墙纸
14	燃气热水器	29	石材
15	电热水器	30	

4. 战略采购

详见表 5-5 和图 5-5。从图 5-5 中可以看出，单一部品采购量上尽量标准化和规模化。

表 5-5　战略采购类别

房企	战略采购类别
某科	29 类
某大	45 类
某湖	25 类

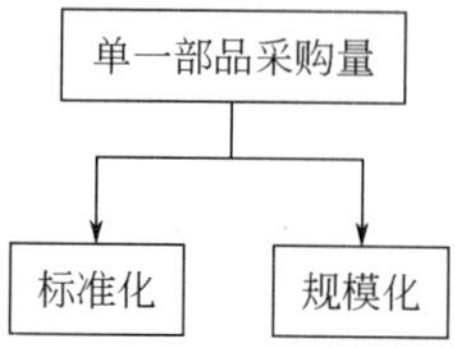

图 5-5　单一部品战略采购

5. 包干及计价方式

包干及计价方式详见表 5-6。

表 5-6　包干及计价方式

品牌宣传	强强联合，联合媒体宣传，提升品牌价值和社会形象
项目价值	建立战略合作，供应商可以介入设计并提供专有产品，提升质量与价值
提升质量	供应商可以提前备货，减少了供货风险，且避免了赶工造成的质量缺陷
采购效率	50 个项目执行 10 项战略采购，每项以 10 天采购周期计算，减少 50×10×10=5000（天）的有效工作时间
降低成本	某科洁具折扣率多为 10%、橱柜为 8%、地板为 10%等 某湖整体折扣率多为 10%左右

6. 总分包范围

某些大房企的现状就是项目总分包范围各不相同，一个项目合同份数从 50 份到 200 份不等。总包范围若太宽，不利于成本控制；总包范围若太窄，分包太多，虽然工程成本降低，但管理成本增加，同时影响工期。

7. 标段划分

既要考虑竞争性，也要考虑规模效益、场地大小。

8. 招标限价

采用定额价+市场下浮率方式计量，并与分解后的目标成本进行比较。

9. 评标办法

非技术复杂工程，不建议采用综合评标法。

1 亿元工程评标价高 1%扣 1 分，以技术标 20 分、经济标 80 分为例，详见表 5-7。

表 5-7 评标办法

序号	计价前提	包干及计价方式
①	标准化、图纸齐全	总价包干
②	图纸齐全	工程量清单（通用方式）
③	标准化产品、图纸深度不够	模拟清单
④	非标准化产品、图纸不全、工期紧张	定额计价

四、招标阶段费用控制关键点

1. 如何快速编制出“虚拟清单”——确定清单内容、编制依据及要点

对于“虚拟清单”来说，最重要的在于确定清单中应该包含哪些项目、每项包含哪些工作内容以及每项的单价如何测算准确，主要是从以下两个方面入手。

（1）积累典型项目

清单工作项目以及工作内容的梳理工作，最简便且能结合企业自身情况的，就是选取企业自己的项目：一是已经进入总包结算阶段的项目，根据结算结合工程量清单模板，梳理出企业自己的工程量清单；二是施工图完成正在施工的项目，在办理施工图预算时要求按照工程量清单编制。

（2）进行经济分析

在完成典型项目积累后，就要对结算或者预算进行经济分析：一是综合单价经济分析表，通过对综合单价的组成分析，可以明确每个单价的由来，在新项目相同业态采用“虚拟清单”招标时可以进行比对，防止出现不平衡报价；二是建造标准，每个单价都需要对应一个建造标准，不然单价就毫无意义，通过对建造标准的积累可以打造产品标准化的基础，同时可以指导新项目相同业态建造标准的制定。那么，“虚拟清单”的编制依据及编制要点如下。

① 编制依据　以 L 企为例，应明确每部分编制依据的主责部门（如图 5-6 所示），要求各部门提供的资料及时完整，保证“虚拟清单”的准确性。

② 编制要点　施工界面划分清晰，清单项目要全面，保证清单项目的准确性，防止过程中因为施工界面不清以及清单项目不全引起的纠纷；对于暂定量项目，综合单价闭口包干，工程量根据施工图调整，形成总价包干合同；对于非暂定量项目，采用闭口总包干，如措施费等；与计价规范的差异项需特别说明，防止由此引发的纠纷。

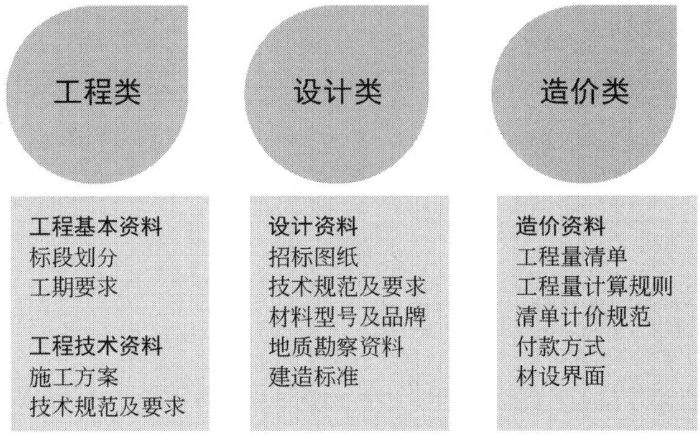

图 5-6　编制依据的主责部门

2. “虚拟清单”招标文件的控制要点

“虚拟清单”编制完成后，在形成招标文件时需要明确以下要点。

（1）合同总价修正约定

约定合同金额为暂定，除总价包干项目外其余项目按照综合单价包干，出图后按照施工图预算调整总价，形成总价包干合同，结算时按照总价+变更方式办理。

（2）零星项目计价约定

采保费计取方式，主要是甲供材料由乙方下货、场内运输、保管收取的费用。零星用工价格，需特别明确窝工单价，减少因意外停工而产生的窝工费。工程量清单外项目计价方式，如：若由于发包人要求的设计变更，工程数量有所增减或工程质量有所改变，而有关工作与合同原来的工作相类似，则其增减费用按原合同单价或采取原合同单价为换算基础调整而得的单价计价；若没有适当的换算基础，则采用公平合理的市场价计价，相关市场价的确定除需考虑当时的市场价格水平外，还需考虑投标时合同单价的价格水平，从而推算出新单价。也可采用发包人与承包人在专用条款中约定的其他方法计取费用，合同金额及付款额则随增减费用而相应调整。

（3）招标用图要求

仍需向投标单位提供最基本的图纸，尽可能减少施工单位自行判断内容，保证各施工单位对清单内容理解程度一样，如地上地下面积、标段划分图、房型示意图、平面布置图、业态类型、结构形式、层数、地下室范围、地下室竖向布置图及标高等，防止投标时相差悬殊。

标杆房企图纸会审作为清单招标过程中必须预留的一个管理动作，参与会审的部门为设计部、项目部、工程部、客服部、成本部；参与会审的外服为设计院、监理公司、咨询公司。

图纸会审的主要作用在于减少变更量，减少工作量。图纸会审的重要性体现在如下几条。

① 解决图纸质量的错、漏、碰、缺问题。

② 解决各专业不交圈的问题，如空调机位错误。

③ 解决计量计价依据不充分的问题，如梁底标高建筑、结构图不符。

④ 解决设计功能性不足或缺陷的问题，如交付后的客户投诉等。

3. 标杆房企“虚拟清单”招标的具体操作方法

采用定额费率下浮和采用清单，最后结果都差不多，实际效果一样，落脚点还是在设计。比如某大房企的总包单位就是采用费率下浮的，这样的方式更快，结算争议很小，施工单位风险小，虽然对于缺乏经验的甲方而言较吃亏。

费率招标就是有效率优势，“虚拟清单”适用于技术条件确定、量不定的情况。技术条件不单单是满足特征描述需要，而且可以指导项目建设，带入设计，包括产业形态、接口界面、设计施工规范、节点做法、材料品牌档次，是全套的。

在标杆房企看来：

① “虚拟清单”的好处就是节约进度，但有个前提，就是设计比较标准，或者全国性大企业，有可以利用的数据。

② 在编制虚拟工程量的时候，采用类似工程的数据，可以细化到具体子目的数量。比如地基基础可以分为土方、各种桩基、支护、降水等；上部结构可以分为土方、混凝土、模板、钢筋、粗装修等；水电可以分为水、电、设备等。

③ 总的措施费可以约定总价包干，如果建筑面积没有超过一定的比例，不予调整，签证变更同样可以如此约定；在合同中还可以约定，不管如何，施工单位不能拒绝变更，价格可以后谈，这样，能以最快进度发挥模拟清单的优势。

④ 在合同中只约定单价，在施工过程中，可以重新计量，逐步实现合同的准确值，这样甲乙双方都轻松。

⑤ 如果成为战略合作伙伴，可以在暗中较劲，但是不会耽误进度，适用于对进度有极高要求的单位。

⑥ 这样对甲方要求很高，会带来不少的新问题，比如后面的合理精确价格等。

五、招投标阶段控制的最终点——合约规划

随着房企“救火不如防火”意识的提高，成本管理中的合约规划早已不是什么新鲜事，但从合约规划的实践和落地情况来看，房企之间差异明显。

部分标杆房企“大步”迈入以合约规划的规范化、精细化管理为基础，支撑项目后续工程管理以及职能间的高效协同阶段；而大多数成长型房企仍处在“理体系、建框架、搭地基”的管理初阶。

通过介绍标杆房企合约规划模板梳理与应用，并分解总部和项目之间不同的实操工作，掌握大企业的操作方法。

1. 合约模板梳理的三大原则

合约规划，就是将复杂、混乱的合约管理简单化、规范化。合约模板是合约规划管理的第一个关键成果，这个模板不仅要体现成本科目与合约规划的承接关系，还要考虑每个合约规划的责任主体、分级管控以及执行要求等。对于成长型房企而言，在合约模板的梳理过程中要遵循“适当放权、渐进优化、抓大放小”的原则，详见表 5-8。

表 5-8　合约模板梳理的原则

原则	方法
适当放权	不需要追求合约模板的完美化，更多是需要从合理性、可操作性、执行力等维度进行考虑。例如，建安、设计等的颗粒度适当精细一些；报批报建、营销的颗粒度适当粗一些
渐进优化	提前一个月或者三个月，分阶段渐进明细，最终形成相对更有效、更合理、更具采购指导和成本管控作用的合约
抓大放小	明晰角色与分工，这是推行合约规划模板首要考虑的问题

2. 合约规划实战高效模式

（1）总部层面

从总部层面就是做好模板、定好规则，包括明确模板的要素、合约的数量以及合约范围，要体现模板的控制性。

① 好的合约规划解决以下 6 个问题，同时明确模板要素。

a. 究竟哪些科目需要编制？比如，营销费用等期间费用就不需要编制合约规划。

b. 合约与科目的对应关系如何界定？

c. 合约选择是总价闭口还是单价闭口？有的企业对总价闭口还是单价闭口采取了一些管控制度，比如，“对于已出图工程合约价款形式采用总价包干，对

于无图的暂定量工程和物资采购合同采用单价包干”。目前，一些标杆企业对“如何解决三边工程中存在的问题”提出了合同转正的概念，即前期通过“虚拟清单”签订一个开口合同，当施工图出来以后再签订一个补充协议，从而把前期开口的费项包死。

d. 合约是总包，还是分包？

e. 谁负责编制？即责任主体是谁的问题。首先，要明确总部与分公司的集分权问题，如果责任主体变更，必须经过高层审批，因为这里面可能存在“灰色”风险；其次，要将责任主体明确到具体部门，即具体由哪个部门来做。

f. 是否有对应的合同标准化模板？

② 可用历史项目法和标杆借鉴法两种方法，确定合约规划数量。

a. 历史项目法，顾名思义，基于企业历史项目情况进行分类归总。特别需要注意合约漏项问题，最好的办法是先建立一个完整的合约大类，然后按照大类往下细分。比如，某企业先找一个相对规范的项目梳理合同结构，再找一个操作较差的项目，两个对照，就能对合约快速查漏补缺。

b. 标杆借鉴法，在学习标杆企业的做法的同时，还需充分考虑三个核心问题：

Ⅰ. 了解支撑标杆企业合约管理结构背后的发包模式与自身企业有哪些差别；

Ⅱ. 标杆企业每一个合约的范围和自身企业有什么差别；

Ⅲ. 深入考虑资深企业的供应商结构。比如自身企业内部资源库里没有足够的分包单位，就不能学标杆企业去做大量分包。

c. 按照成本结构分解法，快速界定合约范围。明确合约标准要素，确定合约数量，是合约范围圈定的前提。业界一般按照 CBS（成本结构分解法）进行合约范围的界定，如图 5-7 所示。

通过此分解方式，把每个需要做的工作项按照分项工程逐层分解下去，得出最末级的细项，从而得到基本的合同包。而实际操作时，一定会打包起来进行合同签订。

此外，在合约规划建立时，必须清晰界定合约范围，特别是总、分包之间的工作界面要规定清楚，以避免在招标时出现范围不清的问题，也是规避合同变更的前提，如图 5-8 所示。

（2）从项目公司层面

总部制定好统一的合约规划模板之后，需要项目在实际执行过程中用好合约规划模板，如图 5-9 所示。

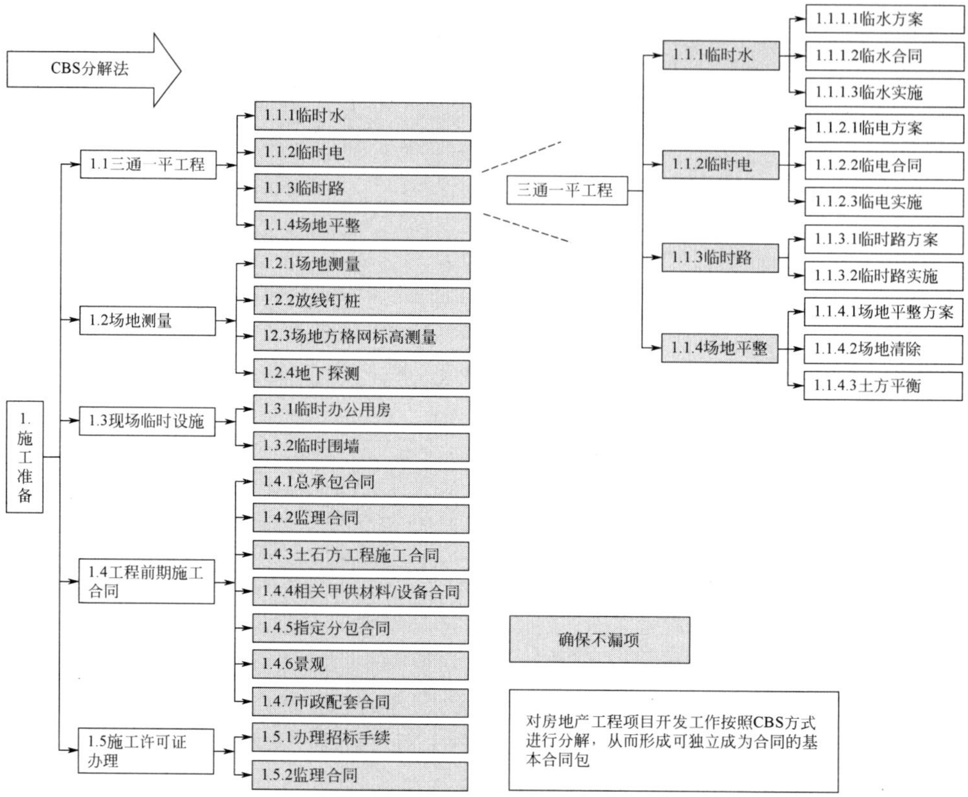

按照CBS (成本结构分解法)圈定合约范围。
化繁为简，不按照最细的去签，打包起来进行合同签订。

图 5-7　CBS（成本结构分解法）

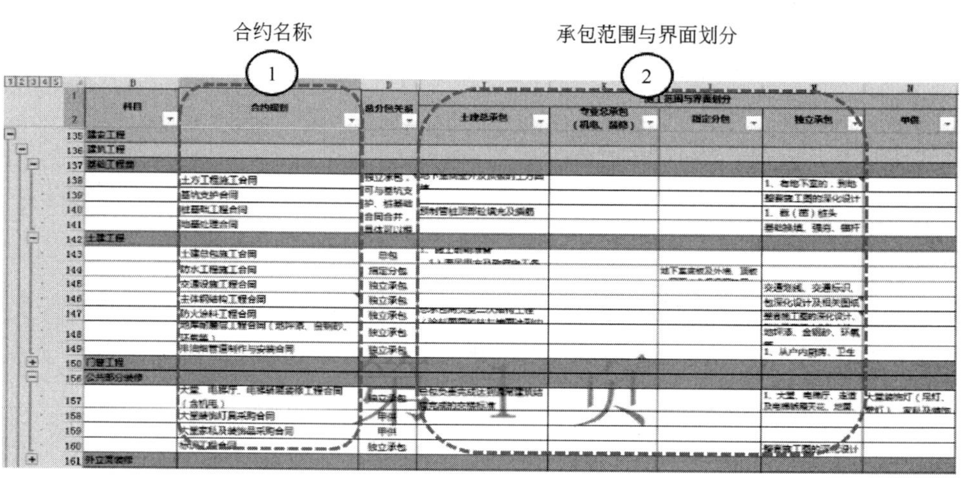

图 5-8　合约范围

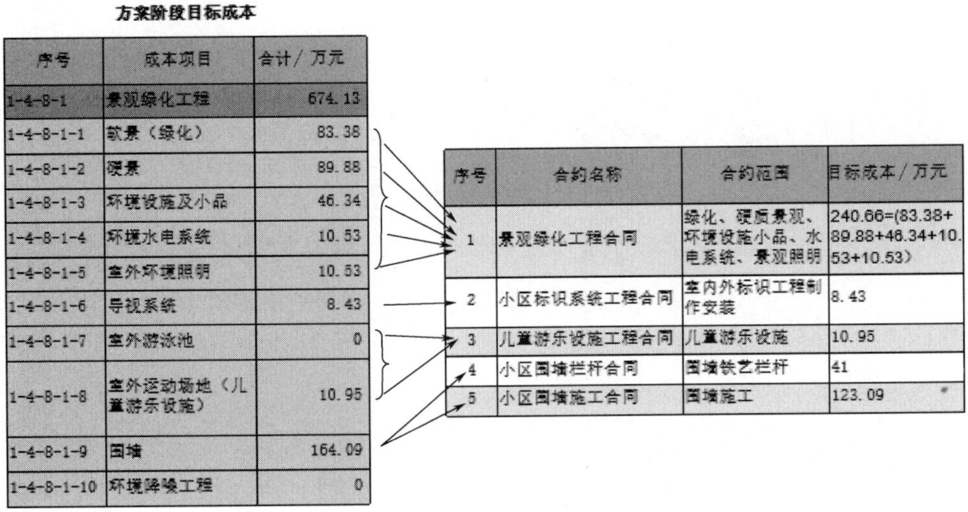

图 5-9 合约范围

① 适当灵活调整合约范围 因为区域、产品、项目的特点各不相同，总部应该允许区域做个性化调整。在给予项目适当灵活性的同时，总部也要从风险规范角度进行关键点审批。以下为 5 种变通方式，如表 5-9 所示。

表 5-9 调整合约范围的方式

调整类型	调整要点
合约拆分	将原合同的合同范围进行拆分，重新命名，新合同与成本科目的归集对应关系应与原合同保持一致
合约合并	相同科目下，多个合同可合并为一个合同，该合同范围为合并前多合同范围集合；不同科目下，多个合同可合并为一个合同，原合同范围与成本科目的归集关系不得改变，新合同以合同范围方式归集进入相应的成本科目
合约删除	项目有工程事项不存在的，直接删除该工程事项对应的合同及合同范围
合约新增	集团标准合约规划里没有该合同或合同范围的，可新增合同，注明其合同范围，并将该合同归集进入相应的成本科目
合约重组	多合同需拆分后再组合成多合同的，按照一个合同拆分为多个合同、多个合同组合成为一个合同的方式进行分步调整等

② 预估合约金额 当合约分解之后，对应的金额却很难确定，这也是合约规划的一大难点。可先采用“凑数字”的方法，从核算科目中按照合约维度，凑足目标成本总额，现以某项目方案阶段目标成本与合约规划对应关系（景观绿化工程）为例，“凑数字”法如图 5-10 所示。

科目间是可以调剂的，可以放权给成本经理，以此体现适应性，但跨科目间的腾挪和调剂是不允许的，因为它直接影响产品品质结构和成本的合理性。值得注意的是，当合约与对应金额分解完后，需要整体回顾一下，绝不能只做部分分解。

例：

方案阶段目标成本

序号	成本项目	合计/万元
1-4-8-1	景观绿化工程	674.13
1-4-8-1-1	软景（绿化）	83.38
1-4-8-1-2	硬景	89.88
1-4-8-1-3	环境设施及小品	46.34
1-4-8-1-4	环境水电系统	10.53
1-4-8-1-5	室外环境照明	10.53
1-4-8-1-6	导视系统	8.43
1-4-8-1-7	室外游泳池	0.00
1-4-8-1-8	室外运动场地（儿童游乐设施）	10.95
1-4-8-1-9	围墙	164.09
1-4-8-1-10	环保降噪工程	0.00

方案阶段合约规划

序号	合约名称	合约范围	目标成本
1	景观绿化工程合同	绿化、硬质景观、环境设施小品、水电系统、景观照明	240.66=（83.38+89.88+46.34+10.53+10.53）
2	小区标识系统工程合同	室内外标识工程制作安装	8.43
3	儿童游乐设施工程合同	儿童游乐设施	10.95
4	小区围墙栏杆合同	围墙铁艺栏杆	41.00
5	小区围墙施工合同	围墙施工	123.09

图 5-10 “凑数字”法举例说明

考虑到目标成本随着项目设计的深化逐步细化精确，分阶段渐进明细去制定合约规划是个现实可行的方法，这种方法对产品不标准、管理不太精细的房企尤为务实。

③ 合约实际调整

a. 当实际合同金额＜合约规划金额。需经办部门针对金额差距阐述原因，并对差距金额后续使用方式做出判断。具体调整方法如图 5-11 所示。

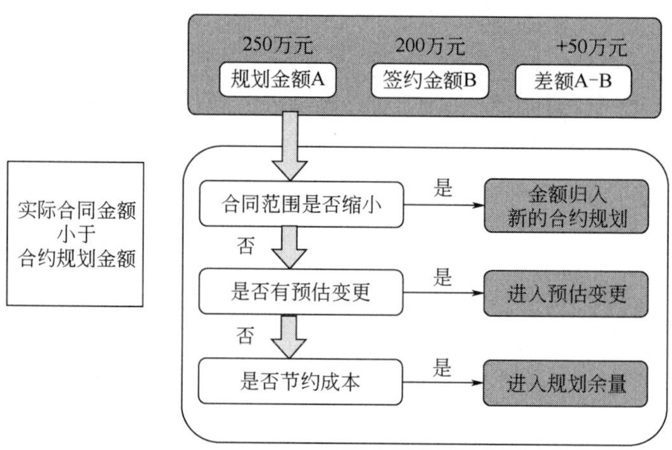

图 5-11 实际合同金额＜合约规划金额调整方法

b. 当实际合同金额＞合约规划金额。需要分析合同范围是否扩大、规划余量是否能够弥补差额。具体调整方法如图 5-12 所示。

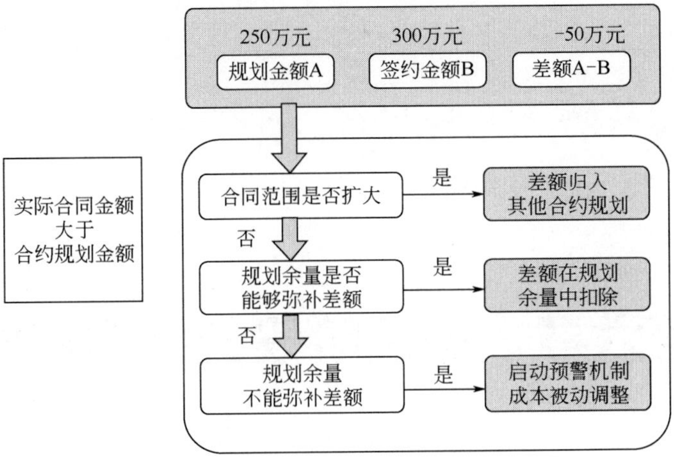

图 5-12 实际合同金额＞合约规划金额调整方法

第六章　施工阶段的成本控制

施工阶段作为房地产开发的落地环节，也是建设过程中成本控制最核心的环节，决定着项目是否会超支，是否会产生无效成本，因此，从高层领导到最相关部门，均是最懂技术的领导，均在这个环节发挥专业作用。此环节涉及的最核心部门无疑是工程部门和合约部门，提供资金支持配合的主要是财务部门。工程部门调动参建单位深入审图，严格控制设计变更和现场签证，根据现场完成进度和合同约定支付工程款项。合约部门根据审图意见、设计变更、现场签证开展成本测算，严控各专业分部分项超出目标成本，适时提醒成本预警，降低超标风险指数。以上各核心部门和配合部门所做工作均为高层领导决策提供了最有力的支撑。

施工阶段责任成本控制的要点、方法、责任部门和配合部门等详见表 6-1。

表 6-1　施工阶段责任成本控制

控制环节	控制要点	控制方法	责任部门	配合部门	评价部门
1.设计变更环节	（1）变更评估	项目前期规划、定位要全面、准确，尽量避免在施工中的重大设计调整	合约部、工程部负责计算变更费用（含可能引起的索赔）	设计部	审计部
		加强施工前的审核工作。全面考虑工程造价，对可能发生变更的地方有预见性，并予以事先约定	甲方项目代表执行修改的工期评估		
		各部门全面评估变更带来的各种变化，为审批提供参考依据	工程部成本管理员负责计算变更后的成本现状		

续表

<table>
<tr><th>控制环节</th><th>控制要点</th><th>控制方法</th><th>责任部门</th><th>配合部门</th><th>评价部门</th></tr>
<tr><td rowspan="4">1.设计变更环节</td><td rowspan="3">（2）变更的审核签认</td><td>根据变更原因将设计变更分成四类，不同类别按相应的审核签认流程进行</td><td>经办部门</td><td rowspan="3">工程部
营销部
合约部</td><td rowspan="4">审计部
审计部</td></tr>
<tr><td>设计变更通知单</td><td>发生变更项目的部门</td></tr>
<tr><td>变更必须由设计单位、设计部、项目部、监理单位和施工单位共同签字后才能有效</td><td>经办部门</td></tr>
<tr><td>（3）变更的审批</td><td>分管副总审批后方可进行变更</td><td>分管副总</td><td>工程部
合约部</td></tr>
<tr><td rowspan="6">2.施工现场签证</td><td>（1）签证的必要性</td><td>现场签证的确认应严格按照合同中所约定的条款执行</td><td rowspan="3">工程部</td><td rowspan="3">设计部
合约部</td><td rowspan="3">审计部</td></tr>
<tr><td>（2）签证的时限</td><td>现场签证确需发生，应坚持当时发生当时签证的原则</td></tr>
<tr><td>（3）签证的工程量</td><td>① 认真核对签证的工程量是否准确
② 签证的内容、原因、工程量应清楚准确、无涂改、编号准且全，并有监理工程师的签字确认</td></tr>
<tr><td rowspan="2">（4）签证的审批</td><td>施工洽商通知单</td><td>工程部</td><td rowspan="2">合约部</td><td rowspan="2">审计部</td></tr>
<tr><td>必须遵循“先洽后干”的原则。在确认签证前，应按相应审批程序报审，通过后方可正式签证</td><td>分管副总</td></tr>
<tr><td>（5）签证的反馈</td><td>对工程变更应定期进行分类汇总统计分析，并根据统计资料对控制工程变更提出改进意见</td><td>工程部</td><td>合约部</td><td>审计部</td></tr>
<tr><td rowspan="4">3.审图</td><td>（1）扩初图会审</td><td>图纸多层次会审会签及审批制度</td><td rowspan="4">设计部
工程部
合约部</td><td rowspan="4">总工办</td><td rowspan="4">审计部</td></tr>
<tr><td>（2）施工图会审</td><td>各专业互审互签制度</td></tr>
<tr><td>（3）分项分部图会审</td><td>力争在开工前把图纸中的问题修改完</td></tr>
<tr><td>（4）各专业技术图纸会审</td><td></td></tr>
<tr><td rowspan="3">4.总分包配合费</td><td>（1）分包方式</td><td>通过投标确定配合费</td><td rowspan="3">工程部</td><td rowspan="3">合约部</td><td rowspan="3">审计部</td></tr>
<tr><td>（2）分包内容</td><td rowspan="2">应避免在施工过程中修改分包方式、分包内容和范围而增加工程成本</td></tr>
<tr><td>（3）分包的责任界定</td></tr>
<tr><td rowspan="4">5.材料供应</td><td>（1）选型</td><td>施工所用各种材料的选型应在材料招标前确定</td><td>设计部</td><td>工程部
合约部</td><td rowspan="4">审计部</td></tr>
<tr><td>（2）材料供应方式</td><td>先确定材料供应方式，通过招标确定相关费用</td><td rowspan="2">工程部</td><td rowspan="3">合约部</td></tr>
<tr><td>（3）材料计划</td><td>① 限时编制材料计划
② 材料计划签认</td></tr>
<tr><td>（4）预留时间</td><td>要考虑可能出现的问题，留出相应的时间</td><td>经办部门</td></tr>
</table>

续表

控制环节	控制要点	控制方法	责任部门	配合部门	评价部门
6.工程款的支付	（1）付款进度 （2）工程进度	① 按合同约定执行付款 ② 按进度付款 ③ 多层次多角度审核工程进度	工程部甲方代表和预算员	合约部 审计部	
	（3）付款的审批	根据情况由不同级别人员最终审批	主管副总或总经理		
7.材料进场计划	（1）采购招投标及订立合同时间	根据招标文件内标准合同文本，在中标通知书发出后一个月内签订	项目部	设计部 合约部	财务部 审计部
	（2）生产周期	与工程进度相配合			
	（3）运输周期	具体与采购点远近相对应			
	（4）安装、验收周期	与工程进度相配合			
	（5）交叉作业时间	与工序安排相联系			
8.材料的性能价格比	（1）市场信息	日常搜集市场信息，建立材料市场信息库	合约部	工程部	审计部
	（2）技术参数	材料设备的技术参数由设计部确定或封样	设计部		
	（3）招投标	必须招投标的材料设备要制订招投标计划。不需招投标的材料设备，采用三家以上厂家报价选择	项目部	材设部 设计部	
9.材料款支付	（1）材料款支付方式	预付款限额控制	项目部	材设部 合约部	审计部
	（2）材料款支付进度	首次验收后付款总额进度控制			
	（3）保修款	① 保修款一般不低于合同总价的5%			
		② 依据合同中约定付款			
10.材料验收	（1）数量验收	几方共同确认货到现场数量	项目部	材设部 合约部	审计部
	（2）质量验收	① 外观质量的验收			
		②安装后质量的验收			
		③ 投入使用后的质量验收	物业公司		
11.材料保管与保修	（1）材料保管	在合同中明确货物的卸货和保管的责任承担者	项目部	工程部 设计部	审计部
	（2）材料保修	用合同的方式明确保修责任和保修期			

第一节 施工阶段成本控制要点

一、控制要点

1. 严格按合同条款执行

在实际的实施管理中，必须熟悉施工图纸和施工组织设计，熟悉合同文件，熟悉项目的允许投资和施工图预算，严格按合同条款执行。

2. 控制材料用量，合理确定材料价格

在工程项目成本控制中，材料价格的控制是主要的，材料费在工程中往往占有很大的比重，一般占预算费用的70%，占直接费的80%左右。

在签订合同时，可以在合同中约定，建设单位与承包商共同参与钢材、木材、水泥等主要材料的采购，提高透明度，既保证了工程质量、工程进度，也有利于成本的控制。在施工阶段必须严格按照合同中的材料用量控制，合理确定材料价格，从而有效地控制工程成本。

市场经济为材料的供应提供了多种渠道，而且材料品种价格繁多，建设单位预算人员及现场管理人员应密切注意市场行情，随着工程进展情况深入现场和市场，掌握第一手的施工情况及材料信息，为竣工决算提供有力的依据。

项目工程技术人员要掌握施工情况，参与隐蔽工程签证；发现原有材料单价有失实之处时，要及时校正等，为以后办理竣工结算提供有力的证据。

3. 加强现场签证审查

现场签证时，要审查签证单上现场代表及监理工程师的签名、业主是否盖章、承包商的盖章是否齐全、日期是否注明、有无涂改等。首先落实情况，判定是否增加费用，然后再审定增加多少。

办理现场签证必须具备以下四个条件：

① 与合同相比较是否已造成费用增加；

② 造成费用增加的原因不是承包商的过失；

③ 按合同规定不应由承包商承担的风险；

④ 承包商在事件发生后的规定时限内提出了书面的索赔意向通知。

符合上述条件的，均可办理签证结算，否则不予办理。

为了确保工程签证的客观、准确，要注意以下几个方面。

（1）工程签证的及时性

一道工序施工完，时间久了一些细节容易忘记，如果第二道工序又将其覆盖，客观的数据资料就难以甚至无法证实。对签证一般要求自发生之日起20天内办妥。

（2）对签证的描述要求客观、准确

对于隐蔽签证要以图纸为依据，标明被隐蔽部位、项目和工艺、质量完成情况，如果被隐蔽部位的工程量在图纸上不确定，还要求标明几何尺寸，并附上简图。

施工图以外的现场签证，必须写明时间、地点、事由、几何尺寸或原始数据，不能笼统地签注工程量和工程造价。签证发生后应根据合同规定及时处理，审核应严格执行国家定额及有关规定，经办人员不得随意变通。要加强预见性，尽量减少签证的发生。

建设单位的现场代表要督促施工方做好各种记录，特别是隐蔽工程记录和签证工作，减少结算时的扯皮现象。许多工程就是由于现场签证不严肃，给工程结算带来非常大的麻烦，导致相当大的经济损失，因此严格现场签证管理，是施工阶段控制工程造价的关键。

4. 工程索赔控制

由于业主对项目要求的修改等原因，造成施工进度变化、工程量变化等，而出现承包商向业主提出索赔。因此，为控制工程索赔的发生，应做到：

① 认真履行合同并确保工程合同得到切实执行；

② 在项目实施前做好规划，尽量减少在施工中的修改；

③ 加强沟通和协调，避免因误会等引起索赔纠纷。

5. 严格审查设计变更

按照规定，设计变更应由设计单位出具变更图纸，经监理工程师审定，报建设单位批准后下达变更令。在审查设计变更时，应首先检查手续是否齐备，然后判断该项变更是否引起承包商的经济损失。如有的变更只是钢筋型号的改变，就不存在经济问题；而有的变更是重大变更，则要进行详细核算。

对于建设单位而言，要严把变更关，将工程预算控制在概算内。在施工中引起变更的原因很多，如工程设计粗糙，使工程实际与发包时提供的图纸不符；当前市场供应的材料规格标准不符合设计要求；等等。这些问题的产生都会引起变更。所以在施工过程中，必须严把变更关，严禁通过设计变更扩大建设规模、提高设计标准、增加建设内容等，最好实行“分级控制、限额签证”的制度。

对必须发生的设计变更，尤其是涉及费用增减的设计变更，必须经设计单位代表、建设单位现场代表、监理工程师共同签字，而且应尽量提前实现这类变更，减少损失，因为已完成或部分完成的工程内容还需拆除，势必造成重大变更损失。为此，建设单位应指派工程造价管理专业人员常驻施工现场，随时掌握、控制工程造价的变化情况。

6. 技术与经济结合，加强投资控制

在项目实施过程中，要想确保切实有效的投资控制，必须从组织、技术、经济、合同等多方面采取措施。建设单位必须加强现场管理人员、工程技术人员的

“经济”观念、素质教育，培养实事求是的办事作风，协助施工方搞好施工组织设计，合理安排人、财、物，加快施工速度，提高工程质量。

施工中遇到问题应及时与设计方联系，选择既科学又经济可行的解决方案，克服盲目指挥造成的浪费，充分重视节约投资的重要性，特别是负责项目的工程技术员应与经济人员相结合，从工程招标、合同谈判、造价预算、签付进度款到竣工决算、造价分析等，实行全过程管理，严格控制工程造价。

二、外部的环境因素

近年来招投标方法的改变，国家规定的劳动定额、材料消耗定额的调整，都可能增加施工阶段的成本。安全文明施工增加费用，远未能满足建设工程施工现场管理规定的实际发生费用的要求。国家环保条例日趋完善，施工阶段成本还受到环保条例的制约。另外施工过程还受自然条件的干扰，如气候、地基、地下水等不利因素都直接或间接地影响成本。

第二节　施工阶段成本控制流程图

一、材料、设备控制流程图

材料、设备控制流程图见图 6-1。

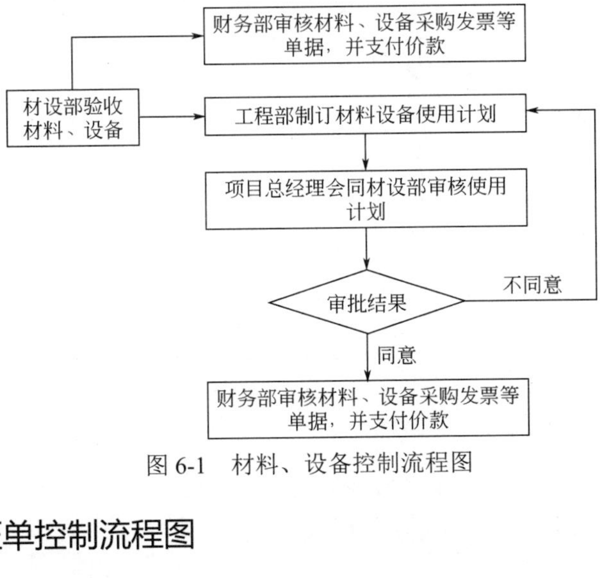

图 6-1　材料、设备控制流程图

二、签证单控制流程图

签证单控制流程图见图 6-2。

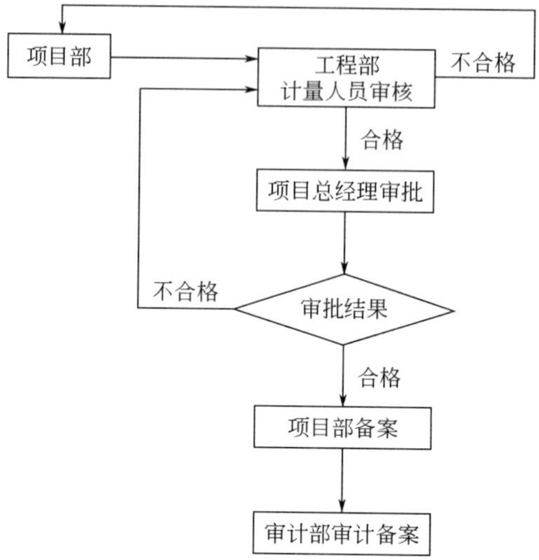

图 6-2　签证单控制流程图

三、工程进度款支付流程图

工程进度款支付流程图见图 6-3。

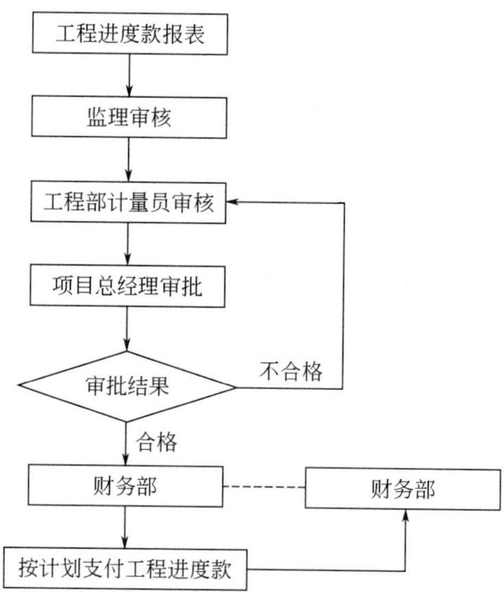

图 6-3　工程进度款支付流程图

四、施工阶段成本控制总流程图

施工阶段成本控制总流程图见图 6-4。

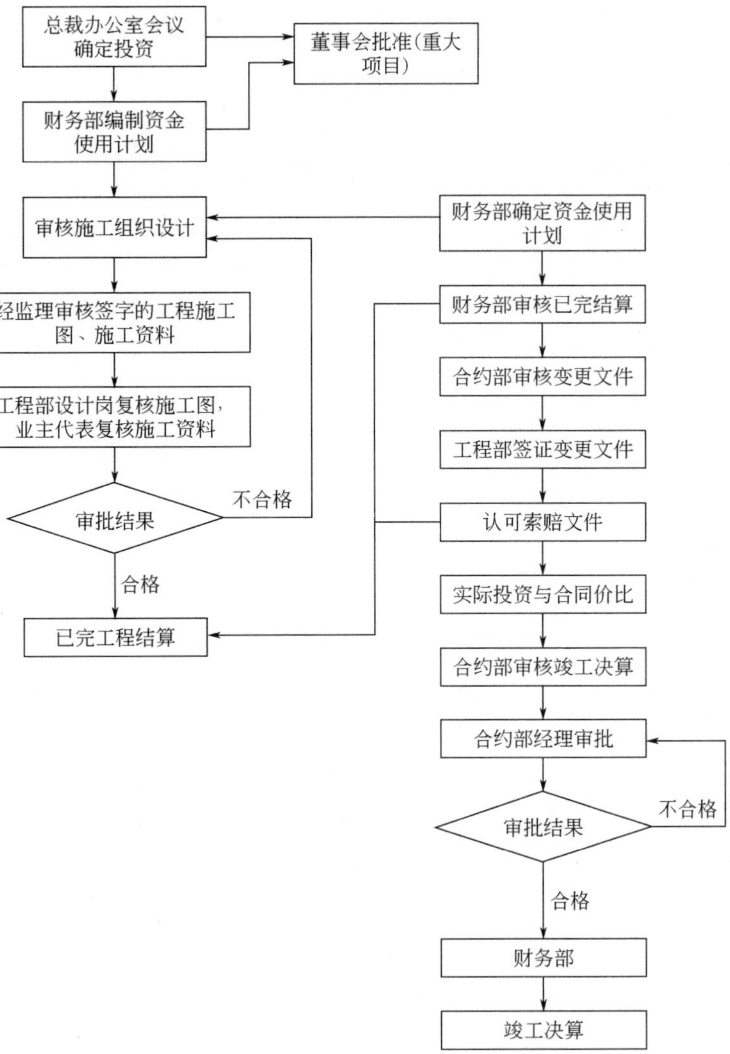

图 6-4　施工阶段成本控制总流程图

第三节　施工阶段成本控制相关部门职责

一、公司副总经理

负责整个项目的全程控制（人员、成本等控制）。

二、项目公司

协助公司副总经理对整个项目施工阶段的成本实施控制，负责信息的上传下达。项目总经理对项目的成本、质量、进度承担全部责任。

三、工程部

① 负责设计方和施工方的协调，尽可能将变更成本控制在业主可以容忍的限度内。

② 工程部应健全内部审核机制，实行项目总经理负责制，工程部负责具体执行。

四、合约部

① 负责合同执行的监督、控制，索赔的控制，合同的管理、核对和登记。

② 负责动态成本的统计监控、预警、强控。

五、材设部

① 控制材料、设备使用量和单价，材料采购、收发、核对、保管。

② 负责材料设备的订货。每个工程主体一开工，应及时提出材料设备的采购单，经多方询价后，提出若干具体的订货方案，由预算部、财务部审核后，报招标小组审定。

六、财务部

① 负责项目财务计划和资金使用计划的编制，对项目的融资、资产运营等提出对策，同时负责对外提供可公开财务报表和其他财务信息。

② 财务部按付款程序及有关工程合同控制拨付工程备料款、进度款。

③ 财务部应逐月向总经理提供各个工程项目的目标成本执行情况表，并将超过或可能超过目标成本的细目，及时反馈给有关部门。这就要求财务部在核算工程成本时，应将“成本评估”的细目设置成明细科目。

④ 财务部按审定的订货计划安排资金。

第四节　施工阶段成本控制主要相关人员职责

一、公司副总经理职责

负责整个项目的全程控制（人员、成本等控制）。

二、项目公司

1. 项目总经理职责

① 控制工程进度、质量、成本，实现项目利润最大化。

② 监督检查施工、安装质量，组织完成规定的工程中间验收、专项验收、竣工验收及备案归档工作。

③ 制订工程进度计划及保证措施，会同合约部审核施工单位当月完成量。

④ 负责隐蔽工程的检查验收和经济技术签证。

⑤ 参与图纸会审和重大设计变更，配合工程技术重要问题的解决和协调。

⑥ 参与材料设备的选用工作。

⑦ 配合招投标及工程合同的谈判工作。

⑧ 督促检查房屋，移交物管公司。

2. 工程技术主管

① 与设计院沟通、协调，进行楼盘结构、室内外效果等建筑设计和把握。

② 把握市场要求，确定项目户型、外观、室内装修等风格、层次的定位。

③ 配合报审工作，参与报审图纸会审和重大设计变更。

④ 密切联系设计院，在确保质量安全的前提下，尽可能优化设计方案，达到节约成本的目的。

三、工程部

1. 工程师（协调）

根据业主需要和工程实际，对工程或某些部分作出变更指示；处理施工中可能出现的技术问题。

2. 计量员

负责工程的预算、结算，现场计量的控制和确认。

3. 一般技术人员

① 应认真记好施工日记，对进场材料设备的品牌、质量、数量等要认真审核，并对施工进度和完成的工作量等重大事项按日记录在案。

② 协助工程师处理在工程中出现的技术等问题。

四、合约部

1. 合约部经理

① 确定合理工程造价，控制建设动态成本，确保目标成本。

② 确保工程合同的完整性、合理性。

③ 建立健全市场信息库，收集、调查、预测建筑市场相应信息，及时综合上报以供领导决策。

④ 负责工程合同、招标文件的编制、修订及解释工作，并组织施工合同的谈判、签订及争议纠纷的处理。

⑤ 管理控制工程项目动态成本，审核工程造价及预算外验方用工签证资料，根据目标成本预警及时调整规划余量。

⑥ 审核在建工程月产值报表及工程款项。

⑦ 组织召开公司预算专业工作会议，负责各级预算人员的培训工作。

⑧ 按公司档案管理要求，收集、整理、归档合同、招标文件、预（结）算资料。

2. 合同预（结）算工程师

① 确定工程造价。

② 控制建设动态成本，调整规划余量。

③ 对工程项目造价的组成进行分析和价格监测，参与工程造价的确定和控制。

④ 对实物进行计量，编制工程控制价（标底），审核工程预算和办理工程结算。

⑤ 控制工程成本，及时准确地完成工程动态成本的预测和计算。

⑥ 协助现场代表审核工程补充项目及现场收方。

⑦ 收集、掌握工程造价相关信息及资料，及时向领导提供决策依据。

五、材设部

1. 材设部经理

① 严格执行集团材设部材料管理细则，严格合理控制材料成本，实现材料的使用率和利润最大化。

② 建筑材料行业信息的收集和储备。

③ 根据项目进度需求，制订采购、甲供材料的计划。

④ 根据项目需求，搞好物资的平衡和供应。

⑤ 监督材料的使用，对材料设备在工程中使用情况进行跟踪管理。

⑥ 全面控制项目材料的质量、数量和费用，降低消耗，做好到场材料的符合性检查。

⑦ 参加加工订货和设备订货价格的评定及考察。

⑧ 负责下属的具体工作，对甲供材料账目和调拨手续要做到日清月结。

⑨ 及时清仓查库，最大限度减少库存，随时对库存都做到心中有数。

2. 材设部主管

① 合理控制材料成本，保证利润最大化。

② 制定物资流通和管理的各项规章制度，并贯彻实施。

③ 建筑材料行业信息的收集和储备。

④ 根据项目进度需求，制订材料采购、招标计划。

3. 材料员

① 合理控制材料成本，保证利润最大化。

② 广泛收集建筑材料资料，扩大信息范围。

③ 严格按物资采购计划及权限采购项目所需物资。

④ 负责材料出入库登记等文件的归档。

⑤ 具体承办甲供材料的调拨、建立台账、资料清理等工作。

六、财务部

1. 财务经理

① 管理公司财务账目，确保账目清晰及财务工作规范化。

② 根据公司发展战略和整体财务发展规划，制订部门年度财务计划，并提供相关资料和信息支持。

③ 根据年度财务计划，协调预决算、现金流量、税务关系等，并监督公司财务运营。

④ 按期进行税务的缴纳及税收管理，保证公司经营合法化，提供董事会需要的相关财务资料。

⑤ 综合运用各项资金，并权衡资金需求，保证财务计划顺利实施。

⑥ 按规定时限组织月、季及年终会计核算，编写年度报告及经济活动分析。

⑦ 定期或不定期检查备用金库存情况，严格执行现金使用规定。

⑧ 督促财务人员认真学习并严格执行各项财务会计法规，提高业务技能。

⑨ 妥善保管公司有关财务文件、资料、合同等。

⑩ 恪守公司财务机密。

2. 成本会计人员

① 及时做好各种账务、成本核算，为公司提供经营决策资料。

② 及时做好各种成本费用的归集、分配，进行成本核算，对部门及时成本核

算工作的完成负责。

③ 对公司各个项目、产品等进行成本核算，编制项目成本计划，提供有关的成本资料。

④ 按照公司成本核算管理要求，确定各类成本定额、标准，并协助实施。

⑤ 核查各部门执行成本计划情况，并就出现问题及时提出自己的建议上报。

⑥ 掌握先进的成本管理和核算方法，提出降低成本的控制措施和建议。

⑦ 做好相关成本资料的整理、归档工作。

⑧ 熟悉掌握会计成本核算、电算化，提高核算速度。

⑨ 具体负责编制公司月、季、年度成本会计报表、成本分析及附注说明。

3. 财务会计

① 按照公司财会制度，负责公司各种核算和其他业务的工作。

② 根据会计制度规定，进行财务核算。

③ 负责固定资产的会计明细核算工作，建立固定资产辅助明细账，及时办理新增固定资产记账登记手续。

④ 负责公司各项债权、债务的清理结算工作。

⑤ 与集团及各子公司往来账的核对。

⑥ 负责公司税金的计算、申报和缴纳工作，协助有关部门开展财务审计和年检。

第五节 施工阶段标杆企业成本控制建议

一、成本控制建议

施工阶段成本控制是动态成本发生的主要阶段，成本控制的关键是做好目标成本预警，通过规划余量的合理调配来确保目标成本不被突破，因此，做好该阶段的成本控制至关重要。现拟对该阶段成本控制提出如下几点建议。

① 推行成本控制责任制和全员参与的制度，对施工阶段成本控制各关键节点重点关注。

② 深入挖掘成本节约的潜力，在保证质量和工期的前提下，尽可能降低成本。

③ 在项目中引入有利于降低成本的新方法、新工艺和新材料。

④ 列出分层、分构件的与预算相对应的开工工程量明细，在工程达到一定形象进度时，结合开工工程量明细，组合成形象进度工程量。将形象进度工程量与

实际计算完成工程量进行比较，根据完成的实际工程量调整预算，使形象进度工程量的估算更加合理。

⑤ 另外，在支付工程进度款时，应考虑付款时间价值对工程成本的影响。同时在支付时应注意备料款等款项的扣除。

⑥ 不论是隐蔽工程还是非隐蔽工程，对合格工程量的签认，不应等到月末集中签认，而应该在月中分次签认，避免因为工程量大等原因，造成合格工程量签认草率。

二、施工阶段成本关注重点

1. 施工组织设计

① 脚手架是否挑空、如何与看楼通道配合。

② 塔吊数量及位置对工期的影响。

2. 专业施工方案

① 边坡支护方案。

② 自然放坡方案难度＜土钉墙喷锚方案难度＜钻孔灌注桩护坡方案难度。

③ 桩基施工方案。

3. 现场签证管理

① 量价分离，随做随签，月清月结。

② 明确签证发生原因及责任。

4. 材料样品认证制度和现场封样制度的制定

5. 进度标杆楼+样板间先行

先做进度标杆楼栋，并做交楼样板间，研究达到效果后，再大面积推广，避免返工，保证工期，降低成本。

6. 目标成本动态监控

动态成本=已发生合同金额+已核定签证结算金额+预估变更+待发生合同结算金额

7. 月度资金计划

月度资金计划是成本实际支付的控制前提，哪些先给哪些暂缓，既确保不影响开发进度，又不产生资金成本和延迟付款被索赔利息的无效成本。

三、成本项目控制关键点

1. 主体建筑工程费

主体建筑工程费是指项目开发过程中发生的主体内列入土建预算内的各项费

用。主要包括以下几部分。

（1）基础造价

包括土石方、桩基、护壁（坡）工程费，基础处理费，桩基咨询及检测费，降水费。

（2）结构及粗装修造价

主要包括混凝土框架（含独立柱基和条基等浅基础）、砌体、找平及抹灰、防水、垂直运输、脚手架、超高补贴、散水、沉降缝、伸缩缝、底层花园砌体（高层建筑的裙楼有架空层，原则上架空层结构列入裙楼，转换层结构并入塔楼）。

（3）门窗工程费

主要包括单元门、入户门、户内门、外墙门窗、防火门的费用。

（4）公共部位精装修费

主要包括大堂、电梯厅、楼梯间、屋面、外立面及雨篷的精装修费用。

（5）户内精装修费

主要包括厨房、卫生间、厅房、阳台、露台的精装修费用。

2. 主体安装工程费

（1）室内水暖气电管线设备费

① 室内给排水系统费（自来水/排水/直饮水/热水）。

② 室内采暖系统费（地板热/电热膜/分户燃气炉/管道系统/暖气片）。

③ 室内燃气系统费。

④ 室内电气工程费：包括楼栋及单元配电箱、电表箱、户内配电箱、管线敷设、灯具、开关插座、弱电工程管盒预埋。

（2）室内设备及其安装费

① 通风空调系统费：包括空调设备及安装费用、空调管道及通风系统费用。

② 电梯及其安装费。

③ 发电机及其安装费：包括发电机供货、安装、机房降噪费。

④ 消防系统费：包括水消防、电消防、气体灭火、防排烟工程费。

⑤ 人防设备及安装费：包括密闭门、气体过滤装置等。

（3）弱电系统费

① 居家防盗系统费用：包括阳台及室内红外探测防盗、门磁、紧急按钮等。

② 对讲系统费用：包括可视及非可视对讲系统费用。

③ 三表远传系统费用：包括水、电、气远程抄表系统费用。

④ 有线电视费用：包括有线电视、卫星电视主体内外布线及终端插座费用。

⑤ 电话系统费用：包括主体内外布线及终端插座费用。

⑥ 宽带网费用：包括主体内外布线及终端插座费用。

3. 社区管网工程费（基础设施费）

（1）室外给排水系统费

① 室外给水系统费：主要包括小区内给水管道、检查井、水泵房设备及外接的消火栓等费用。

② 雨污水系统费用。

（2）室外采暖系统费

主要包括管道系统、热交换站、锅炉房费用。

（3）室外燃气系统费

主要包括管道系统、调压站费用。

（4）室外电气及高低压设备费

① 高低压配电设备及安装：包括红线到配电房的高压线、高压柜、变压器、低压柜及箱式变压设备费用。

② 室外强电管道及电缆敷设：室外强电总平线路部分费用。

③ 室外弱电管道埋设：包括用于电视、电话、宽带网、智能化布线的管道预埋、检查井等费用。

（5）室外智能化系统费

① 停车管理系统费用：包括露天停车场管理系统、地下室或架空层停车场管理系统的费用。

② 小区闭路监控系统费用：包括摄像头、显示屏及电气系统安装等费用。

③ 周界红外防越系统费用：红外对扫等。

④ 小区门禁系统费用。

⑤ 电子巡更系统费用。

⑥ 电子公告屏费用。

4. 园林环境工程费（基础设施费）

指项目所发生的园林环境造价，主要包括以下几部分。

（1）绿化建设费

包括公共绿化、组团宅间绿化、一楼私家花园、小区周边绿化支出。

（2）建筑小品

雕塑、水景、环廊、假山等。

（3）道路、广场建造费

道路广场铺设、开设路口工程及补偿费等。

（4）围墙建造费

包括永久性围墙、围栏及大门。

（5）室外照明

室外照明电气工程，如路灯、草坪灯。

（6）室外背景音乐

（7）室外零星设施

儿童游乐设施、指示牌、标识牌、示意图、垃圾桶、座椅、阳伞等。

5. 配套设施费（公共配套设施费）

配套设施费指房屋开发过程中，根据有关法规，产权及收益权不属于开发商，开发商不能有偿转让也不能转作自留固定资产的公共配套设施支出。主要包括以下几类。

① 在开发小区内发生的不会产生经营收入的不可经营性公共配套设施支出，包括居委会、派出所、岗亭、儿童乐园、自行车棚等。

② 在开发小区内发生的根据法规或经营惯例，其经营收入归于经营者或业委会的可经营性公共配套设施的支出，如建造幼托、邮局、图书馆、阅览室、健身房、游泳池、球场等设施的支出。

③ 开发小区内城市规划中规定的大配套设施项目不能有偿转让和取得经营收益权时，发生的没有投资来源的费用。

④ 对于产权、收入归属情况较为复杂的地下室、车位等设施，应根据当地政府法规、开发商的销售承诺等具体情况确定是否摊入成本项目。如开发商通过补交地价或人防工程费等措施，得到政府部门认可，取得了该配套设施的产权，则应作为经营性项目独立核算。该成本项目下按各项配套设施设立明细科目进行核算，如：

① 游泳池：土建、设备、设施。

② 业主会所：设计、装修、资产购置、单体会所结构。

③ 幼儿园：建造成本及配套资产购置。

④ 学校：建造成本及配套资产购置。

⑤ 球场。

⑥ 设备用房：配电房、水泵房土建及装修。

⑦ 车站建造费：土建、设备、各项设施。

四、某标杆房企成本控制关键指标实例

1. 前期工程

一般情况，按建筑面积计算，单方造价在 20～50 元/m^2。场地的现状直接决定它的成本水平。比如，如果存在“场地土方工程”这一项的话，例如坡地项目，或未能进行“三通一平”交地的项目，其造价水平就高。越是边远地区，因其配套设施不齐全，需要施工的项目多，数量大，造价也相应地高于市区项目。

（1）场地土方工程

目前很多项目自然高低于市政标高，都需要大量回填土方，造价不低。

（2）围墙

曾经有个项目的临时围墙分判花掉三个月的时间，原因就是设计对于围墙的方案迟迟未定，反复修改。临时围墙标准化可以节省很多无谓的时间损耗。在围墙设计上要注意经济性，围墙主要功用还是围护且是临时性的，局部需要营销包装，不要过于奢侈。

还有一种情况，对于地块较大的项目，需要分期建设，但是首期安排在地块中间，远离市政交通道路。为了展示和销售需要，在没有整个地块的道路交通系统设计的情况下，必然要兴建一定数量的临时道路、临时围墙、临时绿化等设施，花费相当大。这是不可取的。

2. 基础工程

对于桩基工程，以总建筑面积为单位计算，目前的造价水平是 80～120 元/m^2。对于非桩基工程，暂时找不到规律（具体体现在建筑面积上），关联性较小。以建筑物基底计算的桩基础工程，其造价为 600～800 元/m^2。

（1）地基处理

这项费用完全与场地的地质条件有关。比如佛山地区地下溶洞较多，处理起来花费大、耗时长。相对来说，换土之后如果能利用天然地基，是相当节省的，但是，这种方案具有明显的地区特征，不是每个城市都可以效仿的。

（2）桩基础

它的造价水平与桩的种类有关。而桩的种类在多数情况下，又是无法替换的，因而也显示出刚性。比如对于人工挖孔桩和高强度管桩之间的选择，如果因为地基软弱导致桩设计很长，那是不便选用人工挖孔桩的，在工期和经济上都没有优势。除桩型之外，桩的长度是影响造价的重要原因，而桩长又与地质条件直接相关。在某些情况下，抗拔桩可以用锚杆来代替，经济性显著。

在桩基础工程施工中，需注意桩机数量、打桩顺序与桩长记录，尤其是桩长记录。端承桩都是按实结算，结算的数量依据全是靠现场的桩长记录汇总而来，不能仅依靠监理去验收。

桩基础工程，其造价上有相当的弹性，需要做专门的优化处理。曾经某个项目的别墅桩基础工程的造价超过 400 元/m^2，究其原因是桩数太密，承载力太高。其实完全可以减少桩数量而用一块较厚的“板”来作为上部柱子的支撑体。

（3）非桩基础

如果能够避免独立的筏板基础的话，基础工程的造价将会明显地降低，比如让筏板同时兼做地下室的底板。如果仅有筏板而无地下室的话，那筏板就可惜了。对于低楼层建筑使用独立柱基是很经济的。

3. 地下室

地下室工程的造价，一般是 2200～3000 元/m^2。目前有不少地区的地下室造价已经达到 4000 元/m^2 的水平了，非常可怕！影响地下室造价的因素很多。

（1）地下室面积

单个地下室的面积越小，整体造价水平就越高，因为它分摊了四周的墙体，所以多栋高层建筑，其下面的地下室如果是连成一片的话，相对来说，就很经济；而如果每一栋的下面都有一个独立的地下室，而每个地下室又相互连通，那么多个地下室的造价水平肯定要高于一个地下室。

（2）地下室的层数

地下室的层数多一些，比如 2～3 层，其经济性会比只有一层要好，因为底板和顶板这些造价高昂的构件费用将会被分摊。在场地开阔、无不良地质的条件下，多层地下室其经济性优于单层地下室。

（3）设计的经济性

具体体现在钢筋和混凝土的用量指标上，也是地下室建造成本控制的核心。目前的水平是钢筋 120～180kg/m^2，甚至更多；混凝土是 1.0m^3/m^2 以上，影响混凝土用量的是底板厚度。有 500mm 厚的，也有 1000mm 厚的。当然跟层数也有关系，层数多，摊销下来的指标就很低。

（4）顶板覆土

这个因素影响很大，建议控制覆土厚度，在地下室顶板部位不要安排消防通道和大型苗木。

（5）基坑支护

涉及经济性，在能够保证安全的情况下，尽量优化方案，追求最大的经济性。

安全性必须要由施工单位来承诺，否则将来会面临被索赔的问题。

（6）土方工程

对于土方工程量较大的项目分期，需考虑到开挖土方的可利用性。对于开挖出来的土方，尽量用于本期或该项目的前期回填；仍需外运的土方，尽可能回填，“变废为宝”，减少工程造价。

（7）地下室的豪华程度

豪华的表现集中在地面处理上，其次是墙面的处理。地面是不是一定要做一层专用油漆或硬化面层，要视项目档次而定，建议高档楼盘才考虑面层处理。

（8）人防工程

人防工程影响造价较为明显，但因为具体的表现形式是在结构工程上，所以无法拆分出造价水平。一般来说，只设计外防水，防水层不准做两道，如果怕漏则从施工管理上找原因，而不准通过额外花费来补管理上的漏洞。

（9）地下室设计优化

① 方柱比圆柱便宜。涉及模板、抹灰等工序，每平方米的模板和抹灰至少节省 10 元，甚至 15 元。

墙柱面在用涂料时，可以考虑将腻子工序省略，只刷涂料。当然，地下室的涂料选用一般档次的产品就行。

② 天花板不要抹灰，直接做涂料（有些地区天花板不抹灰也不刷涂料）。天花板因为有大量的梁，所以抹灰面积一般是建筑面积的 1.2 倍以上，遇有顶板覆土时，因为梁需要加高，天花板面积甚至会达到建筑面积的 1.5 倍。每平方米的抹灰造价按 12 元计算，对于 $10000m^2$ 的地下室，如果天花板抹灰面积是 $15000m^2$，仅此一项就可以节省 18 万元。

③ 少设计几盏灯。灯火通明是浪费。

④ 如果能做成自然通风的地下室，那么在机电工程上将会节省相当多的费用。比如各种风管和风机就可以省掉。另外，能使用中压的通风管就不要用高压的，因为这两种情况下使用的板厚相差较大。

⑤ 地下室的机电工程在设计上需要注意以下几点。

a.做好管线综合平衡，防止不必要的设计变更和现场修改，以致造成浪费。

b.对于电气部分，有条件的机电图纸最好能和电力设计院的外电设计相匹配（至少需要机电设计单位了解电力设计院当地做法），这样能防止两者之间的差异较大，而使机电成本无法控制。

c.合理设置水泵房、消防等控制中心位置，以最适合的位置减少各管路长度。

d.合理选用各管材：预埋的电线管用 PVC 管，从桥架接至末端设备的管段用镀锌电线管（当地有强制规定的除外）；给排水的管材也是，UPVC 排水管不需要用加厚的就不要用加厚的；消火栓和喷淋给水管能用国标镀锌钢管的就不要使用加厚镀锌钢管；等等。

4. 地面以上建筑

以住宅楼的单体造价为例，2020 年一般是 1900～2200 元/m^2（不含户内装饰），比 2016 年平均水平高出 200～300 元/m^2。

从物业类型上看，小高层与高层、超高层的造价差别并不大，这一点，可能颠覆了大家的常识。我们现在的住宅设计都是要求不露梁不露柱，所以在结构上基本都是框剪体系，而与层数无关，所以在钢筋和混凝土的含量上相异不明显；但是对于别墅这类低层建筑来说，就完全没有必要设计“剪力”或“短肢”了，太浪费！而带电梯的住宅比不带电梯的住宅造价高 50 元/m^2。

（1）建筑工程

此处的建筑工程，已经剥离了外立面装饰、外墙保温、防水等项目，所以，影响造价水平的因素集中在设计的经济性上，即钢筋和混凝土的用量，以及屋面造型。

影响钢筋和混凝土用量指标的，还有一个隐性的因素，即“赠送面积”。如果有“赠送面积”，应说明赠送的部位和面积数量，以便于判断成本本身的合理性。目前的水平，钢筋 45～60kg/m^2，混凝土 0.35～0.45m^3/m^2，钢筋的施工单价为 5.50～6.00 元/kg，每节约 5kg 的钢筋，就可以节省成本约 30 元/m^2。C30 混凝土的价格约为 350 元/m^3，每节约 0.1m^3/m^2 混凝土的用量，也可以省 35 元/m^2。屋顶造型影响单方造价水平明显，越是层数少的建筑物，分摊的成本越高。

（2）防水工程

此项分摊至地上建筑面积一般为 20～30 元/m^2（仅厨卫与屋面）。外墙不一定要做防水，有些地区外墙全部做防水，造价增加至少 40 元/m^2。

（3）入户门工程

如果是木质入户门，其造价与木材的种类有关。另外，装饰性的边条，如果是整块木料加工而成，造价昂贵，相反如果是多块木片叠合而成，则相对便宜。这一项费用刚性明显，一般均价在 2000～3000 元/樘，高档一点的在 5000 元/樘左右，有的联排别墅项目甚至达到 3 万元/樘。

（4）外立面门窗工程

这一项刚性和弹性都很明显。目前，外立面的门窗与建筑面积（仅限所在楼层）之比，即“窗积比”为 0.25～0.3（北方一般在 0.25 左右），尽量控制在 0.25。

影响门窗造价的主要是门窗的功能。比如隔热、双玻、较好的五金件、玻璃的种类，如果门窗用后装法施工，将出现附框的费用，相当于每平方米建筑面积增加造价 10～15 元。

铝门窗的替代品，仅塑钢一种，虽然其具有良好的隔热性，但塑钢的档次明显低于铝门窗。所以，在铝门窗工程上，只能从其档次上注意节约，比如内开内倒形式的门窗造价是普通的 3 倍（以 350 元/m^2 为基数）。若以 0.3 的窗积比计算，相当于地上物业的造价将增加 210 元/m^2（以地上建筑面积计）；若按可售，增加的造价将会更高。

（5）保温工程

保温工程属于地方性工程，与地区气候条件有关。目前以 50～110mm 苯板保温为主，华东地区是采用内外两道保温砂浆。总地来讲，以建筑面积计算的造价在 80～100 元/m^2。

（6）外立面装饰

这是影响建筑物单体造价水平的又一个重要因素。

① 外立面装饰面积与建筑面积之比，通常称为“墙积比”，普遍的数字是 1～1.3；对于联排别墅或独栋别墅来讲，墙积比目前大部分在 1.8～2.1 之间，甚至更高。在设计上，控制外立面的层次将会大大地降低墙积比。

② 装饰的档次，主要体现在用料上。以面砖为例，集中采购的普通档次的面砖是 22 元/m^2，面砖施工的单价为 45 元/m^2，那么外立面的造价是 67 元/m^2，按墙积比 1.2 折算成建筑面积，其造价是 80.40 元/m^2。如果墙积比提高到 1.4，则增加造价 13.4 元/m^2。如果要用较好的外墙砖，材料价格估计是 50 元/m^2，相当于增加造价 33.6 元/m^2。如果用涂料，目前来说，30 元/m^2 的造价就可以采用较好的合资产品。

设计选型的时候应注意，能用国产就不用进口。目前来看，高档的联排别墅整项造价以地上建筑面积计约 350 元/m^2 以下，小高层、高层物业的外立面装饰造价在 110 元/m^2 左右，高档的在 160 元/m^2 左右。

（7）大堂装饰

豪华装饰，一个需要 50 万元；普通装饰，一个只需要不到 5 万元。目前《限额审批意见》中提到的档次标准是 3500 元/m^2、2500 元/m^2、1500 元/m^2，此项的单方指标受层数的影响较大，但一般在 10～20 元/m^2，最高不超过 25 元/m^2。

（8）公共部位装饰

主要是电梯厅。装饰标准一般是地面和墙面使用抛光砖，或者加配一些石材装饰线条。电梯门套用普通石材。造价水平是 50～60 元/m^2 建筑面积。以公共部位的面积来计，造价水平约为 980 元/m^2，设计时尽量减少公共部分空间。对于中低档项目，在选材上，一定要选小规格产品，这样比较经济。另外就是取消石材点缀，比如踢脚线、波打线等。

（9）机电系统工程

对于毛坯住宅来说，造价显得刚性，合计约为 200 元/m^2 以下，不包括特殊地区的采暖、中水等系统。对于给排水系统的优化：一是管材的材质，比如排水系统要选用 UPVC，而不是金属管材，上水管道要选用普通材质而不是昂贵的新产品；二是系统的功能要讲究，比如不要选用造价昂贵的同层排水。

（10）安防工程

造价有相当的弹性。主要表现在功能上，尽量不要用噱头一类的功能。另外一点就是可视对讲显示器选用的是黑白的还是彩色的，彩色的要贵一倍多。

（11）电梯工程

其造价高低，一是功能，太多的功能没有必要；另外一点是选配的标准，比如层门是用不锈钢还是普通的喷漆钢板。还有一点要注意，不要盲目地去追新产品。新产品普遍存在功能不稳定、价格高、维修运营费用高的特点。

电梯工程的单方造价的高低，与其所服务的面积直接相关，对于一个 10 层左右的小高层来说，如果是一梯两户，其电梯摊销的成本非常高，如果是一梯三户或四户，则成本下降很多。目前对于 100m 高层住宅来说，电梯造价 50 元/m^2 是正常的。

（12）建筑物的泛光照明工程

安装在屋顶上的灯光，每栋 5 万元造价是适当的，普通的项目不需要设置泛光照明。

（13）配套设施

控制的标准是学校 1600 元/m^2 全包，会所 3500～4000 元/m^2 全包（含建造与装修）。

（14）配套工程

可优化的项目是变配电工程，主要体现在设计上，以 kV·A 为指标，每一单位的成本是 2000 元/(kV·A) 左右。但是，其造价水平，又与地方政策有关，可注意以下几点。

① 高低压柜和元器件在品牌和厂家选择上很重要，能用合资的就不用进口的，能用国产的就不用合资的。

② 对于电缆，能用四芯满足要求的就不要用五芯电缆（包括插接母线），能用阻燃的就不要用耐火的，这个存在很大的造价差异。

③ 对于面积很大的地库，将发电机房分成多个发电机低压房，虽然增加了低压柜，但总造价要减少很多。

④ 室外管网工程需要在分判的时候划分好合同范围，对于室外工程的土石方开挖与回填，分判给一家单位去做。

（15）室外工程

主要包括两方面，一是景观工程，二是小区围墙工程。

景观工程，是现代地产行业的一张王牌。目前室外工程的造价水平，一般控制在 100～120 元/m^2 建筑面积，以空地面积来计，整个室外工程的造价水平是 400～500 元/m^2。在个别项目占地小，空地面积也小的情况下，室外工程造价略高，可能在 550～750 元/m^2。

① 控制景观工程造价

a.软的多，硬的少：软景与硬景的比例，要尽量偏于软景。硬景太多，除了造价昂贵之外，也脱离不了给人造成“石造森林”的印象。

b.普通的多，名贵的少：对于植物，品种和规格的价格差异非常大。一棵海枣要几万甚至 10 万，而一棵本地的榕树或樟树，估计就是 3000～5000 元，相差十倍。

c.控制水景：水景造价昂贵，运营费用高，既耗电又耗水，后期如果不能经常使用，就变成摆设了。

② 小区围墙工程　要注意尽量减少用料，镂空多一些，灯光少一些。此外就是注意门楼。门楼也可以说是无底洞，一个门楼花 100 多万，并不罕见。

五、施工阶段设计变更签证控制关键点

1. 加强工程技术签证管理

这是业主与承包商对某一施工环节技术要求或具体施工方法进行联系确定的一种方式（包括技术联系单），是施工组织设计方案的具体化和有效补充，因其有时涉及的价款数额较大，故不可忽视。

对一些重大施工组织设计方案、技术措施的临时修改，应征求设计人员、业主、监理的意见，必要时应组织相关人员进行论证，使之尽可能地安全、适用和经济。

2. 加强工程经济签证管理

指在工程施工期间由于场地变化、业主要求、环境变化等可能造成工程实际造价与合同造价产生差额的各类签证，主要包括业主违约、非承包商引起的工程变更及工程环境变化、合同缺陷等。

因其涉及面广，项目繁多复杂，要切实把握好有关定额、文件及合同条款规

定，尤其要严格控制签证范围，确保签证内容符合国家法律法规、招标文件及施工承包合同的有关规定。另外，签证一定要扣除可回收废料的价值。

3. 加强建筑材料单价的签证管理

价格签证要符合招标文件和市场行情。价格签证的依据：首先是不得超过投标单位中标造价所规定的同类材料价格；其次要以当地工程造价管理部门和物价管理部门发布的材料信息价格为参考，充分进行市场调研、网上询价，通过集体研究、透明决策，确保签证材料物美价廉。签证时应将材料名称、规格、品种、质量、数量、产地、单价内涵、供料方式、时间、地点等表述清楚。

4. 加强工期签证管理

工期签证一方面涉及工期，另一方面涉及费用，而且今后如需赶工还需赶工措施费，所以签证应格外慎重，要严格审核。工期签证要根据施工进度计划，判断是否在关键线路上，是否影响总工期。

其中涉及的机械闲置费应按折旧费签证，而不是台班费；人工窝工费按人工降效费签证（因可以安排其他工作）。

5. 减少设计变更类签证（这是现场签证的大头）

① 确定设计思路、理念。

② 选择优秀的设计团队，减少不必要的错、漏、碰。

③ 甲方的要求尽量在设计任务书中及设计前交底清楚，避免修改过多引起不统一、误差增多。

④ 甲乙方加强审图力量，避免返工。

⑤ 营销口、物业口的要求尽量早提、早解决。

⑥ 对于二次设计（如精装修等）尽量提前，以减少修改返工。

⑦ 设计师应懂施工要求，避免设计意图无法实现引起变更。

⑧ 设计优化应有一定提前量，避免影响施工计划。

6. 减少现场条件变化引起的签证

① 地质勘探应详细，尽量探明地质条件。

② 合同要考虑现场的实际情况，有关场地平整，拆除原有建筑物、构筑物等的措施费包干。

③ 周边关系应协调好，为施工创造良好的环境。

7. 减少甲方管理不善引起的签证（项目部签证管理重点）

① 合理安排项目计划，避免场地移交或工作面移交滞后。

② 合理安排施工工序。

③ 合同要吃透，熟悉合同法及其他建筑法规。

④ 事前必须做好土方综合平衡。

⑤ 管理决策要果断。

⑥ 合同尽量严密，减少合同外工程，减少需签证的材料。

⑦ 总体管线、景观等施工计划周密，减少更改或二次开挖。

⑧ 设计变更要及时反馈给施工单位，如有返工，应及时核对返工量。

8. 减少甲分包工程、甲供材料引起的签证

① 招标要有一定的提前量。

② 要选择优秀的分包队伍。

③ 分包队伍不宜太多。

④ 分包合同严密，减少考虑不周全因素。

⑤ 甲供材料质量必须好且稳定。

⑥ 做好总分包协调配合工作，避免扯皮现象。

六、施工阶段月度资金计划控制关键

随着企业多项目并行运作、开发规模的扩大、风险意识的提高，企业对资金管理的重视程度越来越高，因此也越来越重视资金需求与分配的统筹安排，从而减少资金占用、提高资金使用率、降低资金成本、控制现金流风险。

根据计划周期的不同，可以分为年度/半年度资金计划、季度/月度资金计划。年度/半年度资金计划主要用于资金筹措、保障相对长期的现金流安全，季度/月度资金计划主要用于指导当期付款、满足项目工程进度需要。

月度资金计划作为资金计划的基础，有着十分重要的作用。企业应要求各职能部门及时上报下月（或滚动三月）资金需求，包括项目成本类与费用类的资金需求。各职能部门应根据项目工程进度、合同约定付款条件或根据招标/合约进度预计需要的资金，汇总形成资金计划，上报各级财务以及相关领导进行汇总、平衡与批复。然后，应严格控制计划外资金需求，并定期进行资金计划达成率分析、排名，如图6-5所示。

例如，某标杆房企的月度资金计划操作规范如下。

1. 编制计划

各职能部门对本部门负责的合同在签订时制订付款计划，每月修订当前月份之后的滚动资金计划，对于还未签订合同但预计会有付款的，需要预测合同签约时间，同时编排资金计划。

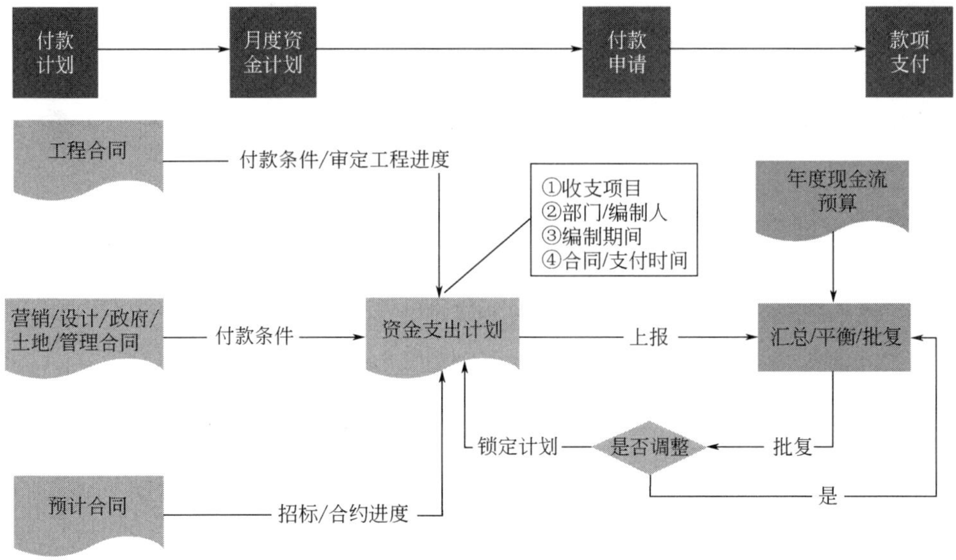

图 6-5 资金计划管理的基本流程规范

2. 资金平衡

每月月底（一般在 25 号左右）在分公司，由计划财务部组织各职能部门召开资金平衡会议，进行资金内部平衡，并提交集团审批；每月月底或本月月初在集团，由计划财务部提交资金计划管理部审批，资金计划管理部汇总各公司的月度资金计划报集团领导进行审批，审批通过后锁定资金计划。

3. 资金使用

各项目、各部门负责人根据调整、分配后的月度资金计划情况，在项目、部门内部进行付款计划的调整（二次分配），形成最终的下月付款计划。原则是调整后总金额不能超出集团审批金额。到了当月付款时间，再由各经办人上报付款申请单，走付款审批流程。

4. 考核分析

每月由资金计划管理员统计各职能部门月度资金计划达成率，同时，更新年度资金计划与实际执行的对比分析表，作为年度考核的依据之一。

通过上述案例分析表明，月度资金计划是成本实际支付的控制前提，只有经过审定的付款计划才会形成月度资金计划，然后企业对资金计划进行合理分配之后才能实际支付。

企业要真正做好月度资金计划管理，还要解答好如下四个关键问题。

第一个问题——有多少钱可以给？蛋糕有多大？企业该如何结合自身资金情况进行合理的总额分配？

一般企业都会采取以收定支的总额分配方式。如图 6-6 所示为某两家企业的操作案例。

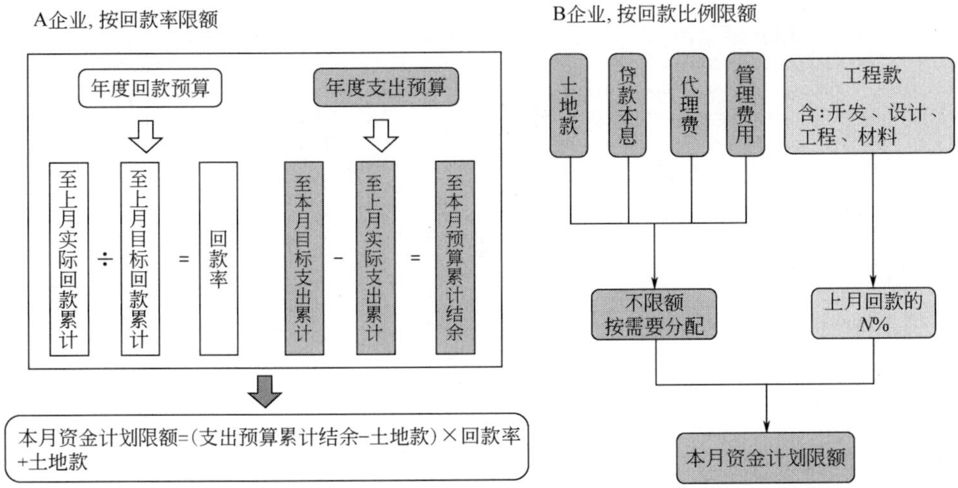

图 6-6　某两家企业的操作案例

其中，A 企业是以回款率作为调整系数，回款率是根据年度回款预算计算当期累计值，土地款必须按要求满足。A 企业月度资金计划限额方法是建立在严格的年度预算管理基础之上的，是一个逐级细化的过程，也是管理精细化的体现，一般企业可能难以达到。B 企业，除土地款、贷款本息、销售代理费与日常管理费用不做控制外，工程款（含开发、设计、工程、材料）按销售回款额的一定比例（40%左右）进行限额分配，把回款额的一定比例拿出来用于工程款支付。这种策略适用于绝大部分企业，只是分配比例各有差异，比例高低可以参照历史经验值，并由集团决策层以及财务最终确定。

第二个问题——有多少钱要给？如何核实真实的资金需求？

这要求资金需求的提出必须符合项目工程进度，符合合同约定的付款条件，或是根据招标合约进度预计需要支付的资金。资金计划的审定一定要有对应的控制程序，必须经过成本部门的审定，而不是单方面凭一线业务部门的上报。而在资金计划的审定方法上，有产值法与节点法。产值法相对更精准，但管理精细化要求高；而节点法则相对粗放，也会存在一定的超付风险。建议企业对于暂定价合同按产值法进行付款，而不是按合同总价固定比例付款，否则可能由于变更等原因而导致超付风险。还需要说明的一点是，企业在进行资金计划的制订时还需要考虑应付未付的情况，这主要是考虑到企业诚信与合作风险问题，比如，有些企业对于遗留应付款账龄超过 3 个月的必须满足。

第三个问题——给谁最有必要？如何安排优先级？

结合行业内众多标杆企业的实践经验，通常会参考图 6-7 进行优先级分配。

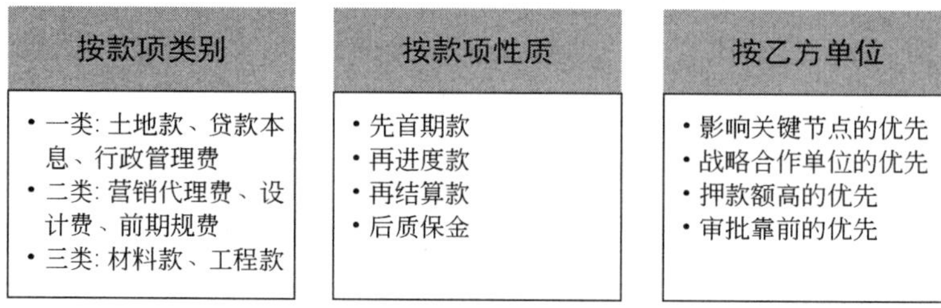

图 6-7　款项优先级分配

第四个问题——集团管到什么颗粒度？如何分级授权？

建议集团分配总额到各区域/城市公司，区域/城市公司分配到各项目、各单位。除此之外，一般有两项集团直管到底的业务，一是大额款项集团直接分配，比如土地款、贷款本息、大额工程款（根据额度而定）；二是集团直管业务集团直接分配，比如集团品牌营销、设计等。

七、施工阶段动态版目标成本控制关键

地产企业对待目标成本调整有两个态度：一类是目标成本一旦制定就不允许调整，视为不可逾越的高压线；另外一类则认为目标成本本身就不合理，调整起来很频繁。那么，目标成本究竟能不能调？

目标成本是允许调整的，但需要建立调整的机制，包括：一要分阶段明确目标成本编制依据，保障基准版的目标成本准确、合理；二要根据目标成本预警、强控机制触发目标成本调整机制，具体要基于成本科目设置不同预警、强控指标，保障成本执行过程中可以灵敏地反映科目目标成本是否存在突破风险；三要在目标成本调整时，基于收益视角来评估是否允许追加和调剂。

动态成本超出的原因主要就是量和价。量的原因与当时测算指标不准有关，历史经验数据很重要，实际发生如果超了，只能跨科目费用调剂。采取措施为：项目定位、方案的经济比选及优化、推行限额设计及设计索赔、合同约定设计产生的无效成本的奖罚。价超了通常是跟材料配置标准变动有关，可在不影响销售的情况下，组织营销、工程、设计讨论进行优化。

过程管理与工程部有很大的关系，需要有完善并能真正落地的制度，否则会形成很大的漏洞。对策：联系单签证要及时，重点控制在于工程部。可落地的制度管控：工程部和设计部口头向施工单位下发指令，合同交底的时候，施工前说

清楚，没有联系单，未按制度流程审批的签证不得计入结算，避免事后通知成本部的被动管理。

倘若进度款不能及时支付，变更签证在过程中不确认或有分歧搁置，结算时才处理，导致动态成本失真，产生结算纠纷，对策在于：变更签证一事一确认，一月一清；不能解决的及时上报争议，得到领导支持，及时处理，事前有预估，事后有确认。

此外，应避免或减少数据分摊错误，确保无合同费项的疏漏，重视隐蔽工程验收记录准确性。超目标成本预警后的跟踪和后续动作很重要，更新动态售价也很重要，收支都更新了才能反映真实的动态利润率。

根据以往项目经验，制定无效成本防范措施，做好事前预控；制定施工图审查责任造成的无效成本的管理落地制度。对市场波动引起的价格变动，非材料配置标准原因如何预控？有些是不能预控的，只能调整。政策发生变化的，比如电力配套，国家规定是纳入市场，但是地方保护和对政策的理解程度不一样，详见图 6-8、图 6-9、表 6-2。

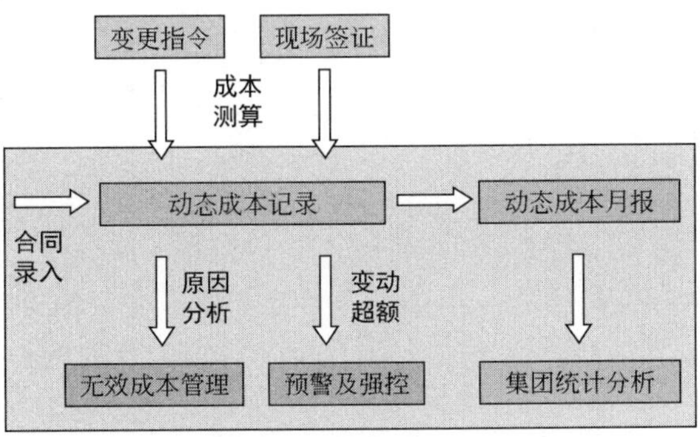

图 6-8　动态成本过程

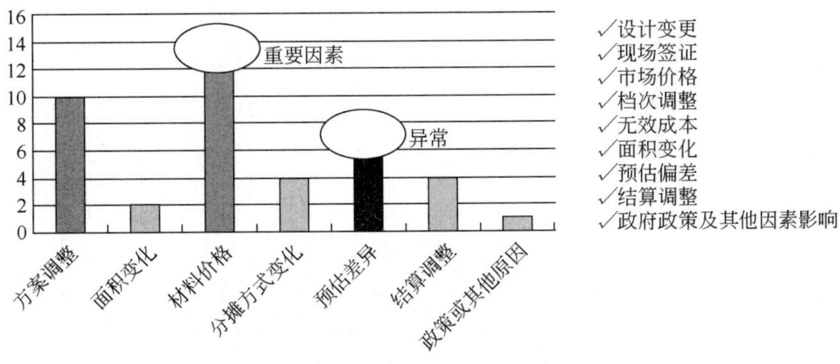

图 6-9　动态成本差异分析

表 6-2 项目动态成本信息记录表

序号	成本项目	费项或合同状态	合同状态	计价形式	目标成本 A /万元	合同签约额 B /万元	本月成本变化合计 $C=C_1+C_2+C_3+C_n$	上月底动态成本：总成本/万元 D	上月底动态成本：规划余量 E_1	本月动态成本：总成本/万元 $F=D+G$	本月动态成本：规划余量 E_2	动态成本差异：本月成本差异 G	动态成本差异：与目标成本差异 $H=F-A$	本月付款	本月动态成本中已发生部分：金额/万元	本月动态成本中已发生部分：单位成本/（元/m²）	本月动态成本中已发生部分：比率/%
02-03	前期工程费用	费项						0	0	0	0	0	0				
	02- 施工招投标费用	费项						0	0	0	0	0	0				
	02- “七通一平”费用	费项						0	0	0	0	0	0				
	02-0.3- 施工临时排污费用	费项						0	0	0	0	0	0				
	02-0.3- 临时用水	费项						0	0	0	0	0	0				
	◆ 临水工程施工合同	合同						0	0	0	0	0	0				
	02-0.3- 临时用电	费项						0	0	0	0	0	0				
	◆ 临电工程施工合同	合同						0	0	0	0	0	0				
	◆ 高压线改造工程合同	合同						0	0	0	0	0	0				
	02-0.3- 场地平整	费项						0	0	0	0	0	0				
	◆ 场地平整施工合同	合同						0	0	0	0	0	0				
	02-0.3- 临时供热	费项						0	0	0	0	0	0				
	◆ 临时供热工程合同	合同						0	0	0	0	0	0				

续表

序号	成本项目		费项或合同状态	合同状态	计价形式	目标成本 A /万元	合同签约额 B /万元	本月成本变化合计 $C=C_1+C_2+C_3+C_n$	上月底动态成本		本月动态成本		动态成本差异		本月付款	本月动态成本中已发生部分		
									总成本/万元	规划余量	总成本/万元	规划余量	本月成本差异	与目标成本差异		金额/万元	单位成本/（元/m^2）	比率/%
									D	E_1	$F=D+G$	E_2	G	$H=F-A$				
	02-0.3-	临时道路	费项						0	0	0	0	0	0				
	◆	临时道路工程合同	合同						0	0	0	0	0	0				
	02-	临时设施费	费项						0	0	0	0	0	0				
	02-0.3-	临时围墙	费项						0	0	0	0	0	0				
	◆	施工围墙工程施工合同	合同						0	0	0	0	0	0				
	02-0.3-	临时工程用房	费项						0	0	0	0	0	0				
	◆	临时办公室建设合同	合同						0	0	0	0	0	0				
	02-0.3-	其他临时设施	费项						0	0	0	0	0	0				
	02-	监理招投标费用	费项						0	0	0	0	0	0				
	02-	工程监理费	费项						0	0	0	0	0	0				
	◆	工程监理合同	合同						0	0	0	0	0	0				
	02-	标底编制、决算审核等咨询费用	费项						0	0	0	0	0	0				
	◆	工程造价咨询合同	合同						0	0	0	0	0	0				
	02-	其他前期工程费	费项						0	0	0	0	0	0				

第七章　竣工结算阶段的成本控制

竣工结算阶段作为房地产开发的落地环节之一，也是建设过程中成本控制最后的环节。作为项目的清算环节，项目到底花了多少钱，产生了哪些超支，发生了多少的无效成本，都要一一呈现。因此，从最高层领导到最相关部门，均是最懂经济的领导，只有一个核心——关注项目是否会盈利。此环节涉及的最核心部门无疑是合约部门和工程部门，提供专业支持配合的主要是设计部门。合约部门调动参建单位深入结算核对，严格控制各类设计变更和现场签证的有效性，根据合同约定掌握各类奖罚项和应扣除项，严格控制索赔，通过反索赔事项、数据的收集对冲索赔。合约部门根据工程和设计意见完善变更、签证成本测算核对，真实还原项目成本。以上各核心部门和配合部门所做工作均为高层领导决策提供最有力的支撑。

竣工结算阶段责任成本控制的要点、方法、责任部门和配合部门等详见表 7-1。

表 7-1　竣工结算阶段责任成本控制

<table>
<tr><th>控制环节</th><th>控制要点</th><th>控制方法</th><th>责任部门</th><th>配合部门</th><th>评价部门</th></tr>
<tr><td rowspan="2">1.钢筋用量的核实</td><td rowspan="2">（1）施工图中的钢筋用量
（2）洽商、变更的钢筋用量</td><td>① 选择并委托现场管理经验丰富、职业道德良好、工作认真负责的工程造价咨询公司进行钢筋量计算工作</td><td>① 财务部、审计部与主管副总负责确定工程造价咨询公司</td><td rowspan="2">项目部
设计部</td><td rowspan="2">总工办</td></tr>
<tr><td>② 审计部、合约部派专人负责抽查与核实工程造价咨询公司的钢筋用量计算工作
③ 工程造价咨询公司与合约部相关人员必须到现场了解乙方绑扎钢筋情况</td><td>② 审计部经理监督</td></tr>
</table>

续表

控制环节	控制要点	控制方法	责任部门	配合部门	评价部门
2.价差的调整	（1）材料价差	① 严格执行合同中价差调整办法	项目部预算工程师	合约部 材设部	审计部
	（2）人工价差	② 及时跟踪价格（材料、人工、费用）变化情况			
	（3）费用价差	③ 当价格出现异常波动时，应立即与相关单位商量对策			
3.洽商、变更的费用控制	（1）图纸审核 （2）因市场因素甲方对图纸的修改 （3）现场签证	① 工程部、项目部负责组织各专业共同审图，实行专业负责制 ② 监理公司审图 ③ 施工单位审图 ④ 甲方对图纸做出重大修改之前，应进行方案经济比较 ⑤ 现场签证中，应明确发生费用的原因和责任	① 设计部负责建筑专业图纸质量的审核 ② 项目部负责其他专业图纸的审核 ③ 项目部负责现场签证的监控 ④ 审计部负责审核变更的合理性、完整性及经济性	项目部 合约部 设计部	审计部
4.违约与索赔	（1）工期 （2）质量	① 甲方履行自己的合同义务 ② 甲方督促乙方履行合同义务 ③ 工期与质量重视过程中控制	① 项目部负责施工合同中技术条款的监控 ② 审算人员负责施工合同中合同条款经济部分的监控	合约部	审计部
	（3）配合管理	④ 工程部项目经理负责各施工方的配合问题	项目部		
	（4）停工、窝工	⑤ 当造成重大停工、窝工时，工程部与合约部及时进行停工、窝工费用计算	项目部		

第一节　竣工结算阶段成本控制要点

一、竣工结算的有关规定

《建设工程施工合同（示范文本）》中对竣工结算作了详细规定。

① 工程竣工验收报告经发包方认可后 28 天内，承包方向发包方递交竣工结算报告及完整的结算资料，双方按照协议书约定的合同价款及专用条款约定的合同价款调整内容，进行工程竣工结算。

② 发包方收到承包方递交的竣工结算报告及结算资料后 28 天内进行核实，给予确认或者提出修改意见。发包方确认竣工结算报告后通知经办银行向承包方支付

工程竣工结算价款。承包方收到竣工结算价款后14天内将竣工工程交付发包方。

③ 发包方收到竣工结算报告及结算资料后28天内无正当理由不支付工程竣工结算价款的，从第29天起按承包方同期向银行贷款利率支付拖欠工程价款的利息，并承担违约责任。

④ 发包方收到竣工结算报告及结算资料后28天内不支付工程竣工结算价款的，承包方可以催告发包方支付结算价款。发包方在收到竣工结算报告及结算资料后56天内仍不支付的，承包方可以与发包方协议将该工程折价，也可以由承包方申请人民法院将该工程依法拍卖，承包方就该工程折价或者拍卖的价款优先受偿。

⑤ 工程竣工验收报告经发包方认可后28天内，承包方未能向发包方递交竣工结算报告及完整的结算资料，造成工程竣工结算不能正常进行或工程竣工结算价款不能及时支付，发包方要求交付工程的，承包方应当交付；发包方不要求交付工程的，承包方承担保管责任。

⑥ 发包方和承包方对工程竣工结算价款发生争议时，按争议的约定处理。

二、工程竣工结算的审查

工程竣工结算审查是竣工结算阶段的一项重要工作。经审查核定的工程竣工结算是核定建设工程造价的依据，也是建设项目验收后编制竣工决算和核定新增固定资产价值的依据。一般从以下几方面入手。

① 核对合同条款　首先，应该核查竣工工程内容是否符合合同条件要求，工程是否竣工验收合格，只有按合同要求完成全部工程并验收合格才能列入竣工结算。其次，应按合同约定的结算方法、计价定额、取费标准、主材价格和优惠条款等，对工程竣工结算进行审核，若发现合同开口或有漏洞，应请建设单位与施工单位认真研究，明确结算要求。

② 检查隐蔽验收记录　所有隐蔽工程均需进行验收，两人以上签证；实行工程监理的项目应经监理工程师签证确认。审核竣工结算时应该对隐蔽工程施工记录和验收签证，手续完整、工程量与竣工图一致后方可列入结算。

③ 落实设计变更签证　设计修改变更应由原设计单位出具设计变更通知单和修改图纸，设计、校审人员签字并加盖公章。经建设单位和监理工程师审查同意、签证；重大设计变更应经原审批部门审批，否则不应列入结算。

④ 按图核实工程数量　竣工结算的工程量应依据竣工图、设计变更单和现场签证等进行核算，并按国家统一规定的计算规则计算工程量。

⑤ 认真核实单价　结算单价应按现行的计价原则和计价方法确定，不得违背。

⑥ 注意各项费用计取 建筑安装工程的取费标准应按合同要求或项目建设期间与计价定额配套使用的建筑安装工程费用定额及有关规定执行。先审核各项费率、价格指数或换算系数是否正确，价差调整计算是否符合要求，再核实特殊费用和计算程序。

要注意各项费用的计取基数，如安装工程间接费是以人工费为基数，这项人工费是定额人工费与人工费调整部分之和。

⑦ 防止各种计算误差 工程竣工结算子目多、篇幅大，往往有计算误差，应认真核算，防止因计算误差而多计或少算。

三、工程结算管理办法

① 竣工结算成本控制的重点在于工程量的审定。办理竣工结算时，需附施工单位的工程竣工决算书、质量监督部门的验收合格报告书。同时，根据平时的工程量记录，认真审核实际工程量，并签注意见，经工程部审批、预算人员核算金额、财务部依合同审签后，报总经理审批拨付。拨付工程尾款时，除了执行正常的审批程序外，还应经销售部会签，财务部方可支付。

② 对施工单位报送的经监理审核并签字确认的竣工资料进行复核，竣工图须经设计岗签字，竣工资料须经业主代表签字后方可转入结算程序。

③ 施工单位提出的工程结算报表先交由监理公司进行工程量以及套价的审核，并在工程结算审核意见表上签署审核结果和审核意见。

④ 经监理审核的工程结算报表交工程部计量人员审核工程量和合约部套价，并同施工单位预算人员进行核对和洽谈。

⑤ 将经审核的工程结算交工程部经理审批。不能通过审批的返还预算员处重审。经审核无误，双方签字认可，工程部经理签名并盖工程部印章后生效。

⑥ 将通过审批的工程结算交公司财务部，按合同支付工程款。

⑦ 工程成本的分析检查。工程竣工决算后，财务部应对整个项目的工程成本对照目标成本评估，进行全面分析，找出成本升降的原因，提出成本控制的建议，写成分析报告报审计部，并上交总经理和董事会。

四、对施工单位索赔的处理

索赔是施工单位在合同实施过程中，对非自身原因造成的工程延期、费用增加而要求业主给予补偿损失的一种权利要求。索赔的性质属于经济补偿行为，而不是惩罚，索赔属于正确履行合同的正当权利要求。作为建设单位，要通过索赔的处理和解决，保证工程质量和进度，使建设项目按期完工，早日投产取得经济收益，实现合同目标。建设单位要想如期完成目标，减少索赔，就必须加强自身管理，做好资金、技术等各项有关工作，保证工程中各项问题及时解决。

1. 索赔是合同管理的重要环节

索赔和合同管理有直接的联系，合同是索赔的依据。整个索赔处理的过程就是执行合同的过程，从项目开工后，合同人员就必须对每日的实施合同的情况进行分析，看是否会引起施工单位的索赔，从而减少索赔事件的发生。一般情况下，施工单位主要在以下几个方面寻求索赔的机会。

（1）不利的自然条件与人为障碍

地质条件变化引起的索赔。在施工期间，施工单位遇到不利的自然条件或人为障碍，而这些条件与障碍又是有经验的承包方也不能预见到的，施工单位就会提出索赔。工程中人为障碍引起的索赔，如在挖方工程中由于发现地下构筑物和文物等，图纸上并未说明，确属有经验的施工单位难以合理预见的人为障碍，若通过处理导致工程费用增加，施工单位即可提出索赔。

（2）工期延长和延误的索赔

这种情况下施工单位要求索赔主要有两方面的原因：一是建设单位要求延长工期，二是施工单位要求偿付由非承包方原因导致工程延误而造成的损失。

（3）因施工中断和工效降低提出的施工索赔

由建设单位的监理工程师原因引起施工中断和工效降低，特别是根据建设单位不合理的指令压缩合同规定的工作进度，使工程比合同规定日期提前竣工，从而导致工程费用的增加。施工单位就有可能在人工费用、设备费用和材料费用等方面提出索赔。

（4）因工程终止或放弃提出的索赔

由于建设单位不正当地终止或不属施工单位原因而使工程终止，施工单位有权就盈利损失和补偿损失提出索赔。

（5）关于支付方面的索赔

施工单位会在物价上涨、货币贬值、拖延支付工程款等方面要求索赔。因此，建设单位应该着重重视上述几个方面，尽量不给施工单位留有索赔的机会，减少经济损失。

2. 索赔处理过程中应该注意的问题

（1）索赔期限的规定

按照索赔程序规定，施工单位应该按下述要求进行索赔。

① 索赔事件发生 28 天内，各工程师发出索赔意向通知。

② 发出索赔意向通知后 28 天内，向建设单位工程师提出延长工期和（或）补偿经济损失的索赔报告及有关资料。

③ 建设单位工程师在收到施工单位送交的索赔报告及有关资料后，于 28 天内给予答复，或要求施工单位进一步补充索赔理由和证据。

④ 建设单位工程师在收到施工单位送交的索赔报告和有关资料后 28 天内未予答复或未对施工单位做进一步要求，视为该项索赔已经认可。

⑤ 当该索赔事件持续进行时，施工单位应当阶段性向建设单位工程师发出索赔意向，在索赔事件终了 28 天内，向建设单位工程师送交索赔的有关资料和最终索赔报告。

因此，对于业主（建设单位）而言，对于确实不能避免的索赔事件，要严格监督施工单位索赔的过程。若发生期限上的超期等事项，可拒绝索赔。

（2）索赔的证据

对于施工单位所提供的索赔证据，建设单位应该严格检查、核对施工单位所提供证据的真实性、全面性、法律证明效力和及时性。检查核对的参照标准就是建设单位对于索赔证据有详细准确的记录、备案，主要应该对以下几个方面进行重视。

① 招标文件、合同文本及附件。

② 来往文件、签证及更改通知等。

③ 各种会谈纪要。

④ 施工进度计划和实际施工进度表。

⑤ 施工现场工程文件。

⑥ 工程照片。

⑦ 气象报告。

⑧ 工地交接班记录。

⑨ 建筑材料和设备采购、订货、运输、使用记录等。

⑩ 市场行情记录。

⑪ 各种会计核算资料。

⑫ 国家法律、法令、政策文件等。

只要掌握住详尽的证据，完全或部分推翻施工单位所提供的证据，就可以完全或部分程度地让施工单位的索赔无效。

五、反索赔

建设单位向施工单位索赔的主要途径有两个：一是减少或防止可能产生的索赔；二是反索赔，对抗（平衡）施工单位的索赔要求。业主（建设单位）对于属于施工单位应承担责任的，且实际发生了损失，可向施工单位（承包商）进行反索赔。

对于建设单位而言，向施工单位提出索赔（即反索赔）主要从以下几个方面来考虑。

1. 工期延误反索赔

在施工过程中，工期延误属于施工单位责任时，建设单位对施工单位进行索赔，即由施工单位支付延期竣工违约金。建设单位在确定违约金的费率时，一般要考虑以下因素：建设单位盈利损失；由于工期延长而引起的贷款利息增加；工程拖期带来的附加监理费；由于本工程拖期竣工不能使用，租用其他建筑时的租赁费。

违约金的计算方法，在每个合同文件中均有具体规定，一般按每延误一天赔偿一定的款额计算，累计赔偿额一般不超过合同总额的10%。

2. 施工缺陷索赔

施工单位的施工质量不符合施工技术规程的要求，或使用的设备和材料不符合合同规定，或在保修期未满以前未完成应该负责补修的工程时，建设单位有权向施工单位追究责任。如果施工单位未在规定的期限内完成修补工作，建设单位有权雇佣他人来完成工作，发生的费用由施工单位承担。

3. 对指定分包人的付款索赔

工程施工单位未能提供已向指定分包人付款的合理证明时，建设单位可以直接按照监理工程师的证明书，将施工单位未付给指定分包人的所有款项（扣除保留金）付给这个分包人，并从应付给施工单位的任何款项中如数扣回。

4. 建设单位合理终止合同或施工单位不正当放弃工程的索赔

如果建设单位合理地终止施工单位的承包，或者施工单位不合理地放弃工程，则建设单位有权从施工单位手中收回由新的施工单位完成全部工程所需的工程款与原合同未付部分的差额。

第二节　竣工结算阶段成本控制流程图

一、竣工结算阶段成本控制流程（方案一）

竣工结算阶段成本控制流程（方案一）见图7-1。

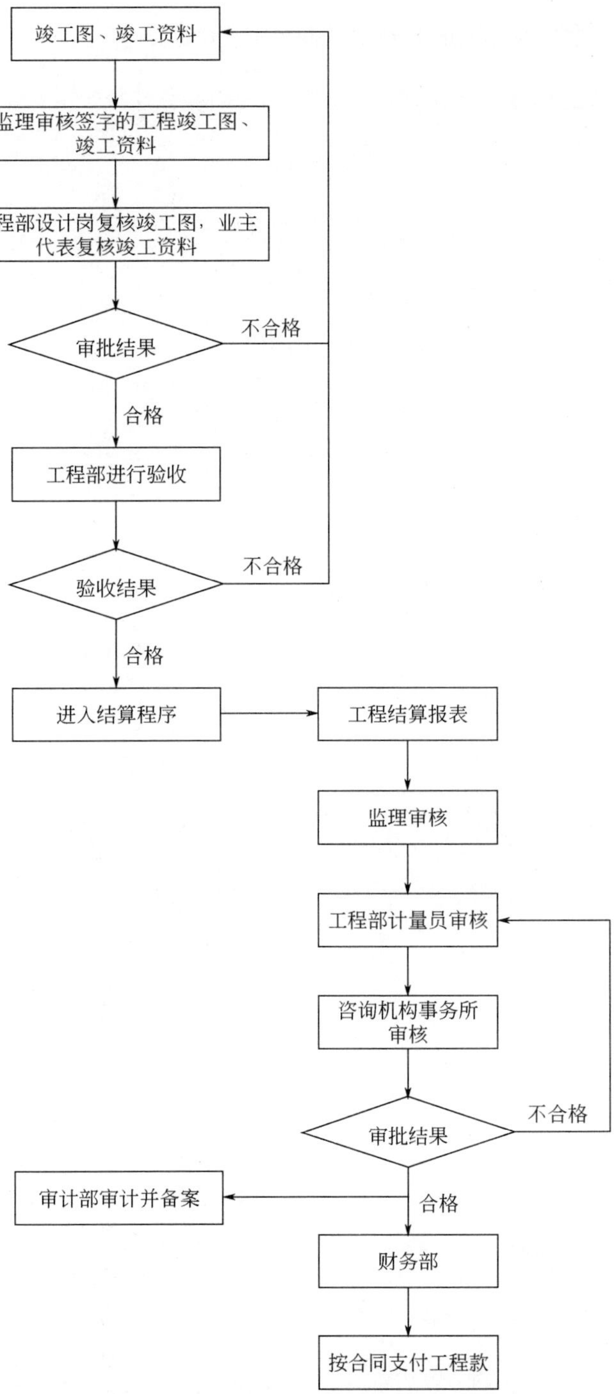

图 7-1　竣工结算阶段成本控制流程图（方案一）

二、竣工结算阶段成本控制流程（方案二）

竣工结算阶段成本控制流程（方案二）见图 7-2。

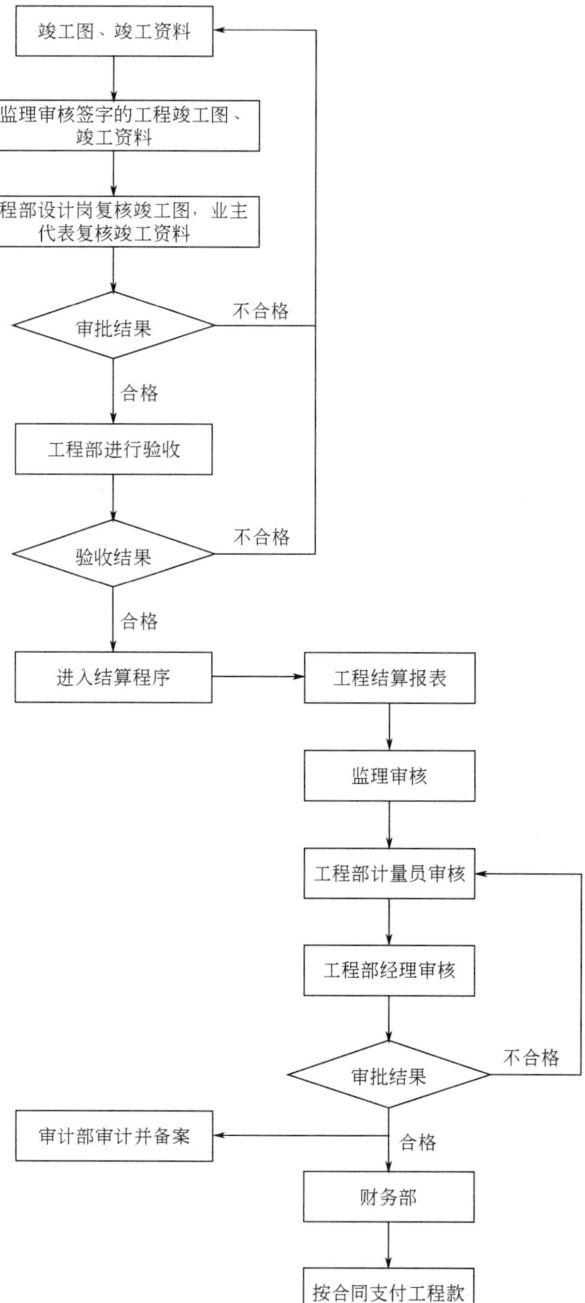

图 7-2　竣工结算阶段成本控制流程图（方案二）

第三节　竣工结算阶段成本控制相关部门职责

一、成控办的主要职责

负责监督、协调各个部门之间的成本控制管理工作，保证项目成本控制进程的正常运作。

二、工程部的主要职责

① 接收施工单位递交的竣工结算报告及结算资料，并在此后 28 天内进行校对、核实，给予确认或者提出修改意见。

② 审核现场实际工程量。根据平时的工程量记录，对项目所有发生的实际工程量进行审核。按图核实工程数量，依据竣工图、设计变更单和现场签证等进行核算，并按国家统一规定的计算规则计算工程量，签注审核意见，而后报总经理审批拨付。

③ 检查隐蔽验收记录。所有隐蔽工程均需进行验收，两人以上签证。如果是实行工程监理的项目，则应经监理工程师签证确认。

④ 落实设计变更签证。设计修改变更应由原设计单位出具设计变更通知单和修改图纸，设计、校审人员签字并加盖公章。经建设单位和监理工程师审查同意、签证；重大设计变更应经原审批部门审批，否则不应列入结算。

⑤ 对施工单位报送的经监理审核并签字确认的竣工资料进行复核，竣工图须经设计岗签字，竣工资料须经业主代表签字后方可转入结算程序。

⑥ 把通过审批的工程结算交公司财务部。

三、合约部的主要职责

① 协同工程部对施工单位递交的竣工结算报告及结算资料进行核实，并向工程部提出参考意见。

② 核对合同条款。对竣工工程内容是否符合合同条件要求、工程是否竣工验收合格进行检验，只有按合同要求完成全部工程并验收合格后才能列入竣工结算。

③ 认真核实单价。结算单价应按现行的计价原则和计价方法确定，不得违背。对于已经审核的工程量和套价，同施工单位预算人员进行核对和洽谈。

④ 注意各项费用计取。建筑安装工程的取费标准应按合同要求或项目建设期间与计价定额配套使用的建筑安装工程费用定额及有关规定执行。先审核各项

费率、价格指数或换算系数是否正确，价差调整计算是否符合要求；再核实特殊费用和计算程序。要注意各项费用的计取基数，如安装工程间接费是以人工费为基数，这个人工费是定额人工费与人工费调整部分之和。

⑤ 在施工单位向建设单位进行索赔时，向工程部索取索赔的相关资料，处理索赔事宜；同时，根据工程的建设过程的实际发生情况，进行反索赔。

⑥ 负责其他相关的合同、合约事宜。

四、财务部的主要职责

① 按照合同规定，根据竣工结算清单向施工单位支付工程结算价款。

② 拨付工程尾款时，对要拨付的工程款项进行会签。

③ 工程成本的分析检查。工程竣工结算后，对整个项目的工程成本对照目标成本评估，进行全面分析，找出成本升降的原因，提出成本控制的建议，写成分析报告报审计部（组），并上交总经理和董事会。

五、审计部的主要职责

① 按合同约定的结算方法、计价定额、取费标准、主材价格和优惠条款等，对工程竣工结算进行审核，若发现合同开口或有漏洞，应请建设单位与施工单位认真研究，明确结算要求。

② 审核竣工结算，对隐蔽工程要求施工记录和验收签证，手续完整、工程量与竣工图一致方可列入结算。

六、材设部的主要职责

配合其他相关部门获取材料、机械设备、人力资源等方面的成本信息，确保成本控制工作的顺利进行。

第四节 竣工结算阶段成本控制主要相关人员职责

一、公司常务副总经理主要职责

① 掌握竣工结算阶段成本控制的最新信息，对成控办进行监督，并指导成控办完成竣工结算阶段成本控制工作。

② 对竣工结算阶段成本控制过程进行全面跟踪，全面掌握成本控制进程，对与成本控制相关的突发、异常事件进行快速、高效的处理。若有必要，及时上报总经

理和董事会。

二、成控办主管主要职责

① 负责成控办的全面管理工作。

② 负责协调其他各部门相互配合，调整成控办的人员安排，及时、高效地完成成本控制工作。

三、工程部

1. 工程部经理主要职责

① 负责竣工结算阶段各项结算工作的管理，并寻求其他部门配合完成竣工结算阶段的成本控制管理工作。

② 负责接收施工单位递交的竣工结算报告及结算资料，并安排相关人员在此后 28 天内进行校对、核实，给予确认或者提出修改意见。

③ 对施工单位报送的经监理审核并签字确认的竣工资料进行复核，竣工图须经设计岗签字，竣工资料须经业主代表签字后再转入结算程序。

④ 把通过审批的工程结算交公司财务部，并报总经理审批。

2. 工程部计量人员主要职责

主要负责审核施工单位递交的竣工结算报告中设计变更、签证洽商的现场实际工程量。按图核实现场工程数量，依据竣工图、设计变更单和现场签证等进行核算，并按国家统一规定的计算规则计算工程量，签注审核意见，而后上报工程部经理。

3. 工程部技术人员主要职责

① 检查隐蔽验收记录。所有隐蔽工程均需进行验收，并有两人以上签证。如果是实行工程监理的项目，必须经监理工程师签证确认。

② 落实设计变更签证。设计修改变更应由原设计单位出具设计变更通知单和修改图纸，设计、校审人员签字并加盖公章。经建设单位和监理工程师审查同意、签证；重大设计变更应经原审批部门审批，否则不应列入结算。

③ 对施工单位报送的经监理审核并签字确认的竣工资料进行复核，竣工图须经设计岗签字，竣工资料须经业主代表签字后方可转入结算程序。

四、合约部

1. 合约部经理主要职责

① 安排人员协同工程部对施工单位递交的竣工结算报告及结算资料进行核

实，并进行全程监督，提出参考意见。

② 核对合同条款。对竣工工程内容是否符合合同条件要求、工程是否竣工验收合格进行检验，只有按合同要求完成全部工程并验收合格才能列入竣工结算。

③ 处理争议纠纷。在施工单位向建设单位进行索赔时，向工程部索取索赔的相关资料，处理索赔事宜；同时，根据工程的建设过程的实际发生情况，进行反索赔。

④ 负责其他相关的合同、合约事宜。

2. 合约部主管主要职责

（1）认真核实工程量、单价

结算工程量、单价应按现行的计量、计价原则和计价方法确定，不得违背。对于已经审核的工程量和套价，同施工单位预算人员进行核对和洽谈。

（2）注意各项费用计取

建筑安装工程的取费标准应按合同要求或项目建设期间与计价定额配套使用的建筑安装工程费用定额及有关规定执行。先审核各项费率、价格指数或换算系数是否正确，价差调整计算是否符合要求；再核实特殊费用和计算程序。要注意各项费用的计取基数，如安装工程间接费是以人工费为基数，这个人工费是定额人工费与人工费调整部分之和。

五、财务部

1. 财务部主管主要职责

① 负责管理、核算项目的财务工作，严格控制各项财务收支，确保账目清晰及财务工作规范化。

② 按照合同规定，根据竣工结算清单向施工单位支付工程结算价款，并务必当时向上级财务中心和公司常务副总经理汇报。

③ 工程竣工结算后，对项目工程成本进行分析、检查和评估，找出成本升降的原因，提出成本控制的建议，写成分析报告报审计部（组），并上交总经理和董事会。

2. 财务部职员主要职责

① 完成主管所下达的竣工结算阶段相关成本控制管理、核对工作。

② 完成向施工单位支付材料款和工程款项，并做好记录，且支付信息务必当时向主管汇报。

六、材设部

材设部主管主要职责如下。

① 及时更新、收集、储备、报告建筑材料设备行业最新信息。

② 在竣工结算阶段成本控制过程中，紧密配合其他相关部门获取材料、机械设 备、人力资源等方面的成本信息，确保成本控制工作的顺利进行。

七、审计部

1. 审计部主管主要职责

① 负责项目的相关审计管理制度并贯彻实施监督。

② 对工程竣工结算进行审核与监督。

③ 对所签订的除劳动合同、销售合同、贷款合同以外的其他合同的完整性、合法性、有效性进行审核，把经济损失降至最低。

2. 审计部审计员主要职责

① 及时、高效完成审计部主管所下达的对竣工结算项目的审计、审核任务。

② 按合同约定的结算方法、计价定额、取费标准、主材价格和优惠条款等，对工程竣工结算进行审核，若发现合同开口或有漏洞，上报主管，并由主管上报审计部和审计师。

③ 对合同方的经济实力、履约能力等情况进行调查、审核，并向主管提交报告。

④ 监督合同履约情况，并及时记录、总结，形成书面报告，上报主管。

⑤ 完成其他竣工结算相关成本控制工作。

第五节　竣工结算阶段标杆企业成本控制建议

一、成本控制建议

① 结算方式的选择。结算方式包括按月结算、竣工后一次结算、分段结算、目标结款等多种结算方式。在我国现行建筑安装工程价款结算中，相当一部分是实行按月结算。这种结算办法是按分部分项工程，即以“假定建筑安装产品”为对象，按月结算（或预支），待工程竣工后再办理竣工结算，一次结清，找补余款。这种方式目前在国内运用得比较多。

② 合同人员必须对每日的实施合同的情况进行分析，若出现可以索赔事件，就应当研究是否向施工单位提出索赔（即反索赔）。

索赔与反索赔是国内外工程项目建设中非常普遍的做法，应该尽快学习、掌握国际上工程建设管理的通行做法。索赔与反索赔有利于竣工结算双方博弈。这种博弈有利于自身企业管理水平的提高。

③ 对于财务部，应该根据已发生的各项资金收入和支出的数据，采取滚动计划方式进行成本预测。

根据工程规模大小，近期计划可按 3 个月或 6 个月为期限按月编制，中期计划按季度编制，远期计划按年编制，计划随施工的进展而滚动，以使预测更接近实际。

④ 成控办的人员配备应是企业领导班子中的重要成员。他们从投标估价开始，直至工程终止合同的全过程中，要参与编制成本计划，推行各种成本控制的规章制度，还要搜集和整理已完成工程的实际成本资料，同计划进行对比分析，提出调整成本计划的意见。

⑤ 不论在哪个阶段，工程项目的成本控制是一个系统工程，涉及企业管理的方方面面。在成本控制过程中，难免会遇到各种各样的问题，这些问题可能是技术上的，也可能是安全方面的或现场人事变动等，所有这些因素发生变化，都有可能影响到项目总成本。

因此，如果可能，在成本控制中还应当将技术部门、安全部门、经营部门、人事部门都吸纳进来，充分发挥各个部门在成本控制中的作用，达到控制成本的目的。

二、结算阶段成本控制关键点

1. 结算会议确认制

通过结算会议确定结算方法、人选、结算期限、争议处理，尽快完成结算工作。

2. 结算最终定案

结算争议到最后往往金额牵涉较大且涉及项目并不多，但需要总经理级别才能拍板定案。

3. 成本管理总结

成本数据库模型；经验、教训、改进方案。

4. 项目后评估

① 供应商评价。

② 结算成本与目标成本对比分析。

③ 逐步落实奖惩制度，考核设计质量、现场签证等。

三、竣工结算阶段积累成本经验数据

1. 成本数据库

成本数据库就是指在项目初期目标成本测算及后期成本核算后的所有数据经记录整理后，得到各科目的历史成本数据沉淀。它主要包括项目规划指标、产品规划指标、经济技术指标、成本科目单方造价四大类指标。成本数据库的系统沉淀和后期的商业智能分析，将有利于为新项目成本测算提供重要参考并大大提高测算效率。

如果将成本管理过程划分为前期成本测算、过程中成本控制和后期成本结算/核算三大阶段，那么成本数据库就位于后期成本结算/核算阶段。项目竣工结算和成本核算的数据的沉淀，以及其他同类项目的数据补充，更融入同行的具有行业特性的项目成本数据综合后，就形成了完整的成本数据库。

成本测算、成本核算和成本数据库三者之间形成循环的闭环关系，相互影响，相互制约，但最重要的是成本数据库为下一个项目成本测算提供经验和关键参考，而下一个项目的最终成本结算/核算又为成本数据库充实新的实践数据。成本科目的各层级的汇合和各项目数据的不断集中，最终使成本数据库演变为整个企业级的完备成本数据库，详见图 7-3。

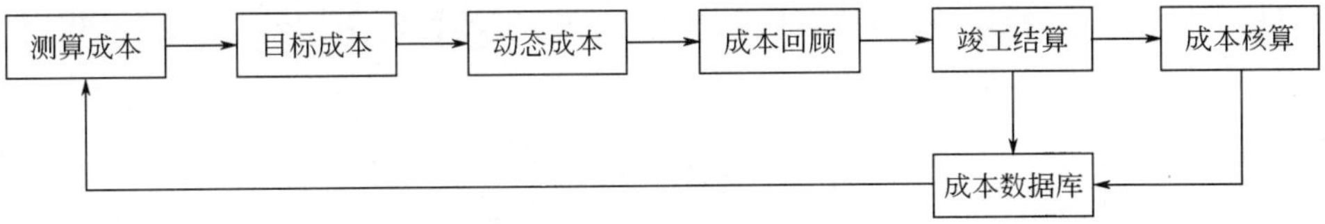

图 7-3　成本数据库流程图

2. 成本数据库的作用

成本数据库是个非常规范和完善的数据系统，那么建立成本数据库对企业项目管控有何价值？为便于说明，我们将项目全过程划分为拿地、开发和结算三个阶段。下面就具体来看看成本数据库在项目发展的三个阶段的各自重要价值，详见表 7-2。

3. 构建企业成本数据库

企业如何用最少的时间和成本建立企业成本数据库，这是摆在所有开发商面前的课题。我们认为企业建立成本数据库需要经过体系建设、沉淀数据、合理应用三个方面。

表 7-2 成本数据库在项目发展的三个阶段的各自重要价值

主题	内容	关键作用
拿地时：合理的成本测算模型，快速进行项目决策	沉淀历史项目数据，作为新项目测算的参考依据，提高成本测算效率和精度；符合自身的管理水平	建立合理的指标体系，建立合理的成本测算模型
开发过程中：多维度对比，快速发现成本问题	通过对比项目与标杆项目的成本构成、经济技术指标，找出偏差较大的科目并分析具体的原因，以采取措施降低成本	项目的单方造价差异率、指标含量
项目结算后：沉淀历史项目成本数据，建立企业标准成本库	在历史项目成本数据基础上进行提炼，形成企业标准成本库	建立历史项目成本库，建立企业标准成本库

（1）建立企业成本数据库体系

成本数据库体系主要包括建立指标模板和建立成本测算模型两大部分。

① 建立指标模板　要发挥成本数据库的价值和意义，企业务必建立成本数据库的完整指标模板和成本测算模型。指标模板指整个项目的宏观的项目规划指标、中观的产品规划指标以及微观经济技术指标。在这个过程中，集团公司有必要对各区域、各项目公司的成本科目，一般来说是前 3～4 级科目要统一标准，原则上不允许随意更改。这一点也是建立成本测算模型的基础工作所在。

② 建立成本测算模型　在谈测算模型之前，需要提醒的是我们一般会将项目成本划分为建安和非建安两大板块。对于建安部分，在测算时，我们将按产品维度进行测算；而对非建安部分，则按项目维度进行测算。测算模型是成本数据库中的基础公式。根据成本科目和成本特性，我们将测算模型划分为三类，此模型基本囊括了项目的各项科目成本。

第一类型：指标×系数×造价（比如计算项目绿化成本时，绿化成本=建筑总面积×绿化率×每平方米绿化造价）。

第二类型：工程量×造价。

第三类型：直接录入总价。

（2）沉淀数据，丰富内容

没有数据的沉淀就没有成本数据库的存在，成本数据是数据库的所有最原始、最真实、最有价值的素材源泉。数据库沉淀的工作主要细分为以下三类。

①建立历史项目/产品的成本数据库。这是最基本也是最有本企业特色的数据，在未来项目和产品参考中这类数据是第一参考体系。

②其他同行企业的项目成本数据库。这个数据获取有些难度，但从行业角度来看，它是站在全行业高度和视野下检视自己的企业成本管控指标的水平和参考，在很大程度上可改良和优化企业自身一些成本瓶颈。

③ 基于以上企业历史项目/产品的成本数据库和同行业其他企业成本数据库两者的积累和总结。建立企业级的标准成本库，最终形成项目和产品两个维度的标准、系统成本指标库。

（3）合理应用，支撑测算与对比分析

建好了完整的企业级标准成本数据库，接下来就是如何高效应用了。一般来说数据库的应用主要表现在拿地前的成本测算参考和项目过程中辅助项目决策。在新项目成本测算时，快速从“企业标准成本库”和其他测算方案引入技术经济指标，而后根据新项目的实际情况进行产品或科目的替换与调整，快速并有效测算出新项目的成本。

成本数据库的查询方式将为项目成本测算与对比分析提供重要支撑。一个系统化的成本数据库应该要求可以按项目维度、产品维度和科目维度进行快速查询与对比分析。比如说在产品查询时，可以根据同类产品以及同区域的市场行情和特征进行同类查找，并通过快速查找替换，高效地形成适合项目特征的合理的测算模型。

有对比才有新发现。新项目成本数据与历史成本数据的横向纵向对比往往能更丰富、更真实地了解新项目的成本优势和劣势。比如在项目成本对比中，对比新老项目的单方造价与总价的差额和比率，就可以判断出新项目对成本的节约和利用的优劣。而产品建安成本通过技术经济指标系数、单价和总价的综合对比，许多产品的技术经济问题都会做到心里有谱。

成本数据库的价值是建立在合理的模型与一定量级的数据基础之上的，成本数据库的构建是一个逐步积累沉淀、逐步提炼完善的过程，详见图 7-4、表 7-3～表 7-8。

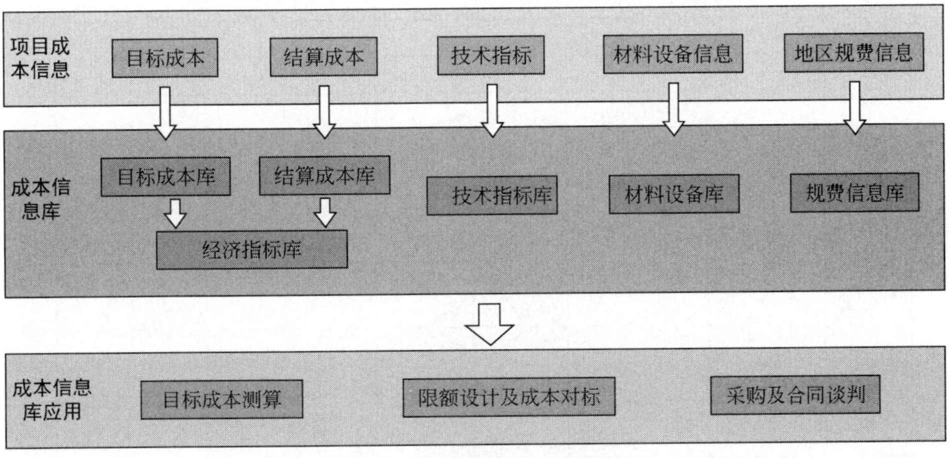

图 7-4　建立各类指标信息库

表 7-3　目标成本信息库

项目名称　　　　　　　　项目地点　　　　　　　　时间

成本科目		目标成本（可研版）	目标成本（定位版）	目标成本（方案版）	目标成本（施工图版）	结算成本测算
03-01	建筑工程					
03-01-01	基础工程					
03-01-01-01	基坑土石方工程					
03-01-01-02	基坑围护工程					
03-01-01-02-01	围护桩					
03-01-01-02-02	其他围护					
03-01-01-03	工程桩					
03-01-01-03-01	预应力管桩					
03-01-01-03-02	人工挖孔桩					
03-01-01-03-03	钻孔灌注桩					
03-01-01-03-04	其他人工地基					
03-01-01-04	其他基础工程（降水排水工程）					
03-01-02	土建工程					
03-01-02-01	结构工程					
03-01-02-01-01	地下室结构工程					
03-01-02-01-02	其他基础结构工程					
03-01-02-01-03	地上结构工程					
03-01-02-01-04	砌体工程					
03-01-02-02	粗装修工程					
03-01-02-02-01	粗装修工程					
03-01-02-02-02	屋面工程					
03-01-02-02-03	其他建筑工程					
03-01-02-03	地下室防水工程					
03-01-02-04	外墙装饰工程					
03-01-02-04-01	玻璃幕墙					
03-01-02-04-02	石材幕墙					
03-01-02-04-02-01	全干挂石材施工					
03-01-02-04-02-02	半干挂石材施工					
03-01-02-04-02-03	点粘石材施工					
03-01-02-04-02-04	满粘石材施工					
03-01-02-04-02-05	石材					

表 7-4 结算信息库

项目名称　　　　项目地点　　　　时间

科目及合同		结算成本	无效成本	理论结算成本
03	主体建安工程费			
03-01	建筑工程			
03-01-01	基础工程			
03-01-01-01	基坑土石方工程			
◆	基坑土石方工程合同			
03-01-01-02	基坑围护工程			
03-01-01-02-01	围护桩			
◆	桩基工程合同（围护桩）			
03-01-01-02-02	其他围护			
◆	地下室基坑支护合同			
◆	总承包工程合同（地基处理工程）			
03-01-01-03	工程桩（人工地基工程）			
◆	桩基工程施工合同（工程桩）			
03-01-01-03-01	预应力管桩			
03-01-01-03-02	人工挖孔桩			
03-01-01-03-03	钻孔灌注桩			
03-01-01-03-04	其他人工地基			
03-01-01-04	其他基础工程（排水降水工程）			
03-01-02	土建工程			
03-01-02-01	结构工程			
◆	钢筋供货合同			
03-01-02-01-01	地下室结构工程			
◆	总承包工程合同（地下室结构工程）			
03-01-02-01-02	其他基础结构工程			
03-01-02-01-03	地上结构工程			
◆	总承包工程合同（地上结构工程）			
◆	钢结构工程合同			
03-01-02-01-04	砌筑工程			
◆	总承包工程合同（砌筑工程）			

表 7-5　经济指标信息库

项目名称　　　　项目地点						
成本科目		指标单位	方案版目标成本经济指标	施工图目标成本经济指标	结算实际经济指标	标准及配置说明
02-05	其他前期工程费	建筑面积				
00	建安工程费	可售面积/建筑面积				
03-01	建筑工程	可售面积/建筑面积				
03-01-01	基础工程	可售面积/建筑面积				
03-01-01-01	土石方	可售面积/建筑面积				
03-01-01-02	基坑围护	可售面积/建筑面积				
03-01-01-03	桩基	可售面积/建筑面积				
03-01-01-03-01	预应力管桩基础	可售面积/建筑面积				
03-01-01-03-02	人工挖孔桩基础	可售面积/建筑面积				
03-01-01-03-03	钻孔灌注桩基础	可售面积/建筑面积				
03-01-02	土建工程	可售面积/建筑面积				
03-01-02-01	结构工程	可售面积/建筑面积				
03-01-02-01-01	地下室结构工程	可售面积/建筑面积				
03-01-02-01-02	地上结构工程	可售面积/建筑面积				
03-01-02-01-03	其他结构工程	可售面积/建筑面积				
03-01-02-02	建筑及粗装修工程					
03-01-02-02-01	砌体工程	可售面积/建筑面积				
03-01-02-02-02	粗装修工程	可售面积/建筑面积				
03-01-02-02-03	屋面工程	可售面积/建筑面积				
03-01-02-02-04	其他建筑工程	可售面积/建筑面积				
03-01-02-03	地下室防水工程	可售面积/建筑面积				
03-01-02-04	外墙装饰工程	外墙面积				

表 7-6　技术指标信息库

项目名称		项目地点		
序号	技术指标	单位	限额设计指标	实际指标
1	容积率			
2	建筑密度			
3	绿地率	%		
4	层数	层		
5	可售面积比	%		
6	配套面积户数比	%		
7	商业面积户数比	%		
8	道路/占地面积比	%		
9	出入口数量	个		
10	标准层钢筋含量	kg/m^2		
11	地下室钢筋含量	kg/m^2		
12	标准层混凝土含量	kg/m^2		
13	地下室混凝土含量	kg/m^2		
14	窗地比	m^2/m^2		
15	墙积比	m^2/m^2		
16	地下室层高	m		
17	标准层层高	m		
18	地下车位平均面积	m^2/个		

表 7-7　材料设备指标信息库

项目名称				项目地点							
序号	产品名称	品牌	规格/型号	单位	单价/元	备注	使用项目名称	采购时间	采购数量	价格类别	供货商

表 7-8　规费指标信息库

地区：

类别	名称	计费基数	收费标准	收费依据	收费单位	备注	注意事项
土地成本	1.市政配套费标准						
	2.市政配套费返还规定						
	3.土地使用权登记						
	4.土地契税						
	5.红线外市政设施费						
	6.其他						

续表

类别	名称	计费基数	收费标准	收费依据	收费单位	备注	注意事项
基础设施配套工程	1.供水工程收费标准与内容范围						
	2.排水工程收费标准与内容范围						
	3.电力工程收费标准与内容范围						
	4.燃气工程收费标准与内容范围						
	5.供暖（采暖）工程						
	6.有线电视及通信						
	7.其他						
	1.证照费用						
	1）土地证						
	2）用地规划、建设许可证						
	3）施工许可证						
	4）销售许可证						
	5）产权办理费用						
	2.勘察费用						
	1）沉降测量费						
	……						
	3.规划设计费						
	1）规划方案评审费用						
	2）设计费标准						
	……						
	4.报批报建费						
	1）墙改费用（包括返还情况）						
	……						

四、竣工结算阶段发包人的反索赔控制关键点

在工程建设过程中，不健康的施工索赔会使发包人的利益受到重大损失。发包人应当提高防范意识，把违约事件缩小到最小的范围之内，并利用可能的反索赔机会，更好地保证工程目标的实现。

1. 反索赔的依据

《建设项目工程总承包合同示范文本》第 15 条规定“承包人违约的责任：承包人应承担因其违约行为而增加的费用和（或）延误的工期。此外，合同当事人可在专用合同条件中另行约定承包人违约责任的承担方式和计算方法”。此条规定表明“乙方不能按合同工期竣工，施工质量达不到设计和施工规范的要求，或发生其他使合同无法履行的行为，甲方代表可以通知乙方，按协议条款约定支付违约金，赔偿因其违约给甲方造成的损失……”。这就是说，发包人可以向承包人提出索赔。在此类索赔中，发包人往往处于主动地位，可从应付工程款中扣除，甚至可以用留置承包人材料设备的方法作为抵押。

2. 反索赔的类别

根据《建设项目工程总承包合同示范文本》规定，因承包人原因不能按照协议书约定的竣工日期或工程师同意顺延的工期竣工，或因承包人原因工程质量达不到协议书约定的质量标准，或承包人不履行、不完全履行合同其他义务，承包人均应承担违约责任，赔偿因其违约给发包人造成的损失。

（1）工程质量反索赔

当承包人的施工质量不符合施工技术规程的要求，或使用的设备和材料不符合合同规定时，发包人有权向承包人追究责任。这类索赔通常表现为，要求承包人对有缺陷的产品进行修补，要求承包人对不能通过验收的产品进行返工，要求承包人在规定的时间内修复存在质量问题的工程，等等。

（2）工期延误反索赔

指工期延误属于承包人责任时，发包人对承包人进行索赔，即由承包人支付延期竣工违约金。发包人在确定违约金的费率时，一般要考虑以下因素：发包人盈利损失；由于工期延长而引起的贷款利息增加；工程拖期带来的附加监理费；由于本工程拖期竣工不能使用，租用其他建筑时的租赁费。违约金的计算方法在每个合同文件中均有具体规定，一般按每延误一天赔偿一定的款额计算，累计赔偿额一般不应超过合同总额的10%。

（3）工程保修反索赔

在保修期未满以前未完成应该负责补修的工程时，发包人有权向承包人追究责任。如果承包人未在规定的期限内完成修补工作，发包人有权雇佣他人来完成工作，发生的费用由承包人承担。

（4）解除合同反索赔

如果发包人合理地终止承包人的承包，或者承包人不合理地放弃工程，则发包人有权从承包人手中收回由新的施工单位完成全部工程所需的工程款与原合同未付部分的差额。

（5）对指定分包人的付款反索赔

指承包人未能提供已向指定分包人付款的合理证明时，发包人可以直接按照监理工程师的证明书，将承包人未付给指定分包人的所有款项（扣除保留金）付给这个分包人，并从应付给承包人的任何款项中如数扣回。

（6）其他事项反索赔

根据《建设项目工程总承包合同示范文本》，承包人存在因不履行合同或不完全履行合同而造成其他违约行为，或是由于承包人的行为使业主受到损失时，发包人均可以提出索赔。

3. 施工索赔的预防

施工索赔预防，表现为防止被索赔，使承包人找不到索赔的机会，在工程管理中体现为签署严密的合同条款；认真履行合同，避免己方违约；发现自己违约，及时补救，减少损失。律师认为，施工索赔预防管理实践中，应着重加强以下工作。

（1）强化管理，降低索赔风险

① 招投标管理　进一步规范设计、监理和施工过程的招投标，树立全面的招投标理念，把设计和监理推向市场，并对设计进行监理，进一步监督设计的质量和进度。杜绝边施工边设计，避免承包人因为工程变更而获得大量的索赔机会。

② 计划管理　对基建项目的投资、工期和质量要有一个符合实际的计划，推行限额设计，严格控制工程造价，减少结算和付款风险。

③ 合同管理　认真研究合同条款的内涵，签订内容全面、切实可行的合同，要充分考虑到工程在未来建设和结算中存在的各种可能风险，对索赔费用的结算原则作出明确的规定。

④ 监理管理　明确监理的职责范围，对工程材料质量、施工质量、工期进行全面的监督。对施工过程中的签证材料进行严格的审查，分清责任，对于承包人造成的一切损失，一律不予签证；应该签证的及时核实和签证，而对于无法核实的，超过时限的不予签证；承包人擅自变更的不予签证。

（2）对承包人提出的索赔要求进行评审和修正

① 索赔是否具有合同依据。凡是工程项目合同文件中有明文规定的索赔事项，承包人均有索赔权，否则可以拒绝这项索赔。

② 索赔报告中引用的索赔证据是否真实全面，是否有法律效力。

③ 索赔事项的发生是否为承包人的责任，属于双方都有一定责任的情况，确定责任的比例。

④ 在索赔事项初发时，如果承包人没有采取任何措施防止事态扩大，可以拒绝对损失扩大部分的补偿。

⑤ 考察索赔是否属于承包人的风险范畴。属于承包人合同风险的内容，如一般性多雨、国内物价上涨等，一般不接受因此产生的索赔要求。

⑥ 承包人是否在合同规定的时限内向发包人和工程师报送索赔意向通知。

（3）认真核定索赔款额

① 索赔费用的审查　主要审查索赔费计算的范围、索赔费计价水平，停工中的人工和机械不能按正常的人工费和机械台班计算，总部管理费和利润要分清计算的条件。

② 索赔工期的审查　工期的索赔值不一定是某项工序实际延误的时间。如果是承包人施工组织不当、工效不高、设备材料供应不及时等，则不予补偿。

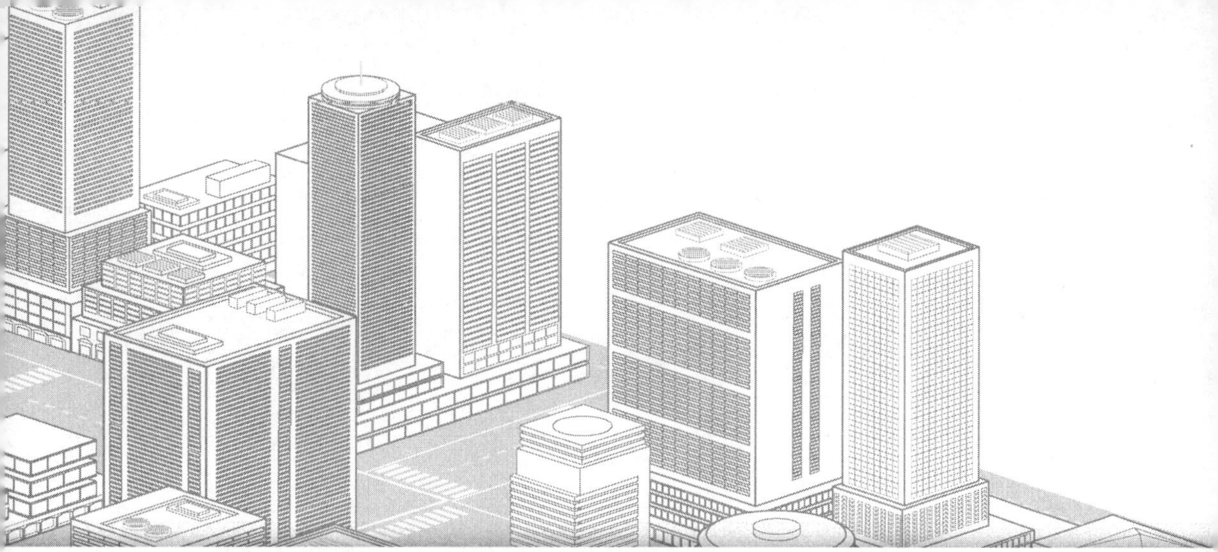

第八章　营销阶段的成本控制

营销阶段作为房地产开发的开源环节，也是建设过程中成本控制的关键环节之一。作为项目创造利润的首要环节，此环节涉及的最核心部门无疑是营销部门，提供支持配合的主要是项目工程部门和财务部门。营销部门制订营销计划、营销方案以及相应产生的营销费用计划，严格控制营销代销团队和营销媒体等配合单位所需资金，严格控制迟交房、登记手续等造成的无效成本，严控营销设施成本。工程部门和合约部门参加营销设施建造成本控制配合。以上各核心部门和配合部门所做工作均为高层领导决策提供最有力的支撑。

营销阶段责任成本控制的要点、方法、责任部门和配合部门等详见表 8-1。

表 8-1　营销阶段责任成本控制

控制环节	控制要点	控制方法	责任部门	配合部门	评价部门
1.营销方案	（1）费用总额	① 确定费用目标总额	项目部	开发部	审计部
	（2）市场信息收集	② 根据各种相关因素确定具体计划和费用	营销部		
	（3）营销计划				
	（4）营销预算				
	（5）营销方案审批	③ 征求各方面意见，按审批流程操作	主管总经理	开发部	审计部
2.营销现场费用	（1）现场销售人工费用	① 销售人数控制	营销部	财务部	审计部
		② 销售工作进度控制			
		③ 奖励办法控制			

续表

控制环节	控制要点	控制方法	责任部门	配合部门	评价部门
2. 营销现场费用	（2）现场销售器具费	将目标成本按照合同计划或分项分解，严格执行采购流程	营销部	财务部	审计部
	（3）卖场、现场包装费				
	（4）销售模型费用				
	（5）宣传资料及礼品费				
	（6）展销费				
	（7）计划额度控制	额度内调剂和超额审批制度	主管总经理	开发部	审计部
3. 媒体选择	（1）媒体及广告代理公司信息收集和分析	专人负责	营销部	开发部	审计部
	（2）招投标	先评后选的原则	营销部	各专业部门	审计部
		内部评审			
		招投标	招投标评审小组	各专业部门	审计部
4. 样板房装修	（1）设计、装修	市场信息收集 制订装修目标成本总额	设计部 营销部	项目部	审计部
	（2）材料采购	信息搜集 材料、设备选型	设计部	项目部	审计部
	（3）信息采集及招投标	招投标	招投标评审小组	各专业部门	审计部
	（4）样板房维护	委托物业代管协议	物业公司 销售部	项目部	审计部
	（5）材料回收、保管和再利用	建立材料设备清单、使用登记 闲置品评估和处理	设计部	物业公司 销售部	审计部
5. 销售回款	（1）销售折扣点	待定	营销部	财务部	审计部
	（2）回款周期	待定			
6. 销售补充条款及承诺	（1）承诺的给出	制作售楼书	营销部	设计部 项目部	财务部
		承诺分类			
	（2）设计变更与承诺	变更审批与知会制度 承诺变更	设计部	营销部 项目部	财务部
7. 客户交房	（1）交房日期	晚交房原因分类处理，与施工队洽商延长保修期交房验收协议	工程部	营销部	审计部
	（2）保修期				
	（3）质量补偿				
8.其他	（1）中介费	待定	营销部	财务部	审计部
	（2）与销售相关的其他费用（如因销售要求而发生的设计洽商变更费）	严格按相关流程进行			

第一节　营销阶段成本控制要点

销售环节的成本一般是按比例控制，但一旦制订了费用目标总额，具体的单项支出就必须严格控制。由于销售涉及的部门比较多，所以各部门乃至总经理都需要分工负责这部分的控制职能。此外，由于销售环节的一些操作会对入住和物业管理产生重要的影响，所以这个环节的成本控制也必须有长线考虑。

地产公司需要在物业管理方面支出的费用主要是委托管理、委托经营和亏损补贴三个方面。客户服务中心担负着这一环节的主要控制工作，控制原则是以明文的法律合同形式界定地产公司与物业公司的权责关系，防止因权责不清带来的额外成本。

一、营销费用确定的原则

① 费用一定要有预算、计划和规划。

② 费用测算要细和精准，并且与销售结果挂钩。

③ 费用不是恒定的，根据市场情况要有变化，所以预算时要充分考虑到市场情况。

④ 财务和成本部门管大账，营销部门管小账。

二、营销总费用确定的四种常规方法

（1）量入为出法

根据销售收入总量，决定营销费用。

优势：根据企业自身的承受能力，能拿多少钱就用多少钱作为项目营销费用。

缺点：这种方法完全忽视了营销推广数量对销售的影响，所以在市场低迷或销售不佳时，对销售影响更大。

（2）百分比法

根据目前或预测的销售额的百分比决定营销费用的多少。

优势：明确销售额和营销费用之间的问题，营销费用计划性和规划性强。

缺点：市场行情好的时候，营销费用不便于控制。

（3）竞争对等法

按竞争对手大致的营销费用来决定本项目营销费用支出。

优势：市场可实际操作性强，根据市场情况弹性决定营销费用，便于控制营销成本。

缺点：竞争对手营销手法不当，或营销投入不当，也会导致本项目营销成本控制不力。

（4）目标任务法

这种方法是首先确定其销售目标，根据所要完成的销售目标决定必须执行的工作任务，然后估算每项任务所需的营销支出，这些支出的总和就是计划营销预算。

优势：目标成本与预算挂钩，计划性和准确性强。

缺点：适合于执行单一促销或销售目标。

三、房地产营销成本控制原则

① 精准测算营销费用，有效规划营销费用的使用。

② 减少不必要的营销支出和沉没成本，降低花费在每位客户上的费用，提升销费比。

③ 成本是规划出来的，不是控制出来的，没钱不能做营销，营销多数时候不是靠钱的。

④ 地产营销需要创新，费用管理也需要创新。

四、营销费用创新管理

① 目标成本管理法　即综合统计分析每成交一组客户所需花费的营销费用，确定目标成本，分解到每一个营销动作和渠道。

② 成效管理法　即减少线上推广和广告投入，以营销成效为营销成本管理目标。

③ 打包包干管理法　即确定营销费用时，分解到每个营销动作和渠道，费用打包包干给负责人和团队。

五、销售费用核算内容

销售费用是指公司在销售产品、自制半成品和提供劳务等过程中发生的费用，包括由公司负担的包装费、运输费、广告费、装卸费、保险费、委托代销手续费、展览费、租赁费（不含融资租赁费）和销售服务费，销售部门人员工资、职工福利费、差旅费、办公费、折旧费、修理费、物料消耗、低值易耗品摊销以及其他经费等。

六、考核与奖罚

1. 建立动态监测体系

在奖惩机制里制定了一套监测指标体系，从费率、人均效能等维度进行月度监测，根据监测指标的异常程度来提出干预措施。费率监测的指标设置也考虑了不同阶段对费用投入的影响，来确保整体的目标平衡。

2. 奖罚机制

在奖罚上，要将费用执行与团队人员的绩效考核挂钩，加强团队对于费用控制的认知及落实，促进目标达成。

第二节　营销阶段成本控制流程图

营销阶段成本控制流程图见图 8-1。

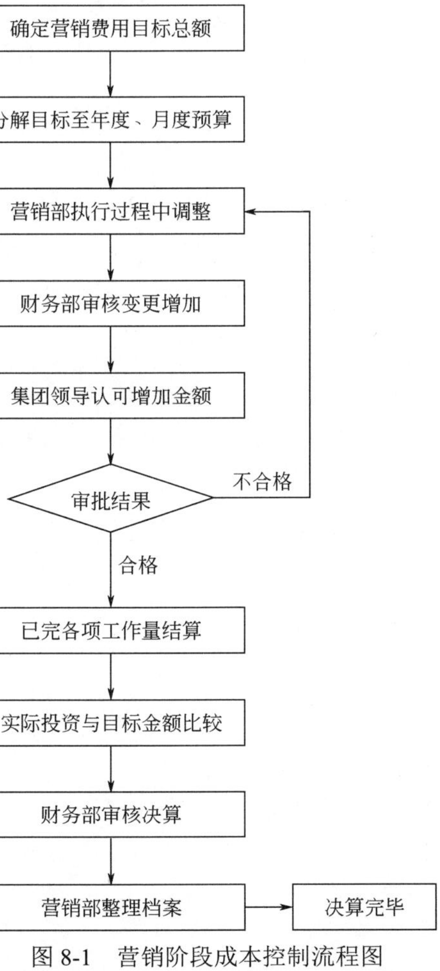

图 8-1　营销阶段成本控制流程图

第三节　营销阶段成本控制相关部门职责

一、公司副总经理职责

负责整个项目的全程控制（人员、成本等控制）。

二、项目公司职责

协助公司副总经理对整个项目营销阶段的成本实施控制，负责信息的上传下达。

三、营销部职责

① 负责制定营销费用测算，制定总体营销费用目标金额。

② 将目标费用进行分解，形成年度预算和月度预算，并落实到责任部门和责任人。

③ 结合合约规划制定各招标项目。

④ 负责招标文件的编制、修订及解释工作，重点是招标文件中涉及成本控制的相关条款的编制和控制价（标底）的编制，对营销成本进行初步控制。

⑤ 对投标人专业资格进行审查，组织招标、开标、评标工作的开展。

⑥ 组织合同的谈判、签订及争议纠纷的处理，负责合同的完整性、合理性。

⑦ 负责各项目营销类合同执行的监督、控制，对营销费用变更调整进行确认。

⑧ 建立营销费用市场信息库，收集、调查、预测营销市场相应信息，及时综合上报供领导决策。

⑨ 按公司档案管理要求，收集、整理、归档合同、招标文件。

四、合约部职责

① 配合营销部制定合约规划。

② 配合营销部进行招标，编制招标文件。

③ 配合营销部进行合同谈判，以及合同执行过程中变更费用的调整。

五、材设部职责

配合营销部控制好材料、设备使用量和单价，以及做好材料的核对、回收、保管工作。

六、财务部职责

审核记账凭证，确保支付及账务处理正确，协助行政部门对本公司的资产清查工作。

七、审计部职责

及时做好各种账务、成本核算，为公司提供经营决策资料。按期收集相关资料，编制统计报表。

八、行政人事部职责

负责人员招聘、考核和管理，有效地安排、指导、协调员工工作，在权限范围内对员工的任用、调配和奖罚提出建议。

第四节　营销阶段成本控制主要相关人员职责

一、项目公司

项目总经理职责如下。

① 控制营销进度、成本，实现项目利润最大化。

② 监督检查营销开展效果，组织完成年度营销费用预算和月度营销费用预算执行情况考核。

③ 制订营销进度计划及保证措施，会同营销部审核销售当月完成量。

④ 负责营销费用调整的审核。

二、营销部

1. 营销部经理职责

① 按比例确定成本目标，根据各种相关因素确定具体计划和进行成本目标分解。

② 销售人数控制、销售工作进度控制和奖励办法控制。

③ 售前合理确定销售收入计划，作为各项营销成本取费基数。

④ 将目标成本按照合同计划或分项分解，严格执行采购流程，遵守先评后选的原则进行内部评审和招投标。

⑤ 市场信息收集，材料、设备选型，建立材料设备清单、使用登记，评估和

处理。控制营销设施装修目标成本。

⑥ 执行设计变更审批与知会制度，执行承诺的变更。

2. 营销策划职责

① 负责售前合理确定销售收入计划的具体测算与控制。

② 控制销售合同、广告、售楼书承诺与设计及实际一致性，负责将承诺分类分析。

③ 日常收集并建立市场提供商数据库。

3. 招商运营职责

① 负责招商租赁费用、租金测算与控制。

② 负责运营委托推广协议的签署，做好推广费的测算和控制。

③ 负责运营中委托物业代管协议的签署，做好物业清洁费、建筑维修费的测算和控制。

三、工程部

1. 工程师（协调）职责

① 根据营销需要和工程实际，对工程或某些部分作出变更指示。

② 与监理沟通，把好售楼处、样板间工程质量关；根据营销方案调整，负责审核变更文件。

2. 一般技术人员职责

协助营销处理在工程中出现的变更调整等问题，以及交房后物业维修整改工作。

四、合约部

1. 合约部经理职责

① 协助营销部确保营销类合同的完整性、合理性。

② 配合营销部完成营销类合同、招标文件的编制、修订及解释工作，以及合同的谈判、签订及争议纠纷的处理。

2. 合同预（结）算工程师职责

① 协助营销部管理控制营销成本，审核预算外营销补充资料。

② 按公司档案管理要求，协助营销部收集、整理、归档合同、招标文件等资料。

五、财务部

财务部经理职责：

① 按照公司成本核算管理要求，确定营销类成本定额、标准，并协助实施；

② 核查营销部门执行成本计划情况，并就出现的问题及时提出自己的建议上报。

六、审计部

审计工程师职责：

及时做好营销各种账务、成本核算审计，为公司提供经营决策资料。

七、行政人事部

主任职位职责是协助营销部对本部门员工的管理、考核、培训工作，并对其任用、奖惩提出建议。

第五节　营销阶段标杆企业成本控制建议

一、成本控制建议

1. 营销费用额度确定方法

① 各区域营销管理部宜编制适用于本区域，针对不同项目类型、不同开发阶段的营销费用率参考表格。

② 根据各项目当年计划销售面积，计算各项目当年销售费用总额、综合性营销费用额度。

③ 各项目当年费用额度确定后，汇总成为年度营销费用，格式参考项目营销费用计划。

④ 营销费用计划由销售部会同财务、成本部门共同拟订，经专题会议讨论、总经理批准后确定执行。

营销费用额度确定方法如图 8-2 所示。

2. 营销费用预算计划制订

① 营销费用与货值、利润相关，先确定货值、利润，再确定营销费率。

② 营销费用与市场竞争程度有关，先调研和确定竞品的营销策略、手段和费率后再定。

③ 营销费用与市场波动周期有关，卖方市场时费率偏低，买方市场时费率高。

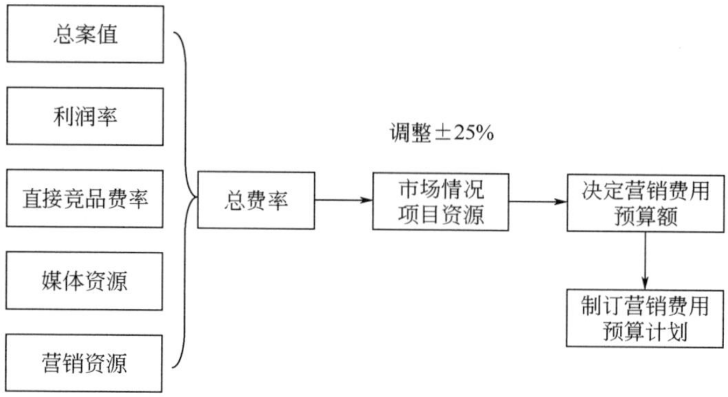

图 8-2　营销费用额度确定方法

④ 营销费用与项目资源、区域、地段有关。

⑤ 营销费用与项目和企业品牌有关。

二、营销费用管理关注重点

1. 营销费用的投入方向

① 营销的重点是品牌管理与客户资源管理。

② 根据各媒体的效率高低，配置广告费用投入方向及比例。

2. 营销费用的控制

营销费用的控制要细化控制要点，掌握主要内容，明确落实责任主体，同时制定有效方法和解决途径。

三、控制关键点

营销设施建造费和招商运营推广费用如下。

① 广告设施及发布费：车站广告、路牌广告费用。

② 销售环境改造费：会所及推出销售楼盘（含示范单位）周围等销售区域销售期间的现场设计、工程、装饰费；临时销售通道的设计、工程、装饰等费用。

③ 售楼处装修、装饰费：设计、工程、装饰等费用。

④ 样板间：包括样板间设计、装修、家具、饰品以及保洁、保安、维修费。主体外搭设的样板间还包括建造费用；主体内样板间销售后回收的设计、装修、家具、家私等费用，在主营业务收入中单列或单独记录，考核时从总费用中扣除。

⑤ 品牌运营建设、宣传推广等费用。

⑥ 保持品牌形象必要的投入，如物业清洁、建筑维修等费用。

⑦ 其他。

四、营销费用管控案例分析

【例 8-1】营销费用管控实例 1

某标杆大房企设置“合同金额、完工工作量、年度预算”三大强控指标，触发其中任一指标则停止费用支付，实现了费用过程管控的多重防范，保证营销费用的有效管控。

标杆大房企在2015年底对旗下各子公司的房地产业务整合重组后挂牌成立Z企，重组后首年即取得了不错的业绩，2016年销售回款超过150亿元。但董事长却发现，由于不少项目营销费用占比都超过 3%，且大幅超出预算总额，导致出现“业绩虽高，利润偏低”的情况。

标杆大房企是从建筑商转型而来，其工科血统决定了新公司在工程品质管理、进度管理、合约管理上具有先天优势，但如何弥补开发运营上的短板，提升销售及销售背后的营销费用管控能力？参考行业大数据后，提出如下三点举措。

1. 基于两大视角下的目标管理

为了改善费用管控失效的现状，新公司进行了管理创新，采用合约规划的思路来管理营销费用，并依托信息系统，从原有的支出管理转向预算管理。新公司营销费用业务管控模型如图 8-3 所示。

基于全面预算的视角，新公司分别从“项目全周期预算”“公司年度预算”两大维度对营销费用进行预算目标分解。

（1）项目全周期预算

项目营销费用的预算是方案阶段项目营销策划报告的重要组成部分，需包含以下核心内容：总体营销费用预算概述及说明、营销费用占销售收入的比例、大盘项目营销费用分期及占比、项目发展期内各年营销费用的分配比例、开盘前营销费用占分期营销费用的比例。

（2）公司年度预算

由营销部门在每年 10 月份编制下一个年度营销费用预算，其中会将审批过的各项目营销费用预算分解到该年度，再细化至每个月。

2. 四大手段让营销费用不再失控

新公司对营销费用的控制原则是“严格总额控制、额度内相对灵活掌握、按计划使用”。从管控层面看，新公司通过“费用性合同”与“日常报销”来控制各环节的具体费用，并设置了“合同金额、完工工作量、年度预算”三大强控指标，以实现营销费用的有效管控。

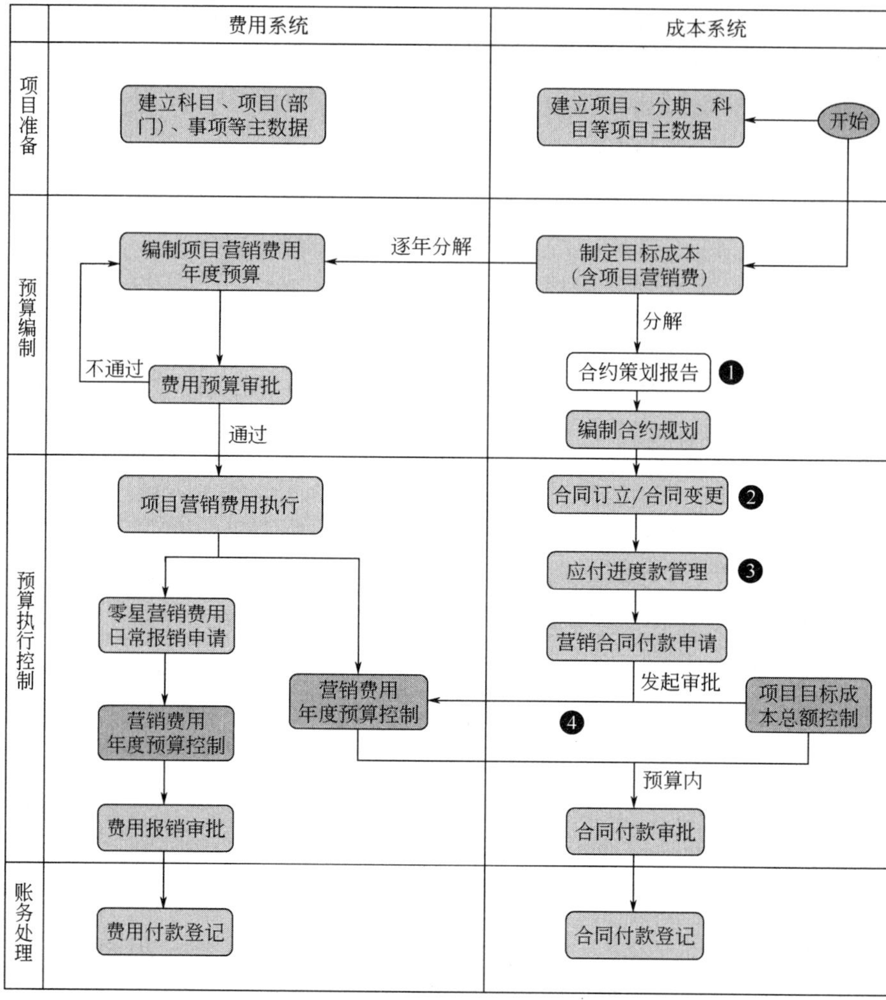

图 8-3　新公司营销费用业务管控模型

（1）合约策划是控制基础

合约策划是指将营销费用预算按照“自上而下、逐级分解”的方式分解为合同大类，进而指导从采购到最终费用结算的整个过程的合同签订及执行。通过合约策划，在项目启动阶段预计项目在开发过程中会发生多少合同大类和每类合同所发生的金额，后期在合同签订时，与预算目标进行对应，就能及时反映执行费用是否和预期目标有偏差。

（2）合同变更审批动态费用

新公司将营销费用主要分为广告费、活动推广费、销售物料费、销售奖励等几大类，由于广告费是营销费用中变动性最大的部分，其“高变动性”决定了其是营销费用中控制的重点。

营销类合同有自己的特性，这也决定了前期的合约策划很难像建安类合同一样把工作量清单或与工程进度相关联的付款条件确认清楚，因此在合同签订、执行过程中的事项审批及流程管控就更为重要。

新公司对于部分签订了框架性协议的营销类合同（如按量计价的短信推广合同），在合同签订时会将合同金额设置为零，经办人每次“签单”前都必须发起变更审批，这样可及时跟踪到营销费用的具体执行情况。

例如，某区域项目全周期短信广告科目的目标成本为45万元，本年的短信广告预算15万元。年初的时候，某区域项目与某短信服务商按750元/万条的价格签订合作协议，但经办人在签订合同后录入合同签约金额为零，在后期合同执行过程中每发生一笔业务就必须在系统中录入一笔变更，经审批后方可在业务联系单上签字发送给乙方，再进行短信发送，这样可及时检测营销费用科目动态成本。

（3）应付进度款的上报与审定

新公司目前仍然保留着之前作为施工总承包企业进行合约管理的成熟体系，会按照一定的时间周期要求合作的乙方单位上报“完工工作量”。通过应付进度款的上报和审定，可以一定程度上避免成本虚低的情况，使项目的“实际成本”更加准确，同时对于按量计价的营销费用（如推广费下的短信广告）的过程管控有显著效果。

（4）强控付款，杜绝营销费用超支

提交付款申请时，系统将申请金额与“合同金额、完工工作量、月度资金计划”进行即时对比，并将申请支付的费用分摊到对应的科目。如果金额在合同金额内、科目年度预算的可用范围之内，则顺利通过审批；如果申请金额超出合同金额或该费用科目年度预算的可用范围，则触发强控指标，系统将无法继续发起付款动作，强制停止该营销费用的支付。

例如，某区域项目与短信服务商合作一段时间后，合同+变更金额达到30万元，服务商按月上报并审定通过的“完工工作量”合计22.5万元，此时经办人按合同约定的80%请款，发起一笔付款申请18万元，此金额未超出合同实际成本，但超出了费用系统中对应科目的年度预算，所以无法发起付款申请。该经办人需将付款申请金额进行拆解，其中15万元在今年申请付款，另外3万元延至明年再申请付款。

3. 营销费用分析及合理分摊

对于房企而言，营销费用的性质不像土地成本、建安成本、税费等费用，这些费用要么有固定的标准，要么与质量、效果挂钩，一分钱一分货，取巧不得。而营销费用则不同，营销费用的使用效益提高，营销费用投入的减少，直接意味着企业利润的增加。为此，新公司在费用分析环节通过对费用使用进度、费率、费用渠道等多维度进行不同的费用分析，为费用执行决策提供数据支持。

同时，企业进行营销费用的计算时，为准确界定每个项目的推广成本，需对费用进行合理摊销。例如长效的单立柱广告，很可能会跨预算年度使用，需按具体使用周期进行均摊。通过费用的合理分摊可对各个项目营销费用投入进行更加精准的计算，并可进行投放活动效果跟踪。

例如，某区域项目在今年 10 月份购买了一个单立柱一年半的使用权，花了 750 万元，但今年实际只使用三个月，这 750 万元就只需要分摊 120 多万元（六分之一）的费用到今年，这样最终考核时，财务和业务才能达成绩效管理上的一致。

小结：随着市场竞争越来越激烈，营销费用在房地产企业成本支出的占比也越来越大，房企要达成利润目标，除了积极开源，控制费用支出更是发力方向之一。新公司结合自身的发展方向、管理目标以及行业对标，根据自己的实际发展阶段和管理水平，依托自身相对成熟的成本管理方法，优化现有的营销费用管控模型，从而形成了既符合其历史渊源，又符合管理现状的营销费用管控体系。

【例 8-2】营销费用管控实例 2

某标杆大房企的“营销费”控制理念：系统控制、关注细节、做快周转。

营销成本被称为“三费”之一，在房企支出中占比也不小，对利润的影响很大。该房企的“三费”占比较低，销售、行政以及利息费用占总收入的比值呈下降趋势，从 2008 年中期 5%的水平不断下降，2018 年更是达到了 2.5%的最低值。该房企多年的年报数据统计，其每年销售费用及管理费用占总收入的比例合计都低于 5%。相比之下，另一大房企的“三费”占比约 7.5%，比之高出不少。

营销费用管控新途径：自建团队，严控案场成本，节省广告费用。

该房企的销售费用率连续多年都处于行业最低；2015 年的销售费用率仅为 1.6%，远低于行业平均销售费用率 3.5%。这是多种因素作用的结果。

首先该房企由于土地位置好，无需过分拓客，节省大量广告等费用。

其次，采用自销团队而少用代理，也就少分钱。2010 年的分销费用为 6 亿元，另一大房企 2008 年集团销售费用达到 20 亿元，但从销售费用来看，其是该房企的 3.5 倍，而同年两公司营收规模相差并不大。

在案场方面，该房企也是费尽心思控制成本，景观示范区做实体而不是临时；售楼处多为实体，而不是临时建筑；严格控制临时样板间搭建，而多采用实体样板间；用大盘开发策略，售楼处可以反复使用；等等。

第九章　管理费用阶段的成本控制

管理费用阶段作为房地产开发的节流环节，也是建设过程中成本控制的关键环节之一。作为项目的间接创造利润的环节，此环节涉及的最核心部门无疑是财务部门和办公室。财务部门制订财务需求计划、税务筹划、管理人员成本计划等，严格控制公司为筹集资金而发生的各项费用、开发速度和规模与贷款规模，降低人工成本和办公费用，开展合理的税务筹划，降低税务成本，实现间接创造项目利润。以上各核心部门和配合部门所做工作均为高层领导的决策提供最有力的支撑。

管理费用阶段责任成本控制的要点、方法、责任部门和配合部门等详见表 9-1。

表 9-1　管理费用阶段责任成本控制

<table>
<tr><th>控制环节</th><th>控制要点</th><th>控制方法</th><th>责任部门</th><th>配合部门</th><th>评价部门</th></tr>
<tr><td rowspan="4">1.财务费用</td><td>（1）公司为筹集资金而发生的各项费用、开发速度和规模与贷款计划</td><td>制订年度资金计划</td><td>财务部</td><td rowspan="2">项目部</td><td rowspan="4">审计部</td></tr>
<tr><td>（2）地价款的支付</td><td>制订项目总体开发计划</td><td>项目部</td></tr>
<tr><td>（3）工程款的支付</td><td>制订工程年度付款计划</td><td>项目部</td><td>财务部</td></tr>
<tr><td>（4）销售回款的管理</td><td>制订年度销售计划</td><td>营销部</td><td>项目部</td></tr>
</table>

续表

控制环节	控制要点	控制方法	责任部门	配合部门	评价部门
2.人工费用	（1）薪金	依据总部人事部有关规定确定区域公司工资总额	财务部	各部门	审计部
	（2）岗位津贴	依据国家和公司有关规定确定加班补助及其他费用与出差补助			
	（3）出差补助				
	（4）加班补助及其他费用				
	（5）奖金（含即时奖金）	依据区域公司奖优惩劣的政策确定奖金额			
3.行政管理费用	（1）通信费用	通信费用实行限额报销	财务部	各部门	
	（2）交际费用	交际费用实行定额报销			
	（3）车辆交通费	车辆交通费实行油料归口管理；过路费、过桥费、停车费、养路费实报实销管理；维修费、保养费事前审批；部门经理以上私家车限额报销			
	（4）其他办公用品费	办公用品费实报实销管理			

第一节　管理费用阶段成本控制要点

管理费用主要由财务、人工、行政三块费用组成。由于地产业务的周期变化，管理费用的灵活性很高，更需要加强对管理费用的计划控制。财务部在这一环节除了承担主要的控制任务外，还有义务指导监督其他部门的有关费用支出情况。管理费用是企业为组织和管理企业生产经营所发生的费用，它是影响地产企业成本的重要因素之一。管理费用率=（管理费用/销售收入）×100%。当前形势下，为确保企业的利润空间及竞争力，房地产“三费”支出值得关注，而管理费用是其中的大头。那么，如何科学管控管理费用率，提升企业的利润空间及竞争力？管理费用率通常用来反映企业的管理效率，管理费用率高，说明企业利润被组织、管理性的费用消耗得太多，加强对管理费率的管控有利于提高盈利水平。

一、费用确认的原则

公司在对费用进行核算之前，首先应进行费用的确认。由于发生费用的目的是取得收入，因此，费用的确认应与收入的确认相联系。所以，确认费用应遵循划分收益性支出与资本性支出原则、权责发生制原则和配比原则。对应属于本期的各项费用，不论其是否实际支付款项，均应确认为本期的费用；对不属于本期的费用，即使款项已经在本期付出，也不应确认为本期的费用。

二、界定管理费率

首先要厘清费用科目及管控部门。在定管理费率之前，涉及多个部门或项目公司的费用，按照“谁受益谁承担”的原则进行核算，如费用经办与受益对象不同，需要事先沟通确认，便于员工对日常管理活动中的费用科目有清晰的认知，同时可以追溯每项费用的来源以及责任归口。

其次，明确各项费用的管控方式。对各项费用在实际业务中的具体管控情况要进行详细说明。同时，根据金额大小设置不同审批权限。

再次，制定各项费用的定额标准。需要根据地区、职级等不同设定不同的标准。一般而言，行业当中管理费率都有相应的范围，同时，管理费用率受市场行情、企业规模及发展阶段等多因素影响，因此，如何判断费率是定2%，还是2.5%？如何确保费率的科学性和适用性？

（1）明确费用管控的原则

费用管控要遵循总额可控、费率稳中有降、使用高效、自主经营等原则。各家企业可根据自身的发展需求及费用管控目标，实行更切合自身需求的费用管控原则。

（2）明确费率影响系数

测算管理费率有两个维度，一个是参考行业标准，另一个是依据业务实际，通过预算编制来确定。

（3）明确费率管控标准

针对项目货值不同，可分类设置费率标准范围，并明确集团控制标准。费率不得超出集团控制标准。

三、采用管理费用包干方式

近年来，很多房企都在推行费用包干，比如某集团与区域公司签署协议，区域管理费用包干。包干之后，管理费率迅速降低，此前部分区域4%都不够，后来降低为销售额的1.5%左右。省下的费用都归属区域，超出部分就要从区域自身的奖金池里扣，从而有效提升了管理费的使用效率。

1. 明确各组织层级的费用管控定位

城市公司的管理费用包干比例与城市公司的组织管控定位密切相关。如果城市公司承担更多的经营管理责任，且发展相对成熟，那么管理费用包干比例就比较高。

例如，对于一个“精总部、强城市、快项目”的企业来说，各级组织的费用管控角色也是不同的。总部负责核定管理费率的目标，并考核城市公司费用包干的情况。城市公司具有唯一的年度管理费用预算口径，项目上的人员更多是城市公司派驻的，统一由城市公司组织填报预算。项目公司是开发主体，是全周期管理费用的核定单位。需要注意的是，如果出现人员调动，比如总部调动人员派驻到城市公司，这部分人员的劳动关系不变，但是工资表要在城市公司造册，城市公司申报税时，扣减该类人员，将数据提交集团，由集团发放，双方之间走往来账。同理，城市公司和项目之间出现这种情况，也是这样处理。

2. 明确包干比例的影响系数

测算包干比例时，项目情况不同包干比例也不同。

3. 明确城市公司费用分配原则

管理费用包干给城市公司后，城市公司如何把这笔费用分配给各项目使用，也需要根据项目类型来确定。

四、融资计划

1. 确定项目支付计划

项目支付计划包含土地费用支付计划、前期费用支付计划、工程成本支付计划、管理费用支付计划、销售费用支付计划、财务费用支付计划、营业税金及附加支付计划，支付计划须与项目开发进度相匹配。

2. 编制项目融资计划

根据项目销售回笼计划、项目支付计划编制项目融资计划。其中融资方式应依据项目实际情况、取得贷款可能性、项目成本等因素确定；融资金额应依据项目可抵押值、项目总投资额的一定比例（30%～65%），以及贷款银行实际操作要求等综合考虑。

融资利率应依据项目融资方式、行业正常融资水平、金融市场环境等因素确定。银行融资一般为基准贷款利率上浮一定比例，信托成本一般在12%左右。

融资期限应依据项目开发计划确定。房地产开发贷款一般要在项目取得四证后及项目取得预售许可证前通过银行贷款审批，并办理完毕相应抵押手续，贷款资金到位。依据各家贷款银行的贷款规模及监管要求，结合项目实际情况编排，房地产开发贷款的授信期限一般要求在 2 年以上，尽可能争取 3 年或以上，以保证在市场形势的变化中争取到足够的开发与销售周期。

项目融资计划必须与项目整体开发计划相匹配，实现项目开发全过程的资金平衡和效益最大化，严禁为了项目评价指标而人为调整收支计划。

五、税务筹划与清算

税务筹划以土地增值税、企业所得税为重点。

1. 土地费用列支与分摊

对于土地费用，尤其是通过项目转让、股权收购等方式取得的土地，需要考虑取得土地的费用能否全部合法进入项目开发成本，进行税前列支及土地增值税加计扣除。如有涉及土地款通过各类财政补贴等形式返还及各类政策性搬迁补偿等，则一定先争取取得全额土地款合同及发票，然后财政返还部分计入其他收入，而不能用净额直接取得合同与发票，同时争取返还款以其他名义收取，不同形式的返还会导致不同形式的税负。

通过项目转让及股权收购取得，要事先筹划好有土地溢价部分的成本列支，取得该部分的合法发票在税前列支；如果有拆迁的话，应做好有关票据和拆迁形式的设计。

项目不同物业之间，比如可售物业与不可售物业、普通住宅与非普通住宅之间的土地费用分摊，对土地增值税的影响巨大，尤其是综合体项目、有大量不可售物业及持有物业的项目。

土地费用分摊要结合项目规划方案，事先确定最优成本分摊口径。总的原则为自持物业要尽可能少地分摊土地费用，标准普通住宅的增值率控制在 20%以内，除标准普通住宅外的各形态物业的增值率保持接近。

2. 土地增值税清算

项目土地增值税清算单位，可以设计成按分期与按项目整体这两种方式，其土地增值税的税负会不相同。税务机关在实际操作过程中对土地增值税的分期或整体清算一般以项目的立项文件为依据，若经测算项目整体清算税负较低时，就要争取整体立项。

各地税务机关执行政策会有不同，须事先对当地税收政策情况进行了解，并需要注意账务中对分期的划分也可能会被认为是分期依据。在土地增值税清算年度，要重点关注企业所得税的预缴金额，同时做好因缴纳土地增值税而导致的企业所得税退税工作。预缴土地增值税情况下，预测清算应退税时，要提前做好土地增值税的清算准备并及时申请退税；预测清算应补税时，应尽量推迟清算时间点，同时及时催收未取得的发票。

3. 企业所得税清算

① 委托国外设计机构时，委托方一般需承担设计费用的营业税及附加、企业所得税等。应要求设计方配合，严格设定合同中设计成果的归属、劳务地点等相关条款，争取企业所得税能够享受两国税收协定的免税待遇等。

② 项目销售及回笼计划应重点关注按预收款缴纳营业税及土地增值税，以及按照计税毛利率计算企业所得税等。对现场管理职能的日常管理费用是否直接计入开发间接费用核算，应根据预计的土地增值税率、企业所得税实际税负率以及资金时间成本等提前做好测算。

六、费用确认的方法

1. 按照因果关系确认费用

指根据费用与收入之间的因果关系确认费用。如果某项已耗用的资产与本期所获得的收入有直接联系，则该项已耗用的资产应当在确认收入的当期确认为费用。即凡是与当期实现的收入有直接联系的耗费，都应确认为当期的费用。反之，与当期实现的收入无关的耗费，不应当确认为当期费用。

以商品房销售成本为例，只有本期售出的商品房，其成本才能转化为营业成本，才能确认为赚取本期营业收入的费用，而那些本期完工却并未销售出去的商品房，其成本不能确认为与本期营业收入配比的费用。

2. 按照系统合理的分配方法确认费用

尽管按照因果关系确认费用被认为是确认费用的最理想方法，但有些费用与收入之间的因果关系有时难以划分清楚。因此，按照配比原则的要求，一般采取系统合理的方法，将取得资产的成本在受益期间分摊计入各期的费用，从不同期间实现的营业收入中获得补偿。

例如，固定资产和无形资产能够在较长的会计期间内使用，有助于公司各期营业收入的实现，但与营业收入没有可以直接认定的因果关系，并且公司取得固定资产和无形资产时所发生的支出一般较大，如果在发生时就将其确认为费用，既影响资产的正确计量，也会导致各期收益的不可比，所以固定资产和无形资产只能通过采取系统合理的折旧方法和摊销方法，确认其应归属各期的折旧费用和摊销费用。

3. 直接确认为当期费用

当期费用是指与营业收入没有直接联系，且只能为各会计期间带来效益或受益期间难以合理估计的支出，应在发生时直接确认为当期的费用。例如，公司的一些行政费用与营业收入没有直接联系，而且只涉及本会计期间，因而在发生时就应确认为当期的费用，如销售费用、管理费用等。此外，对于一些受益期较长但数额较小的支出，也可以直接确认为当期费用。

上述三种费用确认方法之间具有一定的层次关系：如果费用与收入之间存在直接的因果关系，应按因果关系确认费用；如果费用与收入之间不存在直接的因果关系，需要采用系统、合理的分配方法来确认费用；如果费用与收入之间不存在因果关系，又无法采用某种合理的分配方法确认，应当在发生时直接确认为当期费用。

七、考核与奖罚

1. 建立动态监测体系

在奖惩机制里制定了一套监测指标体系，从管理费率、人力费率、人均效能等维度进行月度监测，根据监测指标的异常程度来提出干预措施。管理费率监测的指标设置也考虑了不同阶段对费用投入的影响，比如获取预售证之前，管理费的投入比较高，则允许前期费率目标高一些，但是获取预售证之后需要把管理费率目标降下来，来确保整体的目标平衡。

2. 管理费用盈亏平衡

集团公司依据不同城市，设立各城市管理费用资金池，用于平衡年度间管理费用盈缺，包括新项目开办、管理费用预借，确保在不同经营情况下平稳过渡。资金池可用于评估城市公司管理费的贡献度。

3. 奖罚机制

在奖罚上，要将费用执行与团队人员的绩效考核挂钩，加强团队对于费用控制的认知及落实，促进目标达成。

第二节　管理费用阶段成本控制流程图

管理费用阶段成本控制流程图见图 9-1。

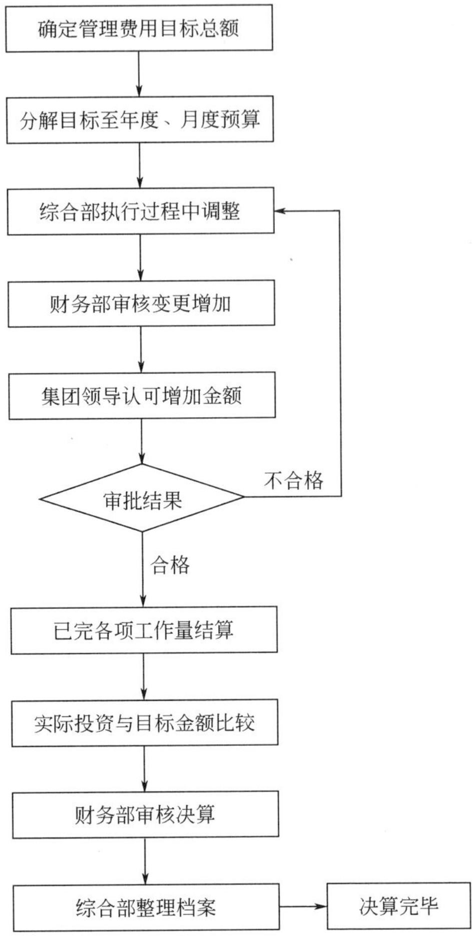

图 9-1　管理费用阶段成本控制流程图

第三节　管理费用阶段成本控制相关部门职责

一、公司副总经理职责

负责整个项目的全程控制（人员、成本等控制），指导项目公司财务、管理费用等经济活动，包括财务、管理费用的经济行为和资金运动。

二、项目公司职责

协助公司副总经理对整个项目财务、管理费用阶段的成本实施控制，负责信息的上传下达，对公司经营过程中的财务、管理费用等进行预测、组织、协调、分析和控制。

三、财务部职责

① 通过会计反映，对发展项目的经营运作情况进行有效监控，对项目经济活动进行差异分析，及时控制偏差、控制成本、考核业绩、明确责任，对偏离正常经济活动轨道的现象提出纠偏意见，并及时向领导汇报。

② 正确核算公司收入、成本、费用，反映公司财务状况和经营成果，恰当处理盘点亏损和坏账，确保资本保全和利润真实反映。

③ 严格按公司规定审核工程款项的支付，定期报告财务收入和资金状态，合理进行资金调度，并及时做好资金融资和筹资，控制融资成本。

④ 负责银行按揭贷款的办理和接收，保证资金及时入库，提高资金使用效率。

⑤ 依法计算和缴纳国家的税费，及时向政府部门报送企业财务，正确掌握地方税收政策和融资政策，提出合理建议，处理缴税和充分发挥资金的杠杆作用。

⑥ 严格控制公司各项费用支出，并对各部门开支及时反馈和汇报。

⑦ 负责对各部门借支和备用金的控制和结算。

⑧ 对各项重大延期收付及时向有关领导汇报，并建立预警机制，对风险作出可靠的预报和预防。

四、行政人事部职责

① 负责制订公司行政事务管理计划和实施，负责制订行政人事部管理费用计划，分解落实到年度管理费用计划。

② 监控公司管理经费的使用和费用审核。

③ 负责人员招聘、考核和管理，有效地安排、指导、协调员工工作，在权限范围内对员工的任用、调配和奖罚提出建议。

五、工程部职责

① 严格控制发生的工程监理费、施工合同外奖金、工程质量监督费、安全监督费、工程保险费等间接费用。

② 监控公司管理经费的使用和费用审核。

六、合约部职责

① 根据工程需要和工程实际对发生的工程造价咨询费、招标代理费等间接费用进行确定和控制。

② 监控公司管理经费的使用和费用审核。

③ 配合财务部、行政人事部制定合约规划。

④ 配合财务部、行政人事部进行招标，编制招标文件。

⑤ 配合财务部、行政人事部的合同谈判，以及合同执行过程中变更费用的调整。

七、审计部职责

及时做好各种账务、成本核算，为公司提供经营决策资料。按期收集相关资料，编制统计报表。

第四节　管理费用阶段成本控制主要相关人员职责

一、项目公司

项目总经理职责如下。

① 控制财务、管理费用的成本，实现项目利润最大化。

② 监督检查财务、管理费用开展效果，组织完成年度财务、管理费用预算和月度财务、管理费用预算执行情况考核。

③ 制订资金活动进度计划及保证措施，会同财务部审核资金成本。

④ 负责财务、管理费用调整的审核。

二、财务部

1. 财务部经理职责

① 负责领导公司财务管理、成本管理、预算管理、会计核算及会计监督等方面工作，参与公司重要经济问题的分析和研究。

② 准确分析和衡量企业资金状况和偿债能力，掌握资金结构变化趋势，根据经营需要编制财务收支计划、信贷计划，拟订资金筹措和使用方案，有效地使用资金。

③ 进行成本费用的预测、计划、控制、核算、分析和考核，透过会计反映，对各发展项目进行监督，督促有关部门降低成本，节约费用。

④ 积极盘活公司资产，利用各种金融渠道和融资手段，做好融资规划。

⑤ 做好工程投资控制监督，审查合同支付和竣工结算、决算。

⑥ 参与公司商品价格、销售方针、工资奖励等方案的制定，参与重大经济合

同和经济协作的研究、审查工作。

⑦ 管理公司财务账目，确保账目清晰及财务工作规范化，根据公司发展战略和整体财务发展规划，制订部门年度财务计划，并提供相关资料和信息支持。

⑧ 根据年度财务计划，协调预决算、现金流量、税务关系等，并监督公司财务运营，按规定时限组织月、季及年终会计核算，编写年度报告及经济活动分析。

⑨ 综合运用各项资金，并权衡资金需求，保证财务计划顺利实施，按期进行税务的缴纳及税收管理，保证公司经营合法化，提供董事会需要的相关财务资料。

⑩ 定期或不定期检查备用金库存情况，严格执行现金使用规定。

2. 成本会计人员职责

① 及时做好各种账务、成本核算，为公司提供经营决策资料。

② 及时做好各种成本费用的归集、分配，进行成本核算，对部门成本核算工作的完成负责。

③ 对公司各个项目、产品等进行成本核算，编制项目成本计划，提供有关的成本资料。

④ 按照公司成本核算管理要求，确定各类成本定额、标准，并协助实施。

⑤ 核查各部门执行成本计划情况，并就出现问题及时提出自己的建议上报。

⑥ 掌握先进的成本管理和核算方法，提出降低成本的控制措施和建议。

⑦ 具体负责编制公司月、季、年度成本会计报表、成本分析及附注说明。

3. 财务会计职责

① 按照公司财会制度，负责公司各种核算和其他业务的工作。

② 根据会计制度规定，进行财务核算。

③ 负责固定资产的会计明细核算工作，建立固定资产辅助明细账，及时办理新增固定资产记账登记手续。

④ 负责公司各项债权、债务的清理结算工作。

⑤ 与集团及各子公司往来账的核对。

⑥ 负责公司税金的计算、申报和缴纳工作，协助有关部门开展财务审计和年检。

三、行政人事部

行政人事部主任职位职责如下。

① 有效降低和控制行政管理费用开支。

② 审核本部门的借款和报销。

③ 审批项目公司办公用品计划。

④ 协助对各部门的员工的管理、考核、培训工作，并对其任用、奖惩提出建议。

四、工程部

1. 工程师（协调）职责

① 根据工程需要和工程实际对发生的工程监理费、施工合同外奖金、工程质量监督费、安全监督费、工程保险费等间接费用进行确定和控制。

② 监控公司管理经费的使用和费用审核。

2. 一般技术人员职责

协助确认工程中出现的施工合同外奖金以及工程监理费出现的变更调整。

五、合约部

1. 合约部经理职责

① 根据工程需要和工程实际对发生的工程造价咨询费、招标代理费等间接费用进行确定和控制。

② 协助财务部、行政人事部确保管理费用类合同的完整性、合理性。

③ 配合财务部、行政人事部完成营销类合同、招标文件的编制、修订及解释工作，以及合同的谈判、签订及争议纠纷的处理。

2. 合同预（结）算工程师职责

① 协助审核支付给造价咨询公司的预结算的编制、审核费用。

② 监控公司管理经费的使用和费用审核。

六、审计部

审计工程师职责如下。

① 及时做好各种账务、成本核算审计，为公司提供经营决策资料。

② 做好相关竣工成本资料的整理、归档的审计工作。

③ 对产品进行成本核算，审计项目成本计划，并督促及时进行调整。

第五节　管理费用阶段标杆企业成本控制建议

一、费用控制建议

① 财务费中的公司筹建期间发生的利息支出计入开办费，与购建固定资产或

者无形资产有关的，在资产尚未交付使用或者虽已交付使用但尚未办理竣工决算之前发生的利息支出，计入购建资产的价值；清算期间发生的利息支出，计入清算损益。

② 管理费用中的人力并不只是企业的成本，更是企业的资本。单纯拿成本的视角来做管理动作，必然会导致员工流失率提升、增量价值创造动力不足。但人员薪资的结构是存在调整空间的，越是基层的员工越需要固定薪资的保障；越是高层的员工，其资本及资源力量对企业增量价值贡献越大，越应该分享更多的浮动收益。在此基础上，即便人均工资下降了 5%，相信真正的奋斗者也能得到更多的回报。

a.人均费用——工资和奖金：市场下行期，对投资判断、产品策划、营销推广、融资税筹、客户关系、工程效率的要求将更高，调减人均工资/奖金能否带来利润创造的增量要灵活掌握。

b.人均费用——招待办公福利费：地产公司的招待活动、会议行政费用管理是相对粗放的，也绝对存在不小的结构空间的，这个空间明显具有可优化之处。

③ 做好业主对接，合理使用物业前期开办费，加强工程质量管理，减少物业维修支出，控制好入住前投入的物业管理费用。

二、费用管理关注重点

费用管理要点中的税务筹划，详见表 9-2。

表 9-2　税务筹划

税务筹划项	筹划要点
土地增值税起征点	售价提高≠利润提高
土地增值税扣除项目	总成本费用不变，费用→成本
所得税率地区差异	子公司、分公司政策不同
土地转让税务筹划	变土地转让为股权转让

三、控制关键点

房地产开发公司发生的期间费用包括管理费用、财务费用和销售费用（销售费用相关内容见本书第八章）。

1. 管理费用

管理费用是指公司行政管理部门为组织和管理生产经营活动而发生的各种费

用。包括：工会经费、职工教育经费、业务招待费、技术转让费、无形资产摊销、咨询费、诉讼费、开办费摊销、坏账损失、公司经费、聘请中介机构费、矿产资源补偿费、研究开发费、劳动保险费、董事会会费以及其他管理费用。

① 公司经费包括总部管理人员工资、职工福利费、差旅费、办公费、折旧费、修理费、低值易耗品摊销及其他公司经费。

② 劳动保险费指企业缴纳的养老保险金、退休金等有关离退休人员的费用支出，以及生活补贴、医疗费（包括离退休人员参加医疗保险的医疗保险基金）、安家费、职工退职金、职工死亡丧葬补助费、抚恤费、按规定支付给离休干部的各项经费和实行社会统筹办法的企业按规定提取的统筹退休基金。

③ 董事会会费是指公司最高权力机构及其成员为执行其职能而发生的费用，如差旅费、会议费等。

2. 财务费用

财务费用是指公司在生产经营过程中为筹集资金而发生的各项费用。包括：公司生产经营期间发生的利息支出（减利息收入）、折价或溢价摊销和辅助费用、汇兑净损失（减汇兑收益）、金融机构手续费，以及筹资发生的其他财务费用、债券印刷费、国外借款担保费等。

3. 工程管理费

开发间接费核算与项目开发直接相关，但不能明确属于特定开发环节的成本费用性支出。

① 工程监理费：支付给聘请的项目或工程监理单位的费用。

② 预结算编审费：支付给造价咨询公司的预结算的编制、审核费用。

③ 行政管理费：直接从事项目开发的部门的人员的工资、奖金、补贴等人工费以及直接从事项目开发的部门的行政费。

④ 施工合同外奖金：赶工奖、进度奖。

⑤ 工程质量监督费：建设主管部门的质监费。

⑥ 安全监督费：建设主管部门的安监费。

⑦ 工程保险费。

⑧ 项目营销设施建造费。

4. 物业管理完善费

包括按规定应由开发商承担的由物业管理公司代管的物业管理基金、公建维修基金或其他专项基金，以及小区入住前投入的物业管理费用。

四、管理费用管控案例分析

【例 9-1】管理费用管控实例 1

近期出现的部分房企项目打折促销，以价换量，有很大的回款因素驱动，但由此引发的货值缩水也会影响管理费率。如何科学管控管理费率，争取企业的利润空间及提高竞争力，值得企业关注。以一个 20 亿货值的项目为例，按房地产行业标准费率 2.5%测算，管理费用是 5000 万元，如果打折降价促销导致 20 亿项目货值缩水成 15 亿，那么投入不变的情况下，管理费率增长至 3.3%。管理费用是企业为组织和管理企业生产经营所发生的费用，它是影响房地产企业成本的重要因素之一。

管理费率=（管理费用/销售收入）×100%

如何通过建立起一套管理费用管控体系来解决实际问题呢？

1. 合理确定管理费率

在费用管控中应该强调“自主经营”原则，城市公司更多承担经营责任，引导城市公司主动平衡和关注管理费用投入与经营业绩的匹配关联，在人员编制、调薪及过程激励、跨科目预算调剂等方面赋予城市公司更多的自主权。项目全周期费率测算公式如下：

$$K = K_0 \cdot m_1 \cdot m_2 \cdot m_3 \cdot \cdots \cdot m_n$$

式中　K——项目全周期费率；

K_0——基础费率；

$m_1 \cdots m_n$——费率影响因素系数（项目货值、楼盘定价……）。

从行业标准的维度看，不同规模的企业平均管理费率也不同。以 2018 年不同梯队的平均管理费率为例，1000 亿元以上规模的房企管理费率为 1.88%，300 亿～1000 亿元规模的房企管理费率为 2.93%，100 亿～300 亿元规模的房企为 2.96%。从业务实际来看，可以根据历史项目数据的收集与分析，测算出管理费率的各项影响系数。

举例说明，收集某企业过往 3 年中各城市的项目基础数据，包括项目货值、所在城市、楼盘定价、实际管理费用等，然后对数据进行整理分析，测算各项影响系数值，并确定通过拟合，详见表 9-3 例子。

表 9-3　模型举例 1——基础数据

模型参数					
变量	系数	是否通过检验	样本量	拟合度	最大误差
项目货值/亿元	m_1	是（0.000）	12	0.998	0.22
是否为首进城市	m_2	是（0.000）			
项目楼盘定价均值/万元	m_3	是（0.001）			

测算后，如表 9-4 所示。

表 9-4 模型举例 2——测算后

基础费率	影响因素								项目全周期管理费率
	项目货值	系数 m_1	是否为首进地级城市	系数 m_2	是否为首进县城市	系数 m_3	项目楼盘定价	系数 m_4	
K_0=2%	单个项目货值≤10 亿元	1.1	否	1	否	1	房价 3 万元以上	0.8	$K=K_0\times m_1\times m_2\times m_3\times m_4$
	10 亿元<单个项目货值≤15 亿元	1.08	是	1.1	是	1.05	2 万～3 万元	0.9	
	15 亿元<单个项目货值≤20 亿元	1					1 万～2 万元	1	
	20 亿元<单个项目货值≤30 亿元	0.9					1 万元以下	1.1	
	30 亿元<单个项目货值	0.8							

根据项目的不同情况，可以有针对性地确定相应的费率范围，同时，根据企业经营情况不同，在考虑影响因素的时候可以根据实际需求来增加变量。

测算完成之后，在实际应用时还需要根据预算来进行调整。编制预算的时候，可采用管理费用预算编制套表，为公司各层级的预算编制提供较完备的指导和参考，如图 9-2 所示。

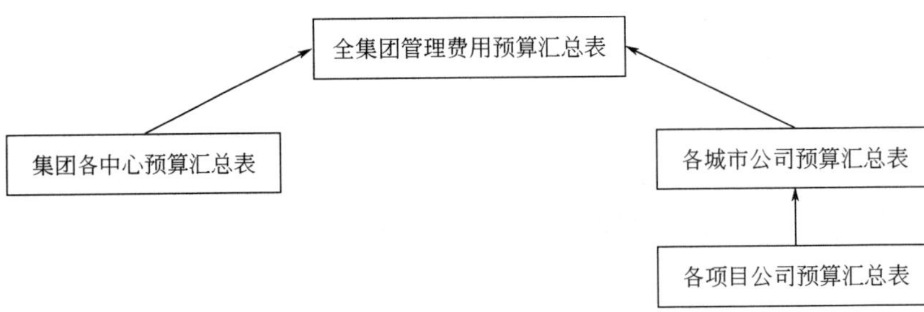

图 9-2 管理费用预算编制套表

实际使用中费率不得超出集团控制标准，参见表 9-5。

表 9-5 实际使用中费率

项目货值	集团控制标准/%	费率设置范围/%
单个货值<10 亿元	不超过 2.57	1.75～2.69
10 亿元<单个货值≤15 亿元	不超过 2.28	1.71～2.59
15 亿元<单个货值≤20 亿元	不超过 2.19	1.59～2.41
20 亿元<单个货值≤30 亿元	不超过 1.98	1.42～2.16
30 亿元<单个货值	不超过 1.79	1.27～1.92

2. 合理确定包干比例

首先，推行费用包干时，对于不同项目综合考虑包干比例。对于独立操盘项目，按照60%进行包干；对于合作项目，需要根据项目的派驻人员情况、难易程度等因素确定包干比例，详见表9-6、表9-7。

表 9-6　包干比例 1

<table>
<tr><td colspan="2">独立操盘项目管理费计提比例（包含异地新项目）</td></tr>
<tr><td>集团计提 X=40%</td><td>项目包干费（1–X）=60%</td></tr>
<tr><td colspan="2">合作项目管理费计提比例</td></tr>
<tr><td>集团计提 Y</td><td>合作项目公司包干 1–Y</td></tr>
</table>

表 9-7　包干比例 2

<table>
<tr><th>评价维度</th><th>评价标准（1.5 分）</th><th colspan="2">系数 m</th><th>合作项目管理费计提比例 Y</th></tr>
<tr><td rowspan="5">项目难易度 M_1</td><td>业态复杂度：1～5 分</td><td>$5<M_1<10$</td><td>$m_1=0.8$</td><td rowspan="11">$Y=1-60\%\times m_1\times m_2\times m_3$</td></tr>
<tr><td>施工难度：1～5 分</td><td>$10<M_1<15$</td><td>$m_1=0.9$</td></tr>
<tr><td>政府配合度：1～5 分</td><td>$M_1=15$</td><td>$m_1=1$</td></tr>
<tr><td>遗留问题较多：1～5 分</td><td>$15<M_1<20$</td><td>$m_1=1.1$</td></tr>
<tr><td>合作方难协调：1～5 分</td><td>$20<M_1<25$</td><td>$m_1=1.2$</td></tr>
<tr><td rowspan="4">派驻人数 M_2</td><td>派驻 2～3 人=2 分</td><td>$M_2=2$</td><td>$m_2=0.7$</td></tr>
<tr><td>各条线只派副职或人数 4～6 人=3 分</td><td>$M_2=3$</td><td>$m_2=0.8$</td></tr>
<tr><td>两条线正职管理或人数 7～9 人=4 分</td><td>$M_2=4$</td><td>$m_2=0.9$</td></tr>
<tr><td>三条线正职管理或人数 10 人以上=5 分</td><td>$M_2=5$</td><td>$m_2=1$</td></tr>
<tr><td rowspan="2">是否操盘 M_3</td><td>操盘=5 分</td><td>$M_3=5$</td><td>$m_3=1$</td></tr>
<tr><td>不操盘=3 分</td><td>$M_3=3$</td><td>$m_3=0.6$</td></tr>
</table>

其次，为了更好地落地实战，根据包干比例测算，可形成一套包干费用的测算套表。如表9-8所示，输入基础数据，可测算出城市公司的包干费用，以及当年的包干管理费。

最后，明确城市公司费用分配原则，管理费用包干给城市公司后，城市公司如何把这笔费用分配给各项目使用，也需要根据项目类型来确定。一般情况下，独立操盘项目中，对于项目上人员更多为城市公司派驻的，城市公司要计提60%的管理费，项目公司留40%使用。对于合作操盘项目而言，在合作协议中一般会约定0.5%作为共用行政管理费用，其余部分由合作方按照股权比例或者薪酬占比来计提。

表 9-8　包干费用测算套表

城市公司	项目名称	全盘签约额/亿元	股权比例/%	项目全周期管理费率/%	合作协议期管理费率/%	项目全周期管理费用/万元	项目全盘包干管理费用/万元	城市公司包干管理费用/万元	集团计提比例/%	集团总部计提管理费用/万元	全周期月数	当年项目月数	当年所属管理费用/万元	城市公司当年管理费用/万元	各项目集团总部当年管理费用/万元	集团总部当年管理费用/万元
城市公司A	××	20	40	2	2	1200	720	4140	40	2760	42	10	285.71	985.71	114.28	657.14
	××	15	50	2	2	1125	675		40		42	10	267.85		107.14	
	××	30	25	2	2	1125	675		40		42	10	267.85		107.14	
	××	20	40	2	2	1200	720		40		42	10	285.71		114.28	
	××	15	50	2	2	1125	675		40		42	10	267.85		107.14	
	××	30	25	2	2	1125	675		40		42	10	267.85		107.14	

3. 合理进行考核及奖惩

首先，建立动态监测体系，如表 9-9 所示。

表 9-9　动态监测体系

监测维度	指标分类	异常程度	举措
管理费率	费用连续3个月超目标	获取预售证前阶段，连续 3 个月超目标 25%以上且达到项目此节点后仍超目标费率 5%	启动熔断机制，费率包干叫停
	费用连续3个月超目标	获取预售证前连续 3 个月超目标 15%，预售证获取后连续 3 个月超过目标	预警，质询
	费用 1 个月超目标	超目标 5%，预售证获取后仍超目标	分析，提出改进举措
人力费率	行业标准 75%	城市排名靠后，薪酬总额高或人员编制不足	分析相应维度人员配置及释放产能不足的问题，提出改进举措
人均效能（权益口径）	人均建设面积	排名后三名城市公司	
	人均人力成本	排名后三名城市公司	
	城市公司人均销售额	人均销售额排名后三名城市公司	

该房企从管理费率、人力费率、人均效能等维度进行月度监测，根据监测指标的异常程度来提出干预措施。

其次，在奖罚上，该房企会计年度结束，根据管理费用超发或结余额度进行全额奖罚。计算规则如下：管理费用超发/结余额=（独立操盘可提管理费用+当年度合作项目公司结转的管理费用）–独立操盘实发管理费用–合作项目当年度实发管理费用。

如果实际管理费高于包干管理费，则超过包干管理费部分的 30%在城市公司年终奖金池中扣除，70%从管理费用资金池扣减。如实际管理费低于包干管理费，则低于包干管理费部分的 30%奖励入城市年终奖金池，70%入管理费用资金池。

奖励、扣减按照“1（城市公司总经理）：9（项目公司除营销人员外）”的比例进行分摊，内部也综合考虑不同项目的管控情况。

总之，该房企就管理费率的有效管控，不仅要解决管理费率如何定、包干比例如何定、如何考核及奖罚，更要考虑如何让科目管控更标准、费率制定更均衡、包干比例更适配、考核奖惩更有效，并辅以一系列关键动作和工具，可总结为如下“4 步走”，如表 9-10 所示。

表 9-10　管理费率的有效管控

4 步走	关键动作	管理工具
科目管控更标准	厘清费用科目及管控部门 明确各项费用的管控方式 制定各项费用的定额标准	《管理费用科目管控标准》 《项目管理费定额标准》
费率制定更均衡	明确管控目标及管控原则 明确费率影响系数 明确管控标准	费率测算模型 管理费用预算编制套表
包干比例更适配	明确各组织层级的费用管控定位 明确包干比例影响系数 明确城市公司费用分配原则	包干比例测算模型 包干费用测算套表
考核奖惩更有效	建立动态监测体系 管理费用盈亏平衡机制 奖罚机制	监控指标体系

【例 9-2】管理费用管控实例 2

某标杆大房企的“三费”控制原则：系统控制、关注细节、做快周转。

管理成本、财务成本、营销成本（见第八章），被称为“三费”，在房企支出中占比也不小，对利润的影响很大。该房企的“三费”占比较低，销售、行政以及利息费用占总收入的比值呈下降趋势，从 2008 年中期 5%的水平不断下降，2018 年更是达到了 2.5%的最低值。据该房企多年的年报数据统计，其每年销售费用及管理费用占总收入的比例合计都低于 5%。相比之下，另一大房企的“三费”占比约 7.5%，比之高出不少。

1. 管理成本

一张纸也要节省，不靠强人所以可以不给高薪。

2015 年该房企的管理费率为 1.5%，远低于行业平均值 5%。

管理成本主要是人力资源成本及行政成本。行政费用管控方面，该房企注重细节，要求纸张复印双面打印，不允许单面打印。中午要求全面熄灯，员工文具发放严控。

在该房企的模式下，不靠创意，户型和产品研发一直较为保守。不靠强人和能人驱动，而是靠组织体系和企业资源体系，以及良好的多种人力资源培训体系。所以，其薪酬明显低于很多企业。其高管跳槽到别的房企，薪酬往往有很大程度的提升。但其始终“挖不垮”，所以也不会大幅度加薪。

2. 财务成本

尽可能降低税金，用好资金统筹，高端项目一样可以快周转。

财务成本中融资成本始终是占比最大的，降低只能依托自身资源和外部机遇。

其他降低财务成本的办法，一个就是少交税，另一个就是快周转。该房企要求财务部协同项目发展部提前做好与政府部门的沟通，争取税收优惠，在可控范围内最大限度降低税金成本。另外，该房企要求项目合理安排资金计划，发挥集团资金统筹的优势，保证项目资金供求平衡。

该房企最厉害的一点，是高端复杂项目一样可以快周转。以 2015 年底于深圳正式推出的豪宅项目为例，来自当地城市更新项目，是 9 万元/m^2 的豪宅，但该豪宅项目从 2015 年拿到项目至入市也不过一年时间。据说一年多时间已经快卖完了。其手上的中高端项目周期均控制在两年以内，其他企业则在五年左右。

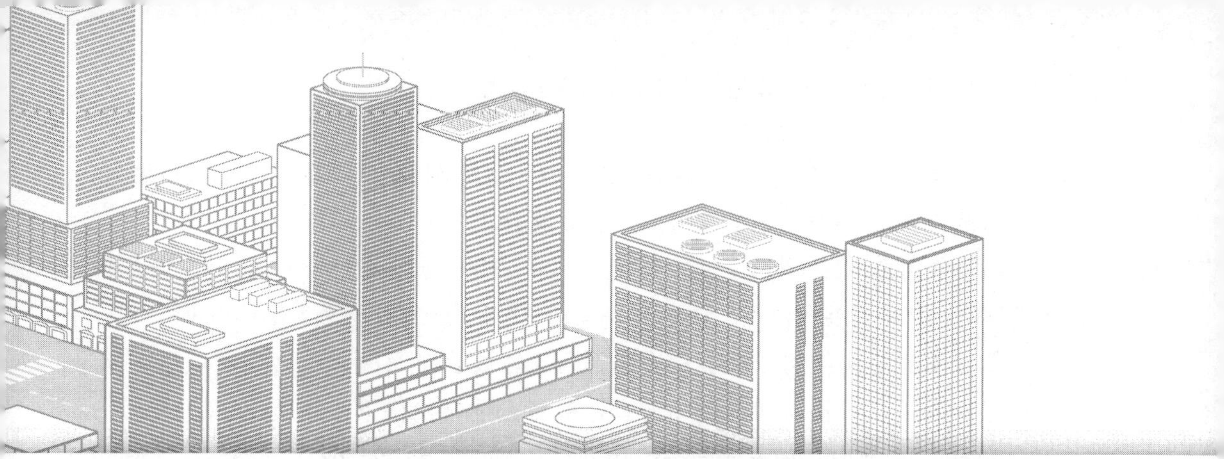

第十章　房地产项目全流程成本控制关键点总结

在众多一二线城市出台了“限价令”的情况下，房地产企业想通过单价提升赚取更多利润也不现实。在未来，更多的是只能通过控制成本来提升利润。那么，具体如何控制成本？特别是如何搭建适合企业自己的成本控制体系呢？本书总结了以下六大关键点，给读者提供一种思路。

1. 第一关键点：出发点——每个房企每个项目每个时间都不同

很多人把成本控制理解成一套可以复制的制度或者系统，甚至认为可以通过对标，复制标杆房企的制度和系统。这种想法是错误的。因为，如果你没有标杆的成本知识积累，没有标杆的供应商积累，你复制过来的制度和系统，只能变成无用的摆设。

所有的成本制度和系统搭建的基础，在于深刻理解企业自己的特点和目标。成本控制的核心在于房企自己的出发点：每个房企有自己的出发点；房企每年的战略发生变化之后，出发点也会变化；每个不同的项目，都有不同的出发点。

（1）追求利润的房企和追求规模的房企，出发点完全不同

前者的最终目标是挣钱，后者的最终目标是走量。追求规模的房企，会为了规模舍弃利润。前者以北方某大房企为代表，后者以南方某大房企为代表。但当南方某大房企做到3500亿元之后，在当年开年大会上又重点提到了各方面的成本控制。

（2）同一家房企的不同项目，也会有不同的出发点

举例来说，新进入一个城市的第一个项目，一般都是品牌型的项目，是要打

响自己的牌子的。这个时候，往往是要舍弃一部分利润，而尽可能把项目做好，甚至做成艺术品。因为这个项目以后会是无声的广告。

如果拿到的一块地太贵，就必须追求利润。不一味追求去化速度，而追求表现出来的性价比，项目要有特点，豪宅化，每一平方米的土地都必须卖出价值来。

如果本身是刚需房，或者房企急需现金，那么项目就是变现型的项目。尽量在同样标准下，价格比周围竞品便宜，或者在同样价格下，品质比周边略好。

2. 第二关键点：角度——多维审视，让成本策略更合理

虽然房企和项目的出发点会不断变化，但还是有一些不变的规律的。从不同的角度来看房企和项目的成本政策，就可以不断优化自己的成本策略。

（1）运营角度

运营要追求的是质量、效率和成本的平衡。举例来说，如果提高一个项目的性价比需要多花 1 年时间，可以将售价提高 7%，但是这一年时间里，项目占用的资金的利息增加，财务成本会提高 9%。那么，除非这个项目是品牌型项目，否则就没有必要多花一年的时间了。

（2）价值角度

产品的最终目标是创造可以变现的价值。在作出判断的时候，想想这个原则，一切难题都迎刃而解。

① 不能不计成本追求效果。再完美的效果，如果没有人愿意买单，都属于无效的效果。东北某项目，用 7500 元/m^2 的成本，做出项目想卖 11000 元/m^2，结果无人买单，现在降到 6700 元/m^2，勉强卖出一些。而周边项目的平均售价是 4500 元/m^2。

② 项目内各部分成本配置要均衡，不能因为不合理的成本配置让品质丧失。

笔者认为，项目是有“短板效应”的，就和水桶有一个短板就漏水一样，100 个优点也不能遮盖一个大的缺点。项目内部的各个部分，应该在一个水平上，符合同一种定位。

江苏某项目，一味追求项目园林效果，在项目内配置了大面积水景和名贵的花木，但是项目外立面又很粗糙。结果，当地客户完全不能理解名贵花木的价值，却都对外立面不满意，项目最终的价格比最初的定位低了一个档次，才实现去化率。

（3）客户角度

客户角度是终极角度。凡是不能被客户感知的成本支出，都是可有可无的，应该取消。

目标成本的终极参考，是从最终可以在市场上实现的售价，减去利润进行反推。而市场上可以实现的售价，可以参考周边竞品、本房企同城项目，再结合近两年市场环境进行判断。

3. 第三关键点：系统——核心在于不断积累知识、不断迭代

成本管理最终是要通过系统去实现的。一般来说，成本管理系统包括以下三部分。

（1）流程和制度体系

这个在现在已经进化到移动互联网，大家在手机上完成所有操作，是可复制的。但笔者认为，这个系统要真正起作用得看下面两个部分。

（2）每一个阶段的要点和知识积累

如果没有足够的知识积累，所设置的流程和制度就不可能合理，一定会被打破。知识积累是基础，可以指导流程和制度体系的变化。

（3）从战略角度优化成本结构

正如上面提到的，决定成本出发点的是战略。而成本管理的整个过程，一般分为四步，也对应着四个管理体系。

① 事前：制定目标成本——目标成本管理体系。这个阶段的要点，在于目标成本的深度，没有深度的目标成本是无效的，后面会详细讲到。

② 事前明确，事后总结：明确责任主体——责任成本管理体系。目标成本要落实，就必须分解成责任成本，形成考核目标。一般来说，一把手牵头，更容易形成共识。

③ 事中：对整个过程进行跟踪控制——动态成本管理体系。成本管理最有效，是在初步设计阶段；项目成本确定比重最大，是在招标阶段；成本管理最复杂、变更工作量最大，是在项目施工阶段；确定项目最后的收入和成本，是在竣工结算阶段。

④ 事后：根据结果进行评估和考核——后评估系统。不进行后评估，就无法进行奖惩，系统也就无法进步。

4. 第四关键点：目标成本深度——没有深度的目标成本是无效的

成本系统所有的依据，始于目标成本。目标成本一定要有深度。笔者认为，目标成本一定是非常现实的，是可以操作的，用目标成本确定的那个价格，就能在当前的市场上找到好的供应商。否则，目标成本就成了纸上谈兵，毫无意义。目标成本怎样才能有深度？

（1）相关部门必须全部参与，体现全成本概念

项目是个整体的概念，如果相关部门不参与，就无法进行判断。举例来说，物管部门不参与，就不知道用于销售的售楼处以后改造成会所是否可行。你也不会知道小区多开一个门，以后就需要多配两个保安，每年会支出许多费用。

（2）各项成本必须有依据，有历史的沉淀，也有新变化，能列出清单来

目标成本有没有深度，就看能不能不断细分，最终做成成本清单。成本清单应该包括以下两个：

① 专业成本清单：包括政府收费、营销费用、财务费用等；

② 建造成本清单：包括合同清单、部品清单，每一项都要能列出技术标准和材料表。

（3）必须进行合同分判策划

总包还是分包，分到多细，和谁合作，合作历史如何？这些必须完全明确。当然，如果有条件，合作对象够格，尽可能进行总包，这样可以降低风险。

举例来说，不同施工单位如何排定入场次序，前一个如果因为现场情况拖延工期，应该谁来负责，在分包情况下，是有风险的，但是在总包情况下，他们内部就可以解决。

5. 第五关键点：主体——明确管理主体才能划分责任

笔者觉得，一家房企不调整组织结构，空言战略改变，是没用的。同样地，成本管控要落到实处，也必须从组织上明确责任主体。具体来说，首先，在总部，要建立起组织架构。某标杆房企曾经的组织架构如下，详见图 10-1、表 10-1。

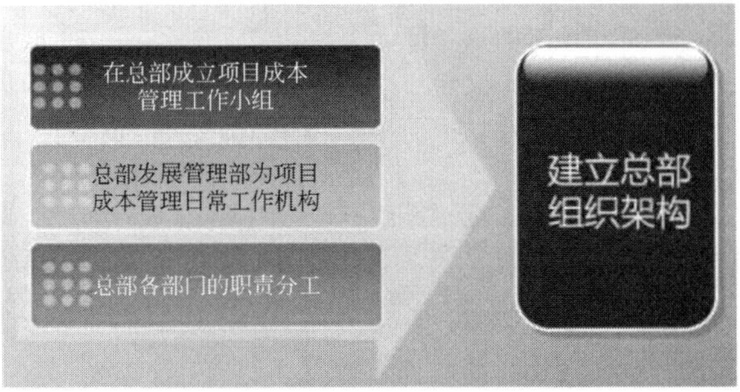

图 10-1 总部组织架构建立

表 10-1 各部门职责

部门	工作职责
投资管理部	负责土地相关费用的管理，包括地价、拆迁费、契税、交易手续费等费用的目标控制值的审核和过程监控，负责审核监控项目投资回报水平不低于可行性研究阶段确立的标准
规划设计中心	负责勘察设计相关费用的管理，进行目标控制值的审核和过程监控。同时，对影响建安成本的主要设计指标（如钢筋含量、混凝土含量等）的合理性和经济性提出专业意见
营销策划中心	负责营销相关费用的管理，进行目标控制值的审核和过程监控
财务资金部	负责利息费用的管理，进行目标控制值的审核和过程监控
发展管理部	负责总成本、建安费用与主要经济技术指标、大配套工程等的管理，进行目标控制值的审核和过程监控

然后在下面的区域公司和城市公司，也要建立起相应的架构来，比如城市公司组织架构如图 10-2 所示。

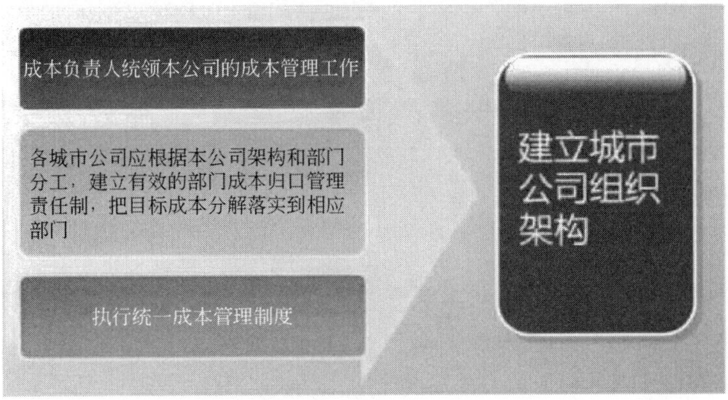

图 10-2　公司组织架构建立

每家企业不同，也就需要不同的责任划分和责任主体，核心在于：有分有合，能分清楚，也能合作。更细致的责任划分，比如下面这家企业这样的。详见表 10-2。

表 10-2　责任划分

控制要点	主要内容	方法与途径	责任主体
1.财务费用	（1）公司开发速度、规模与贷款计划	制订年度资金计划 资金占压费用估算与控制	（1）财务部负责年度资金计划 （2）财务部与成本部配合控制占压资金量
	（2）地价款的支付	制订项目总体开发计划	项目部负责项目总体开发计划
	（3）工程款的支付	制订工程年度付款计划	工程部负责工程年度付款计划
	（4）销售回款的管理	制订年度销售计划	营销部负责年度销售计划
2.人工费用	（1）薪金	依据有关规定确定工资总额	财务部负责
	（2）岗位津贴	依据国家和公司有关规定确定	
	（3）出差补助	加班补助及其他费用与出差补助	
	（4）加班补助及其他费用		
	（5）奖金（含即时奖金）	依据奖优罚劣的政策确定奖金	
3.行政管理费用	（1）通信费用	通信费用实行限额报销	行政部与财务部负责
	（2）交际费用	交际费用实行定额报销	
	（3）车辆交通费	车辆交通费实行油料归口管理：过路费、过桥费、停车费、养路费实行实报实销管理；维修费、保养费事前审批；部门经理以上私家车限额报销	

6. 第六关键点：成本数据库——房企的知识财富

不知道大家注意到没有，上面提到的系统的迭代和目标成本的深度，最关键的支撑都来自知识，也就是房企成本数据库。房企的成本数据库是逐渐建立起来的，其过程大致是这样的：

调研和定位→合同→合同的执行→评估→积累数据→成果应用。

其价值除了上面提到的，对系统和目标成本等的意义，还有以下一些意义。

① 在招标过程中，反击串标。

② 是各部门沟通的平台。

③ 在成本人员离职后，可以支撑继任者的工作，保持企业成本工作的稳定性。

总之，成本数据库是房企巨大的财富，核心关键点详见表 10-3。

表 10-3　核心关键点

阶段	成本管理在不同阶段有不同的关注重点	备注
拿地阶段	成本估算	
	项目经济性评价	
定位阶段	选择性价比最好的产品	
	制订产品目标与发展计划	
设计阶段	经济合理的方案	
	目标成本的制定	
	材料设备的合理选型	
	限额设计	
	图纸质量和时间保证	
招标阶段	选定合适的供应商和价格	
	完备的合同促成双赢局面	
施工阶段	变更和签证的管理	
	动态监控	
竣工结算阶段	结算、索赔办理	
	项目后评估	
营销阶段	营销成本目标确定与控制	
	营销费用规划与管控新途径	
管理费用阶段	财税筹划、融资规划	
	管理费用目标确定与控制	

参考文献

［1］ 明源地产研究院. 成本制胜.第二版.北京：中信出版社，2016.

［2］ 马都. 房地产项目成本控制. 北京：中国建筑工业出版社，2006.

［3］ 决策资源房地产研究中心. 房地产成本控制方法精选实战指南.大连：大连理工大学出版社，2007.

［4］ 余源鹏. 房地产开发企业部门设置与岗位职责. 北京：机械工业出版社，2011.

［5］ 彭加亮. 房地产开发6大关键节点管理. 北京：中国建筑工业出版社，2010.

［6］ 余源鹏. 房地产公司成本管理控制宝典：成本预算、控制、核算与评估分析管理工作指南. 北京：化学工业出版社，2016.

［7］ 朱德义. 房地产财务核算与成本控制（图解版）. 广州：广东经济出版社，2018.